Johann Hinrich Claussen

Zurück zur Religion

Warum wir vom Christentum
nicht loskommen

Pantheon

FSC
Mix
Produktgruppe aus vorbildlich
bewirtschafteten Wäldern und
anderen kontrollierten Herkünften

Zert.-Nr. SGS-COC-1940
www.fsc.org
© 1996 Forest Stewardship Council

Verlagsgruppe Random House FSC-DEU-0100
Das für dieses Buch verwendete FSC-zertifizierte
Papier *EOS* liefert Salzer, St. Pölten.

Erste Auflage
November 2006

© 2006 by Pantheon Verlag, München,
in der Verlagsgruppe Random House GmbH

Umschlaggestaltung: Jorge Schmidt, München
Satz: Ditta Ahmadi, Berlin
Druck und Bindung: GGP Media GmbH, Pößneck
Printed in Germany
ISBN-10: 3-570-55014-1
ISBN-13: 978-3-570-55014-4

www.pantheon-verlag.de

Für Dagmar

Inhaltsverzeichnis

Rückkehr der Religion?   9

KAPITEL 1
Die offene Tür
Über sichtbare und unsichtbare Religion   19

KAPITEL 2
Fernsehpäpste
Über die Präsentation des Christentums
in den Medien   50

KAPITEL 3
Unterwanderung
Über die Begegnung mit fremden Frömmigkeiten   81

KAPITEL 4
Kirchenflucht
Über Kirchenaustritte und Wiedereintritte   114

KAPITEL 5
Bewahren oder aufgeben
Über Kirchenbauten und Kirchenschließungen   145

KAPITEL 6
Auf Sendung
Über öffentliche Inszenierungen des Glaubens   177

KAPITEL 7
Das gute Leben
Über die religiöse Dimension der Moral 209

KAPITEL 8
Kinderglaube
Über die Religion von Eltern 240

KAPITEL 9
Glaubensglück
Über den Nutzen der Religion für das eigene Leben 265

Zurück zum Christentum 292

Weiterführende Literatur 297

Dank 301

Rückkehr der Religion?

Religion ist wieder ein Thema. Man liest und spricht über sie. Selbst Menschen, die bis vor wenigen Jahren mit hartnäckigem, ratlosem oder peinlichem Schweigen reagierten, wenn die Rede auf Christentum und Kirche kam, zeigen auf einmal ein waches Interesse. Ein Stimmungswechsel ist anzuzeigen. Die öffentliche Aufmerksamkeit hat sich verschoben. Die Religion ist wieder in den Fokus gerückt. Aber wie ist dies zu beurteilen? Läßt sich daran eine Trendwende ablesen? Kehren die Menschen nun zur alten Religion zurück?

So oft schon ist in der Vergangenheit mit großem Aplomb die Rückkehr zu diesem oder jenem proklamiert worden, ohne daß die gesellschaftliche Entwicklung sich von ihrem Kurs hätte abbringen lassen. Ende des 18. Jahrhunderts hatte man im Gefolge Rousseaus laut »Zurück zur Natur!« gerufen, nur damit zweihundert Jahre später die deutsche Punkband Syph zurückbrüllen konnte: »Zurück zum Beton!« Und nun also heißt es »Zurück zur Religion«? Aber man kann diese drei Wörter sehr unterschiedlich betonen. Man könnte sie lauthals hinausschreien als Ankündigung einer Zeitenwende oder als Ruf zu Buße und Bekehrung. Doch damit würde man sich im Ton vergreifen. Man kann die drei Wörter jedoch auch ganz nüchtern aussprechen als Zusammenfassung eines offenkundigen Sachverhalts und als ernsthafte Anfrage. Es gibt ein neues Interesse an der alten Religion unseres Kulturkreises. Wir kommen vom Christentum nicht los, jedenfalls nicht so leicht, wie viele noch vor kurzem gemeint und gehofft hatten. Das Christentum zeigt seine Beharrlichkeit. Es ist immer noch da. Es fasziniert und verstört, stellt sich in den Weg, fordert Gehör und provoziert zur Auseinandersetzung. Nicht wenige sogar fühlen sich wieder zu ihm hingezogen.

Warum ist das so? Die Gegenwart erscheint als eine unübersichtliche und zerfahrene Zeit. Wenig ist da, das ihr Kontur gäbe. Kaum jemand noch scheint über präzise Prinzipien zu verfügen und begründeten Leitlinien zu folgen. Die Gewißheiten früherer Zeiten haben sich verflüchtigt. Vieles ist möglich, zu vieles. Die gesellschaftlichen Veränderungen haben weiter an Tempo gewonnen. Wo die äußere Welt einem schnell dahinrauschenden Fluß gleicht, fragt man unweigerlich danach, was der inneren Welt Halt und Festigkeit verleihen könnte. Starke Grundsätze von hoher Beständigkeit, widerstandsfähige und wetterfeste Ideen müßten das sein. Doch wer sollte sie einem verschaffen?

Die mächtigsten Ideenlieferanten der vergangenen beiden Jahrhunderte, die großen Ideologien, kommen nicht mehr in Frage. Sie haben sich erschöpft oder sind schon längst beerdigt. Die alten Lager der linken und rechten Truppen haben sich endgültig geleert. Doch an die Stelle der früheren Frontverläufe ist nichts anderes oder gar Besseres getreten, das für Orientierung sorgen würde. So lebt man sein Leben, wie es sich eben ergibt. Man erledigt seine Aufgaben und nimmt Urlaub. Man erarbeitet sich Erfolge und bewältigt sein Scheitern. Man strebt nach dem eigenen Glück und genießt es, wenn es sich denn einstellt. Doch ein Unbehagen läßt sich nicht verdrängen. Denn grundsätzliche Fragen bleiben offen: Wofür ist das alles gut? Ergibt das Ganze noch einen Sinn? Dieses Unbehagen äußert sich unterschiedlich

stark. Manchmal verdichtet es sich zu ernsthaften Lebens-
zweifeln. Oft bleibt es nur ein kaum hörbarer, innerer Ein-
spruch, ähnlich einem leisen Jucken. Doch selbst dann sorgt
es für innere Unruhe und verhindert, daß man in selbstzu-
friedener Gemütlichkeit versinkt oder sich mit gutem Gewissen der Geschäftigkeit seiner Tage ausliefert.

Zugleich bemerkt man, daß die Religionen anderslauten-
den Vorhersagen zum Trotz keineswegs ab- und aussterben.
Nachrichten aus fernen Ländern belegen es täglich. Religionen stellen immer noch – und immer mehr – eine große, be-
drohliche und faszinierende Macht dar. Aber wie steht es um
die Religion der eigenen Lebenswelt? Hat das Christentum in
Deutschland noch Lebenskraft, und verfügt es über Grundsätze, die der eigenen Existenz Sinn verleihen könnten? Auch
wenn nur wenige diese Frage eindeutig bejahen würden, ist es
schon erstaunlich, daß sie wieder von vielen gestellt und mit
innerer Anteilnahme diskutiert wird. Wenn man nach neuer
religiöser Orientierung sucht, dann bedeutet dies nicht mehr
automatisch eine Abkehr von den alten Kirchen. Manche fahren zwar immer noch nach Indien oder suchen, wenn dafür
das Geld und die Zeit nicht ausreichen, die örtliche Esoterik-
Buchhandlung auf. Doch daneben beginnen auch hierzulande immer mehr Menschen damit, sich mit dem Christentum zu beschäftigen. Das, was früher als altbacken und
überlebt galt, übt inzwischen einen neuen Reiz aus. Viele verspüren eine für sie selbst überraschende Neugier auf das
Christentum.

Wohin es kein Zurück gibt

Um die gegenwärtige Rückbesinnung auf das Christentum
besser beurteilen zu können, ist ein kurzer Vergleich mit vor-
angegangenen Epochen hilfreich. Anders als in den sechziger
und siebziger Jahren ist die religiöse Lage heute nicht mehr
vom antiklerikalen Protest geprägt. Den Kirchen den Rücken
zu kehren, galt seinerzeit als signalhafter Ausdruck der Selbst-
befreiung und Selbstverwirklichung. Es war eine gute Zeit
für kirchenkritische Autoren. Die antikatholische Skandal-
literatur blühte. Gezielte Blasphemien auf der Bühne oder
der Leinwand sorgten regelmäßig für großes Hallo. Diese
Zeit ist vorüber. Wenn der eine oder andere Kardinal immer
noch verkündet, die gegenwärtige Lage sei dadurch gekennzeichnet, daß die Kirche einem feindlichen Zeitgeist gegen-
überstehe, so zeigt dies nur einen empfindlichen Mangel an
Beobachtungsgabe und offenbart, wie sehr manch älterer Kir-
chenfürst immer noch in die ideenpolitischen Raufereien von
vorgestern verbissen ist.

Doch die Zeit solcher Kulturkämpfe hat ihr Ende längst
erreicht. Der antiklerikale Protest hat sich überlebt, und dies
nicht nur weil seine Protagonisten inzwischen in die Jahre
gekommen sind, sondern vor allem deshalb, weil ihm das Ob-
jekt verlorengegangen ist. Denn das Christentum ist hierzulande keine überwältigende Traditionsmacht, und die hiesigen Kirchen sind keine Autoritätsgewalten mehr.

Wer hat noch unter einer rigiden religiösen Erziehung
gelitten? Wer hat Eltern oder Lehrer, Pastoren oder Nonnen
zu erdulden gehabt, die ihn mit einer strengen Frömmigkeit drangsaliert hätten? Das »Gesetz« der Kirche – diese Mischung aus spießiger Sozialkontrolle und reaktionärer Indoktrination – war ein Grund für den antiklerikalen Protest und

die Verkündigung eines neuen Evangeliums der glaubens-
losen Selbstverwirklichung. Dieses »Gesetz« der Kirche aber
ist inzwischen längst abgetan.

Man kann sich dies leicht an einer zentralen Frage deutlich machen. Einer der innersten Impulse des Menschen ist
seine Sexualität. Welch eine seelenschädigende Gewalt das
kirchliche »Gesetz« ausgeübt hat, zeigt sich nirgends so drastisch wie hier. Die Pubertät, das Aufbrechen aus der vorsexu-
ellen Kinderwelt, ist an sich schon eine Zeit fundamentaler
Verstörtheit. Tritt nun noch eine »schwarze Polizei« auf den
Plan, die das jugendliche Tasten nach einem eigenen sexuellen Erleben dadurch erschwert, daß sie Sexualität dämo-
nisiert, die Annäherung der Geschlechter mit einem Bann
bedroht und abweichenden, aber nicht kriminellen Orientie-
rungen Höllenstrafen ansagt, so kann dies zu folgenschweren
Gottesvergiftungen führen. Über Jahrhunderte hinweg haben
die kirchlichen Sittenlehren so ein freies Erwachsenwerden
erschwert. Inzwischen aber ist ihnen dieser Giftzahn längst
gezogen. Die Adoleszenz ist zwar immer noch ein gefährdetes
Alter. Die Probleme, die sie belasten, sind aber nicht mehr
religiös-moralischer, sondern ästhetisch-ökonomischer Art.
Die bedrängenden Fragen lauten nicht mehr: Was ist erlaubt?
Oder: Was ist verboten? Sondern: Bin ich schön? Entspreche
ich der ästhetischen Norm? Kann ich den erotischen Wettbewerb bestehen und sexuellen Erfolg haben? Eine vollständige
Befreiung des Liebeslebens hat die Protestgeneration nicht erreicht. Dennoch, es bleibt ihr großes Verdienst, das Joch der
kirchlichen Sittenzucht abgeworfen zu haben. Nun ist der
Protest dagegen nicht mehr notwendig.

Was so selbstverständlich klingt, ist – das sollte man nicht
vergessen – das Ergebnis eines über Jahrhunderte sich hinziehenden Kampfes gewesen. Einen Anfang hatte im 16. Jahr-

hundert die Reformation gemacht. Sie hatte den Glauben von rituellen Regeln weitgehend gelöst und große Teile des gesellschaftlichen, wirtschaftlichen und politischen Lebens von kirchlicher Bevormundung befreit. Die Aufklärung des 18. Jahrhunderts hatte das Unwesen des Kirchenzwangs bekämpft und für volle Religionsfreiheit gestritten. Die neuen Natur- und Geisteswissenschaften hatten den absoluten Wahrheitsanspruch des traditionellen Christentums ins Wanken gebracht. Nachdem die geistige Macht der Kirchen gebrochen war, wurde auch ihre weltliche Herrschaft überwunden. Die Französische Revolution setzte eine Säkularisation in Gang, die den Kirchen ihre alten Besitztümer und Herrschaftsgebiete raubte. Im 19. und beginnenden 20. Jahrhundert wurde in den meisten europäischen Ländern endlich die Trennung von Kirche und Staat vollzogen.

Seither ist jeder Bürger frei, sich für oder gegen das Christentum zu entscheiden. Auch ohne Taufe wird er in die offene Gesellschaft aufgenommen. Er kann sich verbinden, mit wem und wie er möchte, ohne nach kirchlicher Erlaubnis und pastoralem Segen zu fragen. Er kann sich auch trennen, ohne soziale Ächtung zu befürchten. Er kann seinen Beruf wählen und ausüben, wie es ihm entspricht und die wirtschaftlichen Verhältnisse es erlauben. Welcher Weltanschauung er anhängt und ob er einer Religionsgemeinschaft angehört, spielt für das berufliche Fortkommen keine Rolle. Und ob er sich gesegnet oder ungesegnet, öffentlich oder anonym von dieser Welt verabschiedet, kann er ohne Rücksicht auf kirchliche Vorgaben selbst bestimmen. Diese Wahlfreiheit haben die Säkularisierungsbewegungen des 16., 18., 19. und frühen 20. Jahrhunderts gestiftet. Der Kulturprotest von 1968 hat dem nichts wesentlich Neues hinzugefügt, sondern nur die konsequente Durchsetzung beschleunigt. Das, was für den weitaus größten

Teil der Menschheitsgeschichte undenkbar war, ist in Westeuropa und Nordamerika eine Selbstverständlichkeit geworden: die Möglichkeit, ein Leben ganz und gar ohne Religion zu führen. Hinter diese erreichte Freiheit wird und kann es kein »Zurück« geben.

Dennoch, am logischen Endpunkt einer langen Emanzipationsgeschichte wird die Frage laut: Und was jetzt? Unschlüssig stellen manche Verlustrechnungen auf. Nicht, daß man wieder unter die alte kirchliche Herrschaft wollte. Aber man scheint sich des Siegeszugs der Freiheit nicht vorbehaltlos erfreuen zu können. Ist unterwegs nicht etwas abhanden gekommen? Parallel hierzu ist auch die Erfolgsgeschichte des sozialstaatlich abgefederten Kapitalismus an ihr Ende gekommen. Armut droht. Zeitgleich vollzieht sich unter dem Oberbegriff »Globalisierung« eine radikale Verweltlichung der Gesellschaft. Alte religiöse Prägungen werden abgeschliffen zugunsten eines grenzenlosen Wettbewerbs. Sollte man nicht – so fragen sich neuerdings viele – doch etwas von der vormodernen Welt hinüberretten ins neue Jahrtausend?

Doch die Globalisierung befördert auch die entgegengesetzte Tendenz. Sie ist der Rahmen, innerhalb dessen man der erstaunlichen und zum Teil beängstigenden Lebendigkeit fremder Religionen ansichtig wird. Der heiße Islam, der ungebrochen starke Hinduismus, der auch für Europäer attraktive Buddhismus, das begeisterte und wundergläubige Christentum Afrikas, die strenge Bibelfrömmigkeit Nordamerikas – überall leben und pulsieren die Religionen. Sollte es denn möglich sein, daß nicht die anderen, sondern man selbst die Ausnahme ist? Ist die Säkularisierung etwa ein europäischer Sonderweg gewesen?

Offenkundig besteht Anlaß zu Rückfragen mancher Art. Und sie werden zunehmend gestellt – aus einer großen Distanz heraus, über einen tiefen Graben hinweg. Das gängige Klischee, daß der christliche Glaube vorgestrig, die Kirchen öde und leer, überhaupt die Christentumsgeschichte ein abgeschlossenes Kapitel sei, hat sich überlebt. Nicht, daß eine Welle der Rechristianisierung oder ein klerikaler *roll-back* anstünde. Es ist vorerst nur eine unvermutete Neugier, ein Bedürfnis nach religiöser Bildung und eine existentielle Irritation. Und dieses neue religiöse Interesse richtet sich bewußt auf die großen Gestalten der klassischen Religion: die alten Kirchen, ihre Repräsentanten, Riten und Symbole. Denn diese stellen weithin sichtbar eine Welt vor, die ganz anders ist als die Angestelltenwelt, in der man selbst lebt und in der man sich zunehmend unbehaglich fühlt. Das Christentum wirkt wie eine Gegenwelt. Sie lockt und fasziniert, gerade weil sie so fremd geworden ist. Sie ist keine Heimat, in der man sich sicher bewegen würde. Eher erscheint sie als eine letzte Alternative. Ob man diese Alternative ergreifen wird, ist keineswegs klar. Aber immerhin, sie irritiert und reizt zu neuen Fragen und existentiellen Überlegungen. Allein dies beweist schon, daß das Christentum kein erledigter Fall ist.

Was dieses Buch vorhat

Ziel dieses Buchs ist es, das neue Interesse am Christentum besser zu verstehen. Es will die Anlässe beschreiben, bei denen es sich zeigt. Es will seine Ursachen aufdecken und seine Zwiespältigkeit herausarbeiten.

Dies soll in neun Kapiteln geschehen. Sie widmen sich auffälligen und überwiegend neuen Phänomenen: der Beliebtheit offener Kirchen, der Medienpräsenz von Kirchenfürsten, der exotischen Frömmigkeit von Einwanderern, der

Geschichte der Kirchenaustritte, den umstrittenen Kirchenschließungen, den publikumswirksamen Kirchen-*events*, den erregten Ethik-Debatten, dem Bedürfnis, Kinder religiös zu erziehen, sowie der verbreiteten Sehnsucht nach einer eigenen Frömmigkeit.

Jedes dieser Kapitel beginnt mit einer »Szene«, in der sich moderner Großstadtalltag und christliche Religion berühren, Situationen, in denen selbst einem ganz unkirchlichen Zeitgenossen aufgehen kann, daß auch er vom Christentum nicht einfach loskommt.

In den Kapitelteilen, die auf diese Szenen folgen, soll die jeweilige Kreuzung zwischen Moderne und Religion so abgeschritten werden, daß historische Sachinformationen, soziologische Aufklärungen und theologische Deutungen sich durchdringen.

Die neun Kapitel erheben keinen Anspruch auf Vollständigkeit und folgen keiner wissenschaftlichen Systematik. Aber sie versuchen, einen Weg von außen nach innen, von großer Entfernung hin zu einer gewissen Nähe zum Ich des Lesers abzuschreiten. Damit soll natürlich kein Bekehrungsweg vorgeschrieben werden, wohl aber soll das bereits vorhandene Interesse am Christentum zugespitzt werden. Schon die Abfolge der Themen und Kapitel zeigt, daß dieses Buch keineswegs nur ein Phänomen beschreiben und verstehen möchte. Es will Stellung nehmen und dabei helfen, die engen Grenzen eines distanzierten Interesses zu überschreiten und einen neuen Zugang zum Christentum zu gewinnen. Insofern zeigt der Titel »Zurück zur Religion« eine doppelte Zielrichtung an. Denn dieses Buch will ebenso eine analytische Bestandsaufnahme wie ein Plädoyer bieten.

Über Religion kann man nicht kalten Herzens reden. Man kann nicht so tun, als wäre sie irgendeine Sache, die sich objektiv beschreiben ließe. Denn die Religion ist etwas, das einen selbst unbedingt angeht. Seitdem ich es bewußt wahrnehme, ist der christliche Glaube ein wesentlicher Teil meines inneren Lebens. Ihn zu vermitteln und zu feiern, ist inzwischen meine berufliche Aufgabe geworden. Ich bin Pastor der Nordelbischen evangelisch-lutherischen Landeskirche. Dieses Buch ist also für mich keine distanzierte Abhandlung, sondern mein Versuch, die verwirrend vielen religiösen Signale unserer Zeit zu deuten und einer Klärung zuzuführen. Das geht nicht ohne eine Portion Bekenntnis und eine Prise Predigt ab. Denn ich komme vom Christentum nicht los und will es auch gar nicht. Den Zeitgenossen, die spüren, wie sich das neue Interesse am Christentum auch in ihnen regt, möchte ich deutlich machen, daß es sich lohnt, diesem Interesse auf seinen letzten Grund zu gehen. Denn wovon man nicht loskommt, damit sollte man sich ernsthaft befassen, es von allen Seiten betrachten und gedanklich durchdringen. Am besten aber wäre es, man würde es sich auf eine eigene Weise neu aneignen.

KAPITEL 1

Die offene Tür

Über sichtbare und unsichtbare Religion

DER TAG BEGINNT wie schon vor Wochen geplant: eine gut organisierte Strecke von Besprechungen. Präzise ist jeder Termin inhaltlich definiert und zeitlich auf den folgenden abgestimmt, die Wege von einem Ort zum nächsten inbegriffen. So hätte der Arbeitstag seinen Lauf nehmen können.

Doch plötzlich ist da diese Lücke. Pünktlich ist man beim ersten Gesprächspartner erschienen. Die lange U-Bahnfahrt ist ohne Verzögerung verlaufen, ebenso wie das Gespräch selbst. Schneller als erwartet konnte man sich einigen. Gerade als man sich vom Gesprächspartner verabschieden will, bringt dessen Assistentin eine Nachricht vom eigenen Büro: Der Folgetermin sei abgesagt worden. Man schüttelt schnell die Hände und geht hinaus. Draußen ein Blick auf die Uhr. Was tun? Ins Büro zu fahren, würde sich nicht lohnen.

Aber irgend etwas muß man doch tun. Am besten ein paar Telefonate erledigen. Das Wetter ist nicht unfreundlich, die Straße ruhig. Also zieht man das Handy heraus. Leider ist der Akku leer. Was nun? Man ist wie aus der Bahn geworfen. Der Tagesablauf stockt. Man steht auf einer fremden Straße und hat mitten am Vormittag nichts zu tun, keine Arbeit, keine Kommunikation, keinen Plan. Unschlüssig geht man die Straße hinunter, zurück zur U-Bahnstation. Natürlich wäre jetzt eine Pause möglich. Aber für Entspannung ist es eigentlich noch zu früh. Auch ist kein einladendes Café in Sicht. Nur Büros, Mietshäuser und ein paar langweilige Geschäfte: Bäcker, Schreibwaren, Gemüse.

Man schlendert weiter, die zerstreuungsarme Straße entlang. An deren Ende findet sich eine Kirche. Normalerweise wäre sie gar nicht aufgefallen. Sie ist keine Kostbarkeit: neugotische Dutzendware, vielleicht einhundert Jahre alt. Aber die schiffartige Gestalt, der tiefleuchtende rote Backstein, der schlanke, oben mit Grünspan überzogene Turm, die hohen Fenster genügen, um Kindheitserinnerungen zu wecken und den Duft längst vergangener Zeiten zu verströmen. Neben der Tür ist eine dunkelblaue Platte angebracht. Sie belehrt über Baugeschichte und Baustil. Das klingt nicht bewegend, verleiht der Kirche aber einen Wert, den kein anderes Gebäude in dieser Gegend besitzt. Sie ragt heraus.

Die schwere, dunkle Holztür ist offen, einen guten Spalt weit. Warum nicht hineingehen? So oft bietet sich die Gelegenheit nicht.

Dunkel ist es und still. Kein Licht, keine Farben, keine Musik und keine Angebote locken. Dies ist kein Kaufhaus. Du kannst kommen, wenn du es willst, scheint die Kirche zu sagen. Aber du mußt es nicht. Ich werbe nicht um dich. Ich will dir ja auch nichts verkaufen. Wenn du meinst, bleibst du draußen stehen oder gehst einfach weiter. Aber dann hättest du eine Chance verpaßt.

Die Tür ist hoch und breit. Aber wer hineinwill, muß über eine Schwelle aus Düsternis und durch eine Schleuse aus Stille. Der Eingang wirkt trotz seiner Größe wie eine enge Pforte. Er führt zu einer zweiten, kleineren Tür aus Holz und undurchsichtigem Glas. Diese öffnet sich nur zögernd, mit einem langen Knirschen. Sie leistet leisen Widerstand. Nicht daß man ein »Sesam, öffne dich!« sprechen müßte, um hineinzukommen. Alles ist offen und frei zugänglich für jedermann. Nur scheint die Kirche, diese Mischung aus Zauberschloß und Mauerblümchen, nicht mit jedermann zu rechnen. Sie scheint auf einzelne zu warten, die aus eigenem Entschluß kommen.

Wer aber kommt, den empfängt ein großer Raum. Erstaunlich, diese Höhe, Weite und Tiefe, die selbst eine so unspektakuläre Stadtteilkirche in sich birgt. Natürlich kennt man große Gebäude. Man hat sich längst an die moderne Beeindruckungsarchitektur gewöhnt: die himmelhohen, lichtdurchfluteten Innenhöfe der Firmenzentralen, die steilen Lichtschächte der Kaufhäuser mit den glitzernden Rolltreppen und den futuristischen Fahrstühlen, die überaus weiträumigen Lobbies der Hotels. Aber all diese monumentalen Gebäude schenken nicht die gleiche Ahnung von Größe. Ob es daran liegt, daß sie sich so spreizen und den Passanten unfein aufdrängen? Oder daran, daß sie auf nichts verweisen als auf die eigene Macht, den eigenen Reichtum, die eigenen Leistungen und Angebote? Ihre Größe steht für nichts Größeres. Darum wirken sie letztlich so klein. Diese Kirche wirkt größer, obwohl sie kleiner ist. Denn sie verweist auf eine unendliche Größe. Darum löst sie ein Gefühl von Ehrfurcht aus, für das in Firmenzentralen, Kaufhäusern und Hotels kein Anlaß besteht.

In der Kirche fühlt man sich zunächst beklommen. Alte Pietätsgebärden fallen einem ein. Wenn man einen Hut trüge, würde man ihn jetzt abnehmen. So aber fährt man sich nur verlegen mit der Hand durch die Haare. Zum Glück schwindet die Scheu. Hier ist ja niemand, der einen beobachtet, kein mißgelaunter Museumswärter in Uniform. Man kann sich frei bewegen. Aber der Raum hat seine eigene Logik. Er lenkt die Schritte und Blicke nach vorn. Er führt vor den Altar. Doch tut er dies nicht mit Hilfe einer ausgeklügelten Rauminszenierung. Man wird nicht wie in einem Kaufhaus durch Auslagen und Beleuchtungen, Musik und Duftstoffe gesteuert. Es werden nicht alle Sinne angesprochen und stimuliert. Manche von ihnen können hier ausruhen. Zum Beispiel die Nase. Hier riecht es nach nichts. Nur eine Spur feuchten Staubs liegt in der Luft. Oder die Ohren. Die Orgel schweigt. Die Kanzel ist leer. Keine Fahrstuhlmusik übertüncht die Stille.

Dies ist keine Erlebniswelt. Die Innendekoration weist viele Lücken auf. Hier gibt es offenkundig kein neueres Beleuchtungskonzept, kein modernes Raumdesign. Statt dessen wirkt alles, als wäre es langsam gewachsen. Als hätte die Kirche organisch ihre jetzige Gestalt gewonnen. Als wäre sie gereift über die Jahrzehnte hinweg – gereift und gealtert. Sie ist recht gut in Schuß, aber nicht perfekt, ein bißchen arm. Überall zeigen sich Spuren eines langen Lebens: Risse, abgeplatzte Farben, Unebenheiten. Staub liegt auf den Bänken, auf dem Altar steht noch ein verwelkter Blumenstrauß vom vergangenen Sonntag. Das gibt der Kirche etwas Entspanntes. Sie nimmt den Besucher in Beschlag und läßt ihn zugleich in Ruhe.

Eine leere Kirche. Leer sind die Bänke, ausgerichtet auf etwas, das gerade abwesend ist oder schläft. Stumme Diener in Reih und Glied. Sie wahren Haltung, so als könnte das Schauspiel jeden Moment wieder einsetzen. Denn die Vorstellung, die hier in der Kirche zuletzt gegeben wurde, ist nicht einfach aus. Es hängt noch ein stummes Echo im Raum.

Vier kleine Stufen führen zum Altar hinauf. Kein rotes Band verbietet den Zutritt wie in den berühmten, von Touristen bestürmten Kathedralen. Auf dem schmucklos wuchtigen Holztisch stehen links und rechts zwei hohe Kerzen, in der Mitte eine etwas kürzere. Sie brennt. Vor ihr liegt aufgeschlagen eine große Bibel. Diesem Raum ist ein tieferer Sinn eingeschrieben, das ist deutlich zu spüren. Aber er ist nicht einfach der geöffneten Bibel zu entnehmen. Er liegt nicht aus. Eher ist es so, als schwebe er im Raum. Vielleicht schwingt er auch durch die Stille.

Über dem Altar hängt ein Kreuz. Es ist einfach und schwarz, mit einem schönen, jungen Schmerzensmann. Er schaut nicht herab und lächelt einen nicht an. Aber er breitet die Arme so weit aus, als würde er jeden umfangen wollen.

Das ist genug an Nähe. Ein paar Schritte zurück, setzen, ausruhen auf der ersten Bank. Nach links schauen, nach rechts, wieder nach vorn. Wie still es ist. Wie angenehm das ist. Nichts fiept, piepst, dudelt oder klingelt. Kein Knattern, Rattern, Krachen, Klappern. Und man selbst schweigt auch, sitzt nur da und tut nichts. Man spricht nicht, schreibt nicht, liest nicht, zählt nicht, denkt nicht, ißt nicht. Man tut nicht drei Dinge gleichzeitig, nicht zwei, nicht eins. Man ist ausschließlich mit dem Nichtstun beschäftigt.

Es ist nicht so, daß dabei sofort tiefe Gedanken aufkommen würden. Es zieht nicht das ganze Leben am inneren Auge vorüber. Keine innere Stimme ruft: »Du mußt dein Leben ändern!«. Nur weil man in einer Kirchenbank sitzt, muß man nicht plötzlich inbrünstige Sehnsucht nach Gott empfinden oder heiße Gebete gen Himmel senden. Es ist nur so ein zögerndes Geöffnetsein. Dennoch, allein dies schon bereitet einen ungeahnten Genuß. Wo sonst könnte man einfach nur still sitzen und die Atmosphäre eines großen, ernsten Raums auf sich wirken lassen? Hier ist man recht eigentlich frei.

Nichts treibt einen weiter. Die Kirche ist ein Ort der Ankunft, nicht des Durchgangs. Sie ist nicht wie die Bahnhöfe, Flughäfen, Kaufhäuser und Hotels darauf ausgerichtet, daß man durch sie hindurchgleitet. Hier, scheint die Kirche zu sagen, ist das Ziel. Weiter kommst du nicht. Du mußt nicht weiter. Was sollte dich hetzen? Hier kannst du bleiben.

Eine freundliche Müdigkeit steigt auf. Fast möchte man sich für einen Moment auf der Bank ausstrecken. Auch eine gewisse Langeweile läßt sich nicht leugnen. Wie die eigenen Gedanken so dahinschweben! Wenn man ehrlich wäre, müßte man zugeben, daß in einem selbst viel Leere ist. Um das zu verhindern, steht man auf, streckt sich und bewegt sich auf den Ausgang zu. Man nimmt keine der Broschüren oder Gemeindeblätter mit, aber man läßt drei kleinere Münzen in den Kasten neben der Tür fallen. Einmal noch dreht man sich um. Dann geht es hinaus. Draußen ist es überraschend hell und laut.

Die Zeit ist um. Die Lücke hat sich geschlossen, und die nächste Verabredung steht an. Nun heißt es wieder beschleunigen. Zügig geht man zur U-Bahn. Das Tagesprogramm wird abgespult, und es läuft wie geschmiert.

Die »unsichtbare Religion«

In der Geschichte der Religion gibt es keine kurzfristig wechselnden Trends, sondern nur langsam sich entfaltende Tendenzen. Hier kennt man keine Blitzkonjunkturen oder rasanten Rezessionen. Nur sehr selten sind plötzliche Umschwünge oder sensationelle Innovationen zu verzeichnen. In der Geschichte der Religion ist alles – bis auf sehr wenige Wendepunkte – auf eine lange Dauer angelegt. Manchmal jedoch kommt es innerhalb der großen, langen Tendenzen zu erstaunlichen Verdrehungen und unvorhergesehenen Wendungen. Das Phänomen »neues Interesse am Christentum« ist ein Beispiel dafür.

Im allgemeinen geht man davon aus, daß die Religionsgeschichte des modernen Westeuropa ein Prozeß der Säkularisierung ist. Unter diesem Oberbegriff faßt man ein Bündel von mehreren miteinander verwandten Haupttendenzen zusammen. Säkularisierung heißt Verweltlichung. Verweltlichung bezeichnet den über Jahrhunderte sich hinziehenden Abschied von der einstmals kulturbeherrschenden Kirche. Die große, starre Heilsanstalt, die in der ausgehenden Antike, im Mittelalter und in der frühen Neuzeit geschaffen wurde, verliert ihre Festigkeit und Autorität. Der einzelne gewinnt dagegen an Freiheit. Die Institution nimmt ab, damit das Individuum zunehmen kann. Sie wird elastisch gemacht, damit der einzelne einen größeren Bewegungsraum erhält.

Konservative Geister sehen in der Säkularisierung einen Verfall. Aus ihrer Sicht stirbt der alte Glaube, der Himmel wird leergeräumt. Das Leben schrumpft auf die bloße irdische Existenz zusammen. Die früheren Gewißheiten, die vielen Generationen Trost und Orientierung gaben, schwinden dahin. Die Fundamente der schönen, mächtigen Kathedralen

werden von einem Strom wild wirbelnder Gedanken unter-
graben und fortgespült. Die heilige soziale Trinität von Kirche, Staat und Familie wird zersetzt. Ehrwürdige Traditionen
werden für billige Moden verkauft. Nichts gilt mehr. Jeder
macht, was er will. Oder er folgt falschen Propheten. An
die Stelle der alten Dogmen sind neue Ideologien getreten,
eine schillernde Reihe von Ismen, von denen die meisten ver-
heerende Schäden angerichtet haben. Viele sind wieder ver-
schwunden. Geblieben jedoch sind der Materialismus, die
Ausrichtung auf Gewinnmaximierung und Besitzansamm-
lung, und der Individualismus, die rücksichtslose Selbstverwirklichung, das Streben allein nach dem eigenen Glück.

Liberale Menschen weisen darauf hin, daß die Säkularisierung weder ausschließlich ein Sündenfall noch ein bloßer
Religionsverlust ist. Zum einen stellt die von ihr eröffnete
Individualisierung einen epochalen und legitimen Gewinn
an Freiheit dar. Sie erlaubt es dem einzelnen, ohne theologische Bevormundung und pfarrherrliche Kontrolle den eigenen Glauben zu suchen und zu leben. Zum anderen bedeutet
der Niedergang der kirchlichen Institutionen und Traditionen keineswegs das Ende der christlichen Religion. Geistlichen fällt es natürlich schwer, dies einzusehen, aber die bloße
Tatsache, daß Menschen sich von der Kirche und ihren haupt-
beruflichen Vertretern, ihren Riten und Festen, Wahrheitsansprüchen und Sittenlehren abwenden, heißt nicht notwendigerweise, daß sie an keine höheren Wahrheiten mehr glauben.

Religion scheint doch ein Grundanliegen des Menschen
zu sein. Die Menschheitsgeschichte ist von ihren ersten Anfängen an voller Religion. Und das sollte einfach zu Ende
sein? Wahrscheinlicher ist es, daß das religiöse Leben in der
Moderne nicht stirbt, sondern sich neu verpuppt. Man muß
nur etwas genauer hinschauen, um zu erkennen, daß mitten

in den entkirchlichten Großstädten Religion existiert. Die alte Religion hat sich gewandelt. Ihre neue Form aber ist nicht leicht zu greifen. Sie hat sich von den kirchenamtlichen Vorgaben gelöst. Sie schwebt frei umher, schweift hierhin und dorthin, verbindet und vermischt sich mit den fremdartigsten Gestalten. Selten verdichtet sie sich zu einer konturierten Glaubens- und Lebenslehre. Selten auch gewinnt sie eine erkennbare rituelle Gestalt. Selten bildet sie eine feste Gemeinde. Dennoch gibt es diese neue Form, aber sie ist weitgehend unsichtbar.

Diese »unsichtbare Religion« ereignet sich überall dort, wo Menschen nach einem letzten Sinn suchen, wo ihr Alltag derart durch eine spirituelle Erschütterung unterbrochen wird, daß ihnen ein »Jenseits« aufscheint. Nur noch selten geschieht dies in den herkömmlich kirchlichen Formen. Andere Erlebniszusammenhänge sind an deren Stelle getreten. Sie sind ganz und gar säkularer Natur. Zumeist sind sie als bloße Kultur- oder Konsumveranstaltungen angelegt. Dennoch kann sich in ihnen religiöses Leben ereignen: Bei Gebildeten ist es der schwelgend-reflektierte Genuß großer Literatur und klassischer Musik, bei Körperbewußten ist es das berauschende »Flow«-Erlebnis beim Sport, bei Unterhaltungshungrigen ist es das euphorisierende Rockkonzert oder die Verzauberung im Kinosaal, bei Naturfreunden ist es der Spaziergang im Sommerwald, bei politisch Engagierten ist es der kämpferische Demonstrationsmarsch, bei Abenteuerlustigen ist es die komfortarme Fernreise, bei Entspannungsbedürftigen ist es das Aufatmen in der Wellness-Oase, und bei Romantikern ist es die erotische Liebe. In all diesen ganz und gar weltlichen Ereignissen kann ein Stück »Gegenwelt« erlebt werden. Das alltägliche Leben wird aufgebrochen für eine Transzendenz, und ein Gefühl von Sinnhaftigkeit stellt sich ein – zumindest für Momente. Nicht immer wird hier Erfüllung im engeren Sinn erfahren. Oft bleibt es dabei, daß religiöse Erwartungen nur geweckt werden. Aber allein dies ist schon etwas Besonderes: das Erleben der eigenen religiösen Bedürftigkeit.

Inzwischen haben modernitätsfreudige Theologen die »unsichtbare Religion« für sich entdeckt. Sie dient ihnen als Beleg dafür, daß die Säkularisierung ein Wandel ist, in dem sich Verlust und Neugewinn, Abbruch und Aufbau verbinden. Doch man kann sich fragen, ob die »unsichtbare Religion« gegenwärtig nicht überschätzt wird. Nicht selten wird sie von Theologen beschworen, denen die eigene, traditionelle Religion langweilig geworden ist. Da ist es ein attraktiveres Forschungsvorhaben, in Hollywood-Filmen, Fitness-Studios, Werbeclips oder Fußballstadien nach religiösen Spurenelementen zu suchen. Doch ist fraglich, ob man dort Formen von Religion finden wird, die – was das gedankliche und ästhetische Niveau, die Bindungskraft und Orientierungsstärke angeht – mit den klassischen Gestalten des Christentums vergleichbar wären. Und könnte das, was man dort findet, ein angemessener Ersatz für das sein, was man an Tradition und Sinnstiftung verloren hat? Wohl kaum.

Außerdem, was sagen eigentlich die Menschen, bei denen man solch eine unsichtbare Religiosität feststellt? Beschreiben die Gebildeten, Körperbewußten, Unterhaltungshungrigen, Naturfreunde, politisch Engagierten, Abenteuerlustigen, Entspannungsbedürftigen und Romantiker selbst ihre Erlebnisse als religiös? Verstehen sie von sich aus das, was sie da tun, als eine Art Gottesdienst und das, was sie erleben, als eine Glaubenserfahrung? Oder ist dies nur eine Zuschreibung, die deutungsfreudige Religionssoziologen und Theologen über ihre Köpfe hinweg vornehmen? Wahrscheinlicher ist doch, daß sie selbst sagen würden: Es war schön, hat mir Spaß gemacht, einen Kick gegeben, mich ergriffen, mir gutgetan. Die wenigsten dürften ein Bedürfnis haben, ihre Erlebnisse ausdrücklich als Religion zu beschreiben. »Unsichtbar« also nennt man die säkularisierten Umformungen der Religion nicht nur deshalb, weil sie nicht mehr die Sichtbarkeit des alten Christentums besitzen und auf den Radarschirmen einer konventionellen Theologie nicht erscheinen, sondern auch darum, weil sie denen, die sie vollziehen, selbst oft genug unbewußt und undeutlich bleibt. Man hängt einer »unsichtbaren Religion« an, ohne es sich selbst vor Augen zu führen.

Das neue Interesse an religiöser Sichtbarkeit

Inzwischen hat das Deutungsmodell der »unsichtbaren Religion« an Aussagekraft wieder verloren. Zudem gibt es seit einiger Zeit ein neues Phänomen, das ihm zu widersprechen scheint. Trotz ihrer Langsamkeit ist die Geschichte der Religion stets für eine Überraschung gut. Auch wenn sie Tendenzen von sehr langer Dauer folgt, läßt sich ihr Verlauf nicht genau berechnen. Man kann auch die moderne Geschichte der Religion nicht von einem eindeutigen Anfangspunkt aus auf einen endgültigen Schlußpunkt hin erzählen. Der Fortschritt nimmt oft Umwege, folgt Abwegen und vollzieht unerwartete Wendungen. Auch das Neue altert und versinkt. Modernitäten erschöpfen sich und rufen nach Ablösung. Altes taucht wieder auf und lenkt den Strom um. Archaisches erwacht plötzlich und stellt sich in den Weg. Der Verkehr muß umgeleitet werden. Dinge, die eigentlich unterschiedlichen Zeiten angehören, stehen plötzlich nebeneinander. Nirgends gibt es so viel Gleichzeitigkeit des Ungleichzeitigen wie in der Religion.

Am vorläufigen Endpunkt der Säkularisierung richtet sich die Aufmerksamkeit wieder auf das, was vor ihr war. Die »Religion der Religionslosen« (Robert Musil) hat eine neue Richtung eingeschlagen. Früher war sie darum bemüht, möglichst schnell und weit vom alten Christentum fortzukommen. Jetzt wendet sie sich ihm wieder zu. Sie wagt einen erstaunlichen Schlenker. War sie bisher darauf aus, sich im Unsichtbaren neu zu erfinden, zeigt sie heute Interesse an der sichtbaren Seite der christlichen Religion: den alten Kirchen, hohen Würdenträgern, erkennbaren Symbolen und eindrücklichen Riten. Die bisher herumvagabundierende Spiritualität der Kirchenfernen sucht wieder einen gewissen Anschluß an die festen kirchlichen Formen. Zumindest zeigt sie eine neue Neugier für das ganz Alte.

Diese Neugier ist alles andere als eine mächtige Renaissance des vormodernen Christentums. Wenn man dieser Neugier auf die Spur kommen will, muß man sich auf Beiläufigkeiten und Doppeldeutiges einstellen. Oft ist es nur eine kaum merkliche Hinwendung, eine feine Verschiebung der Aufmerksamkeit. Manchmal verdichtet sie sich zu einer ernsthaften Frage, einem drängenden Suchen, einem lauten Anklopfen. Doch häufig bleibt es bei einem Blinzeln, einer kurzen Drehung des Kopfes, einem flüchtig-wehmütigen Blick zurück. Ist das schon ein Innehalten, der Anfang einer folgenschweren Richtungsänderung? Wohl eher nicht. Denn zumeist flackert die Neugier nur kurz auf, um sogleich wieder zu erlöschen. Sie ergreift einen und läßt einen schnell wieder los. Es gibt wohl zu viele innere Widerstände und äußere Ablenkungen, als daß es zu Bekehrungen kommen könnte. Aber selbst wenn diese Neugier sich weit vor einer ausgewachsenen Konversion verläuft, ist sie doch bemerkenswert genug. Denn sie birgt in sich ein Irritationspotential. Sie stört die alten Gewißheiten über den Gang der Religionsgeschichte und die Richtung des Fortschritts, und sie bringt die herkömmlichen Zuordnungen von Moderne und Christentum durcheinander.

Es herrscht ein gewisser Erklärungsnotstand. Die feuilletonistischen Meinungsführer und professionellen Zeitgeistdeuter zeigen sich verunsichert. Ob sie da etwas übersehen und verpaßt haben? Einige von ihnen schwadronieren in aller Eile über eine »Rückkehr zu alten Werten« und ein »Ende der Spaßgesellschaft«. Andere wiederum befürchten eine neue Reaktion. Sie sehen die offene Gesellschaft in Gefahr und beschwören das Projekt der Aufklärung. Doch die einen freuen sich zu früh, und die anderen machen sich unnötige Sorgen. Denn das neue Interesse am Christentum ist nichts, was der Säkularisierung widerspricht. Auf eine paradoxe Weise entspricht es ihr sogar. Es ist nicht das Gegenteil der Modernisierung der Religion, sondern ein Moment an ihr.

Das sollten sich vor allem die Kirchenführer bewußt machen, die recht früh diese ihnen so erfreulich erscheinende Tendenz registriert haben. Einige von ihnen haben sich dazu hinreißen lassen, sogleich sehr bestimmt von einer Renaissance der Religion zu reden. Das ist verständlich. Schließlich scheint sich den Kirchen hier die Gelegenheit zu bieten, aus der ewigen Verteidigungshaltung herauszukommen. Doch was als gute Öffentlichkeitsarbeit durchgehen mag, ist noch lange keine präzise Analyse. Die aktuelle Neugier am Christentum ist eine viel zu fragile und unzuverlässige Tendenz, als daß man mit ihrer Hilfe den Verlust an Kirchengliedern aufhalten und einen neuen Gemeindeaufbau beginnen könnte. Sie ist sicherlich nicht der Fels, auf dem man eine Institution bauen sollte.

Die neue Popularität der alten Kirchgebäude

Worum es bei sich dieser neuen Hinwendung zur sichtbaren Religion handelt, läßt sich am besten am Beispiel des zufälligen Besuchs einer offenen Kirche veranschaulichen. Es herrscht unzweifelhaft ein großes Bedürfnis nach offenen Kirchen. Aber dieser Wunsch, eine Kirche außerhalb der Gottesdienstzeiten und ganz für sich aufsuchen zu können, ist relativ neu. Dem traditionellen Protestantismus etwa ist er unbekannt. Für ihn gibt es keine heiligen Räume. Heilig ist allein Gott im Himmel beziehungsweise die von ihm erfüllte Seele. Eine Scheidung der Welt in sakrale und profane Räume, in heilige und unheilige Gebäude kann der Protestantismus nicht vornehmen. Alles ist heilig, wenn es im rechten Glauben geschieht – selbst wenn dies die ganz normale Berufsarbeit ist. Und alles ist unheilig, wenn es im falschen Glauben geschieht – selbst wenn dies der äußerlich ordnungsgemäß abgehaltene Gottesdienst ist. Die Reformation hat eine unerhörte Profanisierung der Kirchgebäude vollzogen. Sie lehrte, daß Kirchen bloße Funktionsgebäude sind. In ihr kann sich die Gemeinde zusammenfinden und vor allen Wettern geschützt Gottesdienst feiern. Das Wesentliche ist das, was in ihr geschieht: die Predigt, der gemeinsame Gesang, die Feier der Taufe und des Abendmahls, die Fürbitte und die Bitte um den Segen. Wenn nichts im Kirchgebäude geschieht, braucht sie auch niemand aufzusuchen.

Das neue Bedürfnis nach offenen Kirchen widerspricht dieser traditionellen protestantischen Ansicht. Man geht in die Kirche, gerade weil nichts in ihr geschieht. Man will für sich sein und sich in keine Gemeinde einfügen. Man würde gern zur Besinnung kommen, aber nur sehr ungern mit anderen ein gemeinsames Bekenntnis sprechen. Man sehnt sich danach, endlich einmal gar nichts zu tun. Das Bedürfnis nach einer sakramentalen Handlung verspürt man nicht. Die Stille sucht man, auf gar keinen Fall möchte man eine Predigt hören. Man möchte zu sich selbst kommen, aber nicht unbedingt zu Gott sprechen.

Auch zum katholischen Verständnis steht das neue Bedürfnis nach offenen Kirchen in Spannung. Und dies, obwohl es für katholische Kirchen üblich ist, nicht nur am Sonntagmorgen von 10 bis 12 Uhr geöffnet zu sein. Im Katholizismus hat sich ein anderes, archaisches Verständnis heiliger Räume erhalten. Die Kirchen sind hier mehr als nur gemeindliche Funktionsräume zum Zweck der religiös-moralischen Erhebung und Belehrung. Sie sind sakral, Orte, an denen sakramentale Handlungen vorgenommen werden. Hier wird die Eucharistie gefeiert. Das, was von dieser Wandlungsfeier bleibt, wird hier verwahrt. Das Kirchgebäude ist der Festsaal und das Asyl des Heiligen. Hier ist das Heilige tatsächlich anwesend – und zwar nicht nur während des Gottesdienstes. Darum ist es gut und heilsam, es auch an vielen anderen Zeiten zu besuchen und zu verehren. Da im Katholizismus die Gemeinde einen geringeren Stellenwert hat als im Protestantismus, kann dies jeder einzelne für sich tun, je nachdem, wann es ihm beliebt.

In dieser Hinsicht ist das neue Interesse an offenen Kirchen der traditionellen katholischen Praxis sehr ähnlich. In einer anderen Hinsicht aber steht es ihr fern. Denn der gläubige Katholik geht in die Kirche, um etwas zu tun. Er will seinen Glauben praktizieren. Er will bestimmte Riten vollziehen. Er betritt den heiligen Raum, um die Beichte abzulegen, vor einem Altar oder Bild ein Lichtopfer zu stiften oder bestimmte Gebetspflichten abzuleisten. Der moderne Kirchenbesucher aber will eigentlich nichts tun. Er kennt keine rituellen Pflichten. Er folgt keinem bestimmten religiösen Ziel. Er schlendert und flaniert in der Kirche herum. Er ist nur ein zufälliger Gast.

Dennoch geht er in die Kirche. Er fühlt sich zu ihr hingezogen, und dies nicht nur ein einziges Mal, sondern immer wieder. Denn irgend etwas erlebt er hier. Worin besteht dieses »irgend etwas«? Welchen Gewinn ziehen die »religionslosen Religiösen« aus einem Kirchbesuch? Warum begnügen sie sich nicht mit einer »unsichtbaren Religion«, sondern suchen den Kontakt zu dem, was das Sichtbarste und Handgreiflichste überhaupt ist, das die christliche Religion zu bieten hat, nämlich ihre Kulträume? Es scheint so zu sein, als bräuchten sie eine Sichtbarkeitsinfusion. Nicht, daß sie in den Schoß von Mutter Kirche zurückkehren wollten. Aber es scheint, daß sie gelegentlich Kontakt zu dem aufnehmen müssen, was sie eigentlich schon überwunden haben. Die religiöse Moderne braucht den Bezug zu ihrer vormodernen Vorgängerin, um sich von ihr anregen zu lassen oder erneut absetzen zu können. Sie ist auf ein »anderes« angewiesen, um zu sich selbst zu finden. Und dieses »andere« bieten die alten Kirchen in besonderer Eindrücklichkeit. Sie sind der letzte großartige Kontrast zu der Lebenswelt, die einen modernen Menschen umgibt.

Besonders geliebt werden natürlich die traditionellen Kirchbauten, auch wenn sie gar nicht so alt sind. Die neugotischen Kirchen des ausgehenden 19. Jahrhunderts erfreuen sich einer überraschenden Beliebtheit. Lange hat man sie geschmäht. Ihr kunstgeschichtlicher Wert sei gering, so ein gängiges Klischee. Politisch stünden sie für die unselige Allianz von Thron und Altar. Ihr hochkirchlicher Auftritt sei theologisch vorgestrig. In der Tat, viele von ihnen sind von kaiserlichen Kirchbauvereinen oder obrigkeitstreuen Kirchenämtern aus einem politischen Motiv in die Großstädte gesetzt worden. Bollwerke gegen die anschwellende Moderne sollten sie sein, geistliche Barrikaden gegen die beängstigende Arbeiterbewegung und die drohende urbane Liberalität. Darum wirken nicht wenige von ihnen wie Trutzburgen der Rechtgläubigkeit und Kirchentreue. Massig besetzen sie zentrale Standorte. Ihre dicken Mauern zeugen von Wehrhaftigkeit. Die hohen Stufen lösen bewußt Schwellenängste aus. Und dann der unbewegliche Innenraum: die festen Bänke, welche die Gläubigen – wie beim Militär – in Reih und Glied zwingen, die weit über den Köpfen schwebende Kanzel, der ferne Hochaltar. Das alles ergibt ein streng hierarchisches Gefüge. Der Geistliche vollzieht einsam im weiten Altarraum die Weihehandlungen und gibt von oben die religiös-moralischen Tagesbefehle aus. Die Gemeinde schaut und hört gehorsam zu. Eine Vermittlung des uralten Evangeliums zur modernen Lebenswelt der Gemeindeglieder findet nicht statt. Die Formensprache ist konventionell. Sie begnügt sich damit, Erwartungsklischees zu bedienen: steiler Kirchturm, dickes Kirchenschiff, holde Andachtsmalerei, bäuerliche Schnitzereien.

Es gibt also gute Gründe, diese Kirchgebäude abzulehnen. Aber erstaunlich ist, daß diese Geringschätzung gegenwärtig hauptsächlich von Betriebszugehörigen gepflegt wird: den Geistlichen, den Kerngemeinden, den Kirchbauarchitekten. Je weiter man sich aus dem kirchlichen Kreis hinausbewegt, um so mehr Wertschätzung findet man für diese Gebäude. Denn die Kirchenfernen kennen ihre düsteren Entstehungsgeschichten gar nicht mehr. Sie drückt keine Erinnerung an die ehemals so autoritär vergiftete Atmosphäre. Sie haben die muffige Luft, die in diesen Staatskirchgebäuden stand, nie geatmet. All das Hierarchische bedrängt sie nicht. Denn für sie sind diese Kirchen schon lange keine Machtsymbole mehr. Sie haben keinen Zugriff auf heute lebende Menschen – haben ihn nie gehabt. Bei ihrem Anblick muß niemanden mehr die Angst vor der »schwarzen Polizei« beschleichen. Darum können die Kirchenfernen sich diesen Kirchgebäuden unbefangen nähern. Und sie tun es – spielerisch, neugierig, interessiert –, weil gerade diese altertümlichen Gebäude etwas haben, nach dem sie suchen.

Die traditionellen Kirchen heben sich von ihrer Umgebung ab. Sie sind eindeutig erkennbar. Diese Kirchen sehen wie Kirchen aus. Sie sind mit nichts anderem zu verwechseln. Selbst wenn man schnell mit dem Auto an ihnen vorbeibraust und nur einen flüchtigen Seitenblick an sie verschwendet, hat man ihre Botschaft erfaßt. Sie stellen selbstbewußt etwas Altes vor. Sie sind Erbstücke aus einer vielleicht nicht guten alten, aber doch einer anderen Zeit, die man ehren und pflegen sollte – ein bißchen so wie die alte Kommode, die einem die Großmutter hinterlassen hat. Und es könnte doch sein, daß sie in sich etwas bergen, das einmal noch von Bedeutung für einen selbst sein könnte: die Ahnung eines ganz anderen Lebens, die Verheißung eines verlorenen Sinns, das Versprechen eines großen Ganzen.

Die Bedeutung »heiliger Räume« zeigt sich nicht nur an der neuen Wertschätzung alter Kirchen. Seit einigen Jahren werden an großen, unübersichtlichen, lauten und hektischen Orten – wie Flughäfen, Bahnhöfen und Krankenhäusern – vermehrt »Räume der Stille« geschaffen, die ein ähnliches Bedürfnis stillen. Viele dieser »Räume der Stille« sind das, was man früher schlicht »Kapellen« nannte. Doch diesen Begriff vermeidet man zu Recht, weil diese Räume nicht allein für christliche Gottesdienste genutzt und nicht nur für Kleriker sowie für ihre Gemeindeglieder da sein sollen. Sie sollen gerade auch von Menschen, die keiner Kirche oder einer anderen Religionsgemeinschaft angehören, aufgesucht werden können. Besonders Krankenhausleitungen zeigen neuerdings ein Sensorium dafür, daß Patienten Orte brauchen, in denen sie Abstand vom medizinischen Betrieb nehmen und sich besinnen können. Doch auch wenn diese »Räume der Stille« sich an alle wenden, sind sie wie selbstverständlich mit christlichen Symbolen ausgestattet. Es gibt einen kleinen Altartisch. Auf ihm liegt eine offene Bibel. Kerzen sind angezündet. Und darüber hängt ein Kreuz. Die eigene christliche Tradition wird also keineswegs unter den Teppich gekehrt. Aber daneben liegen auch die Schätze anderer Traditionen aus, zum Beispiel ein Koran.

Nur einige wenige »Räume der Stille« sind von allen eindeutigen Botschaften und Symbolen freigehalten. Sie bieten nichts, das an eine bestimmte Religion erinnern würde. So als befürchtete man, solche Verweise könnten Nicht- oder Andersgläubige bei ihrer Suche nach Stille und Selbstbesinnung stören. Man hat wohl die Sorge, daß unkirchliche Gäste Elemente der »sichtbaren Religion« als Zumutung erleben könnten. Aber es wäre an die Erbauer dieser Räume die Frage zu stellen, ob sie solche Bedrohungsgefühle nicht über- und das neue Interesse der vielen »religionslosen Religiösen« an »religiöser Sichtbarkeit« unterschätzen. Auch ließe sich fragen, wie solche Räume eine spirituelle Aufgabe erfüllen sollen, wenn sie ängstlich von allen sichtbaren Inhalten freigehalten sind. So nämlich sind sie nur durch Negationen definiert. Sie sind »Räume der Stille«, weil hier kein Krach gemacht, nicht gerannt und gereist, nicht telefoniert oder am Laptop gearbeitet wird. Sie sind überkonfessionell und multireligiös, weil sie überhaupt keine religiöse Botschaft zulassen. Sie sind das, was sie sind, weil sie anderes nicht sind. Sie grenzen sich nur negativ ab von der modernen Lebenswelt und den traditionellen Religionen. Aber was ist es, das sie positiv erfüllt? Oder sind diese »Räume der Stille« nicht eigentlich nur »Räume der Leere«?

Doch wie gesagt, die meisten »Räume der Stille« sind mit sichtbaren Inhalten angefüllt. Und sie bieten keineswegs nur stille Momente der Einsamkeit, sondern hier wird selbstverständlich regelmäßig Gottesdienst gefeiert, gemeinsam gebetet und gesungen. Hier herrscht also nicht nur Stille. Darin gleichen sie wiederum den offenen Kirchen, die auch nicht immer nur leer sind. Auch hier wechselt sich die Leere ab mit Fülle, die Stille mit Wort und Musik, die Einsamkeit mit Geselligkeit; zumindest sollte dies so sein. Zudem sind sie angefüllt mit symbolischen Dingen, sichtbaren Sinnträgern. Die Architektur, die Bilder, Sakralmöbel und Kultinstrumente haben eine Botschaft. Sie zeigen an, daß hier nicht nur geschwiegen, sondern eine bestimme Religion gelebt wird. Deshalb sind sie auch für die kirchenfernen Besucher bedeutsam. Nicht, daß diese den ausgestellten Sinn des Christentums bejahen müßten. Aber sie können sich mit ihm konfrontieren lassen. Und diese Konfrontation hilft ihnen, zumindest für einen Moment von sich selbst abzusehen und den Blick nach oben zu wenden.

Die offenen Kirchen führen in eine andere Welt. Für den, der sie aufsucht, ist es, als ob er sich über einen tiefen Brunnen beugte. Lange schaut er hinunter, bis er endlich, dunkel und mehrfach gebrochen, das eigene Spiegelbild entdeckt. Eine solche Brechung der Selbstansicht brauchen die »religionslosen Religiösen«, und zwar mehr denn je. Darum leisten die großen Kirchen einen guten Dienst, wenn sie ihre Kirchen öffnen. Neue Gemeindeglieder gewinnen sie dadurch nicht automatisch. Denn viele gehen so ungebunden hinaus, wie sie hineingekommen sind. Aber die großen Kirchen haben schon immer Aufgaben wahrgenommen, die über die Anforderungen ihres institutionellen Binnenlebens weit hinausgehen. Sie sind verantwortlich für die religiöse Kultur insgesamt. Deshalb tragen sie auch zum Leben der »unsichtbaren Religion« bei. Indem sie aber ihre Türen für sehr eigensinnige Besucher öffnen, zeigen sie, daß auch die Kirchenfernen nicht so kirchenfern und die Religionslosen nicht so religionslos sind, wie sie selbst vielleicht glauben mögen.

Beiläufiges Interesse, flüchtige Faszination

Das neue Interesse am Christentum ist nicht leicht zu bestimmen. Um es zu erfassen, muß man es abgrenzen von anderen Haltungen und Empfindungen. Vor allem sollte man sich davor hüten, es zu überschätzen. Es ist noch keine voll ausgebildete Sehnsucht. Denn eine Sehnsucht ist zum einen ein anhaltend intensives Gefühl. Das wird man von der neuen Hinwendung zum Christentum nicht sagen können. Sie ist vergleichsweise fahrig und diffus. In manchen Augenblicken erwacht sie zu einer gewissen Dringlichkeit, dann aber tritt sie wieder in den Hintergrund, so daß man im Alltagsstrom wenig von ihr bemerkt. Sie ist kein heiß und hell loderndes Feuer, sondern eher ein Augenblicksflackern. Zum andern ist eine echte Sehnsucht auf einen bestimmten Gegenstand gerichtet. Sie ist eine engagierte und zielgerichtete Suche. Auch dies wird man von der neuen Hinwendung zum Christentum nicht sagen wollen. Sie wird nur selten von sich aus aktiv. Sie regt sich zumeist erst, wenn sie durch mehr oder weniger zufällige Begegnungen und äußere Anlässe ermuntert wird. Ihre Passivität mag darin begründet sein, daß sie sich nicht aus einem Bewußtsein großer eigener Bedürftigkeit speist. Es ist ja nicht so, daß man gar nicht mehr weiterwüßte und furchtbar verzweifelt wäre. Man kommt schon zurecht. Deshalb ist man auch nicht bereit, alles hinzuwerfen und auszusteigen. Anders als noch in den 70er Jahren zieht es kaum mehr jemanden in die Ferne israelischer Kibbuzim oder fernöstlicher Meditationshäuser. Man bleibt zu Hause, führt das eigene Leben weiter wie bisher. Aber gelegentlich wirft man einen Blick zurück und nach oben. In diesem Blick liegen eine leise Wehmut, eine überraschte Irritation und ein sanftes Verlangen.

Auch die Rede von der »Suche nach Sinn« ist zu forciert. Sie klingt nach einer Ernsthaftigkeit, wie man sie in den 50er Jahren pflegte. In ihr liegt ein existentialistisches Pathos, das längst schal geworden ist. Dieses Pathos lebte aus der Vorstellung, von einem großen Nichts umgeben zu sein. Diesem Nichts schien man nur dadurch begegnen zu können, daß man sich aufmachte und in langen Gedankenexpeditionen, entsagungsvollen Lektüren und aufreibenden Debatten nach einer neuen und sinnerfüllten Weltanschauung suchte.

Doch diese Zeiten sind vorüber. Man hat seine Sinnbedürfnisse, aber sie äußern sich zaghafter. Es gibt viel Leere in einem selbst und um einen herum. Bedrohungen kündigen sich an. Leise Erschütterungen sind schon unter den Fußsohlen zu spüren. Es fehlt ein festes Fundament. Man wünschte sich so etwas wie einen Schlußstein, der die einzelnen Bauteile des eigenen Lebens verbindet, nach oben hin abschließt und so vor dem Zusammensturz bewahrt. Doch dieses Bedürfnis meldet sich eher beiläufig. Selten verdichtet es sich zu einem leidenschaftlichen Drängen. Zumeist bleibt es bei einem leisen Unbehagen, einem Kribbeln und Kitzeln. Die Vokabeln der 50er Jahre – das »Suchen«, das »Warten«, das »Ringen«, die »Entscheidung« – sind allesamt eine Nummer zu groß. Sie klingen zu stark, zu heroisch. Ihr hoher Ton paßt nicht mehr.

Für die Kirchen muß es in diesen vergangenen Zeiten einfacher gewesen sein, als es noch feste Weltanschauungen, einen wuchtigen Atheismus, Nihilismus und Existentialismus gegeben hat. Selbst wer sich weit von den traditionellen christlichen Vorgaben entfernte, war auf diese ansprechbar. Es gab noch direkte, intensive und gedanklich anspruchsvolle Auseinandersetzungen. Man stritt mit offenem Visier und an deutlich konturierten Frontverläufen. Heute ist es viel schwieriger für die Kirchen. Sie bewegen sich auf vernebeltem Gelände. Freunde, Feinde und Unbeteiligte sind schwer zu unterscheiden. Wo sind die Adressaten der eigenen Botschaft? Die Suchenden sind einfach nicht mehr so leicht zu finden.

Oft genug wissen die Suchenden selbst nicht, daß sie auf der Suche sind. Ein unbestimmtes Unbehagen an der Gegenwart treibt sie, eine verschwommene Nostalgie, eine Wehmut nach einer verlorenen geistlichen Heimat, die sie in den meisten Fällen niemals besessen haben. Sie fragen nach etwas, zu dem sie schon lange keinen Bezug mehr haben. Die Kontaktfläche zur Kirche ist erheblich geschrumpft. Sie leben jenseits der »sichtbaren Religion«. Der eigene Alltag sowie der persönliche Festkalender kommen ohne sie aus. Das Christentum gibt dem eigenen Leben keine Struktur mehr, statt dessen taucht es in unvermuteten Lücken auf. Es ist nicht mehr die Grundlage des eigenen Lebens, sondern dessen Unterbrechung. Es ist seltener geworden, fremder und befremdlicher.

Dadurch aber erhält das Christentum einen neuen Reiz. Es ist keine Selbstverständlichkeit mehr, sondern gewinnt die Qualität einer existentiell bedeutsamen Irritation. Das könnte ein Vorteil für das Christentum sein. Denn es will ja von seinem Selbstverständnis her mehr sein als nur der Rahmen, innerhalb dessen das bürgerliche Leben seinen gewohnten Lauf nimmt. Es will keine Normalität sein, sondern das gänzlich

Unnormale – die göttliche Gegenwelt – in die Welt bringen, und das heißt: das alltägliche Lebensgewebe aufreißen und geistige Unruhe stiften. Es will die Störung schlechthin sein.

Doch auch mit Irritationen muß man umzugehen wissen. Eine bloße Befremdlichkeit bleibt für den einzelnen letztlich ohne Belang. Man stutzt und geht dann achselzuckend weiter. Auch Unterbrechungen brauchen eine kulturell geformte Gestalt. Der Umgang mit ihnen muß eingeübt werden. Dies zu leisten, fällt den Kirchen zusehends schwer. Dabei liegt darin ein großes Bedürfnis. Die Kirche wird weniger aufgesucht, um in ihr eine dauerhafte Heimat zu finden. Ihre Aufgabe wird nicht darin gesehen, erneut eine breite, christlich geprägte Volkskultur zu schaffen oder ein festes moralisches Gesellschaftskorsett zu schnüren. Vielmehr braucht man sie als ein radikales Infragestellen des Gegebenen, als Kontrast zum eigenen Leben.

Warum? Ein Grund liegt in den weltgeschichtlichen Veränderungen der letzten zwanzig Jahre. Aus dem Kalten Krieg ist das demokratisch-kapitalistische System siegreich hervorgegangen. Mit diesem Sieg hat dieses System seine Alternativen überwunden, aber auch verloren. Der Sieg der »offenen Gesellschaft« über ihre »Feinde« (Karl Popper) hat auch eine tragische Seite darin, daß die Siegerin nun nicht mehr Gegenstand einer Wahl aus Überzeugung ist. Man muß sich nicht mehr für sie und somit gegen andere Möglichkeiten entscheiden. Denn diese Möglichkeiten gibt es nicht mehr. Sie ist zur alternativlosen Selbstverständlichkeit, zum Schicksal geworden. Es ist ein Faktum, daß die Gesellschaften sich demokratisch-kapitalistisch organisieren müssen und das Leben des einzelnen den darin geltenden Spielregeln zu folgen hat. Es muß so sein. Zwar kann man dagegen ein Unbehagen äußern und gegen die »Globalisierung«, d.h. die weltweite Durchsetzung dieses Systems, wettern. Nur kann man ihr keine Alternative entgegenstellen. Umgekehrt aber bedeutet dies, daß man sich nicht im eigentlichen Wortsinn für sie »entscheiden« kann. Es ist widersinnig zu sagen, daß man diese Entwicklung »begrüßt« und selbst »will«. Denn sie ist keine Angelegenheit des Wollens mehr. Sie ist eine Tatsache. An Tatsachen aber kann man nicht »glauben«.

Ist die menschliche Welt aber in dieser Weise einförmig geworden und von einem einzigen Grundsystem bestimmt, dann erscheint die Religion, die Ahnung einer Überwelt, als die einzig denkbare Alternative. So ist es in der islamischen Welt. So ist es aber auch, wenngleich weit weniger unbedingt und wildbewegt, im westlichen Europa. Das Christentum erscheint in diesem Sinne als die Gegenwelt zur liberalen, demokratisch-kapitalistischen Spätmoderne als das einzige Kontrastmodell, das die Geschichte übriggelassen hat, als die letzte große Alternative.

Unreligiöse Religiosität

Zwei sehr bemerkenswerte Äußerungen weisen in diese Richtung. Die erste stammt von dem amerikanischen Journalisten Leon Wieseltier. In seinem großen Buch »Kaddisch« (1998) hat er die Geschichte seiner Wiederannäherung an die Religion seiner Vorfahren erzählt. Als sein Vater starb, faßte er – ein durch und durch säkularisierter Jude – den Entschluß, ein Jahr lang täglich das traditionelle Totengebet, das Kaddisch, zu sprechen. Dieser Ritus erschloß ihm, dem modernen nordamerikanischen Intellektuellen, das vormoderne Judentum von neuem. Vorher hatte er weitgehend ohne die Religion seiner Väter gelebt. Das heißt, ganz und gar ohne sie kam er schon damals nicht aus. Er war »irgendwo dazwischen« gewesen. Seine damalige »unreligiöse Religiosität« beschreibt er mit zwei erstaunlichen Sätzen: »Lange Jahre habe ich ohne Religion gelebt. Ich hätte aber nicht ohne die Möglichkeit der Religion leben können.«

Wieseltier war also auch früher schon an der jüdischen Religion interessiert gewesen. Doch dieses Interesse war höchst zwiespältiger Natur. Einerseits war es sehr distanziert. Es war kein wirkliches Interesse, es war nur ein mögliches Interesse. Die Religion sollte nicht die eigene Lebenswirklichkeit durchdringen und bestimmen. Er konnte ja auch ohne sie leben. Andererseits aber gab sich Wieseltiers Interesse als drängendes Verlangen. Die Religion sollte unbedingt als eine Lebensmöglichkeit gegeben sein. Ohne die Möglichkeit der Religion hätte er sich sein Leben überhaupt nicht vorstellen können. Wie aber kann einen Menschen nach einer Möglichkeit verlangen, die er gar nicht ergreifen will? Wieseltiers frühere Beziehung zur traditionellen Religion war offenkundig höchst widersprüchlich. Dennoch, dieses desinteressierte Interesse oder interessierte Desinteresse bestimmt die Haltung, die viele Zeitgenossen, Juden und Christen der »Ersten Welt«, zur sichtbaren Religion einnehmen. Denn auf die Gretchenfrage – »Wie hast du's mit der Religion?« – würden die meisten wohl antworten: »Nun, ich habe es nicht direkt ›mit‹ ihr, aber ich habe es auch nicht ›ohne‹ sie. Ich will nur, daß es sie gibt, daß sie möglich ist.«

Diese Haltung ist natürlich noch keine religiöse Einstellung. Aber sie ist doch mehr als bloße Religionslosigkeit. Sie ist einen großen Schritt vom kirchenkritischen Atheismus und einen kleinen, aber immer noch wichtigen Schritt vom bequem-gelangweilten Agnostizismus entfernt, der sich schulterzuckend damit begnügt, daß man über Gott und

Ewigkeit eben nichts wissen könne. Demjenigen, der in Wieseltiers Sinne Interesse zeigt, kann die Religion nicht gleichgültig sein. Er will sie keineswegs missen. Es soll sie geben, auch wenn er selbst ihr nicht angehören möchte. Etwas an ihr zieht ihn an. Nicht, daß dieses »Etwas« so stark wäre, daß es ihn direkt in die Arme und auf den Mutterschoß der alten Religion triebe. Aber es ist doch anziehend und irritierend genug, daß er sich mit seiner faktischen Religionslosigkeit nicht zufrieden geben kann.

In eine ähnliche Richtung weist eine Äußerung des deutschen Journalisten Dirk Kurbjuweit. In seinem Buch »Unser effizientes Leben« (2003) hat er zu zeigen versucht, wie die McKinsey-Kultur – die Ausrichtung allein auf wirtschaftlichen Erfolg – inzwischen weite Teile des gesellschaftlichen Lebens prägt. Längst ist sie über die Branche der Unternehmensberatung, ja über die Wirtschaftswelt hinausgewachsen und hat die gesamte Kultur durchdrungen. In einem Kapitel schildert er die Begegnung mit einem Hamburger Hauptpastor. Dieser hatte ein Programm entwickelt, das die Kirche nach den Vorgaben von McKinsey reformieren sollte. In dem üblichen Jargon der Unternehmensberater erklärte er dem Journalisten, wie er die kirchliche Arbeit »effizienter«, »kundenorientierter« und »wettbewerbsfähiger« machen wollte. Das aber rührte bei Kurbjuweit an einen sensiblen Nerv. Ja, dieses McKinsey-Geschwätz aus dem Munde eines Geistlichen verletzte ihn: »Obwohl ich nicht Mitglied einer Kirche bin, fand ich es immer tröstlich, daß es eine Gegenwelt gibt, die mich auffangen könnte, wenn ich an der Welt, in der ich lebe, verzweifle.«

Auch dies ist ein sehr erstaunlicher Satz. Sein Verfasser ist ein moderner Zeitgenosse, auf dessen Steuererklärung in der Rubrik »Religionszugehörigkeit« nur ein Strich steht. Dennoch ist für ihn die Kirche etwas fast Heiliges, das durch eine Vermischung mit der McKinsey-Welt entweiht zu werden droht. Was macht die Kirche für ihn so kostbar? Sie gibt für ihn das Idealbild einer ganz anderen Welt ab, die Alternative zur allgegenwärtigen Ökonomisierung des Lebens. Nicht, daß Kurbjuweit in dieser Gegenwelt leben wollte. Ihm genügt es zu wissen, daß er ihr angehören könnte. Diese bloße Möglichkeit schon »tröstet« ihn.

Sehr leicht ist es nicht, dies nachzuempfinden. Wie kann man sich von einer Möglichkeit trösten lassen? Man stelle sich ein weinendes Kind vor: Es hat sich wehgetan, aber es läuft nicht zu seiner Mutter, sondern begnügt sich mit dem Gedanken daran, daß die Mutter im Nebenzimmer ist und es in die Arme nehmen könnte. Das wäre ein seltsames Kind. Echten Trost spendet doch nicht der Gedanke an eine Möglichkeit, sondern nur eine wirkliche Umarmung, ein direktes Wort, ein warmer Kuß, ein richtiges Pflaster. Was also soll man von einem Trostsuchenden halten, der es nicht für nötig hält, diesem Trost entgegenzugehen und ihn auch anzunehmen?

Kurbjuweits Sehnsucht nach einer Kirche, die so ganz anders ist als die eigene, von McKinsey und Co. geprägte Gegenwart, erinnert an das ökologische Bewußtsein vieler Großstadtmenschen. Sie leben ganz und gar urban. Nur gelegentlich führen Sonntagsausflüge und Urlaubsreisen sie in die Natur. Sie genießen die Natur. Aber wenn sie ehrlich wären, müßten sie zugeben, daß sie mit ihr eigentlich nichts zu schaffen haben. Sie kennen sie nicht. Sie bewegen sich nicht sicher in ihr. Sie arbeiten nicht mit ihr. Würde man sie in der Wildnis aussetzen, würden sie keine Woche lang überleben. Dennoch liegt ihnen die Natur am Herzen. Ganz genau möchten sie zwar nicht über sie Bescheid wissen. Aber sie brauchen die Gewißheit, daß es da draußen, weit vor der Stadt, noch so etwas wie Natur gibt. Denn sonst wäre die eigene Großstadtwirklichkeit die einzige Welt.

Die Freiheit der Religion

Man mag dieses Interesse an der Kirche widersinnig finden, aber belächeln sollte man es nicht. Denn in ihm äußert sich ein ernstes Motiv, nämlich das ganz vage und undurchdachte Gefühl eines »Es muß doch noch etwas anderes geben«. Hinter diesem Gefühl aber steht ein höchst bedeutsames Prinzip: Es heißt Freiheit. Unfrei muß sich derjenige fühlen, der ohne Alternativen leben muß. Unfrei kann also auch derjenige sein, der in einem demokratisch-kapitalistischen System lebt, wenn dieses keiner Konkurrenz mehr ausgesetzt ist. Wenn die Religion die letzte Alternative zur Welt des Gegebenen darstellt, dann wird sie ein Garant – oder zumindest ein Platzhalter – der Freiheit. Um diese Freiheit zu empfinden, braucht man nicht selbst religiös zu werden. Man muß sich nur darauf verlassen können, daß man stets die Möglichkeit hat, religiös zu werden. Um frei zu sein, muß man keiner Kirche angehören, aber man muß wissen, daß es immer noch Kirchen gibt, daß sie offenstehen und man sie besuchen könnte, wenn man wollte. Man muß die Wahl haben.

Daraus ergibt sich ein erstaunlicher Befund. Über Jahrhunderte hinweg galt die institutionalisierte christliche Religion als Hort der Unfreiheit. In den Kirchen sah man die Mächte, die man bekämpfen mußte, wenn man individuelle Freiheit erringen wollte. Jetzt aber, am vorläufigen Ende der modernen Emanzipationsgeschichte, kommt es zu einer überraschenden Wendung. Das liberale System hat sich durchgesetzt. Es gibt niemanden mehr, gegen den es verteidigt werden müßte. Das einzige, was die Freiheit noch bedroht, ist sie selbst – wegen ihrer Alternativlosigkeit. Darum verbindet sich die Freiheit als die Möglichkeit, zwischen zwei Alternativen zu wählen, mit der alten Religion, weil diese eine überweltliche Alternative zur weltlichen Ordnung anbietet.

Eine solche Alternative ist gerade jetzt vonnöten, da das herrschende gesellschaftliche, politische und wirtschaftliche System seine Leistungsgrenzen erreicht, wenn nicht sogar überschritten hat. Natürlich ist damit nicht gesagt, daß die christliche Religion einen konkreten Gegenentwurf zu den gegenwärtigen Miseren bereithielte. Eine Alternative im engeren, politischen Sinne bietet sie nicht. Darin unterscheidet sie sich markant vom fundamentalistischen Islam, der nach dem Scheitern des arabischen Nationalismus und Sozialismus als neues Gesellschaftsprogramm auftritt. Dies kann die christliche Religion aus ihrem eigenen Selbstverständnis heraus nicht tun. Ihr Reich ist nicht von dieser Welt. Die Alternative, die sie bietet, besteht in etwas anderem: der Aussicht auf eine Gegenwelt, die Relativierung aller weltlichen Wichtigkeiten, die Eröffnung eines unendlichen Innenraums, der sich dem Zugriff aller irdischen Mächte entzieht. Dies ist ein Gegenentwurf, der sich nicht direkt umsetzen und in einen politischen Maßnahmenkatalog übersetzen läßt. Aber er kann einem die innere Kraft verleihen, äußeren Nöten zu trotzen und sich dem säkular-liberalen Konformismus zu entziehen.

Doch die bloße Wahlfreiheit zwischen zwei Alternativen ist eine sehr blasse Form von Freiheit. Freiheit in einem tieferen Sinn lebt davon, daß man nicht nur Alternativen besitzt, sondern daß man sich auch zwischen ihnen entscheidet. Wer also sein eigenes Streben nach Freiheit wirklich ernst nimmt, kann sich nicht mit bloßer Wahlfreiheit und möglichen Alternativen begnügen. Auch wird man mit dieser Einstellung dem Anspruch der »sichtbaren« Religion nicht gerecht, die eben keineswegs nur eine vage Möglichkeit, sondern eine bestimmte Lebenswirklichkeit sein will. Sie will geglaubt und gelebt werden. Sie will den einzelnen ergreifen und in die Pflicht nehmen. Diejenigen, die unschlüssig daneben stehen, sich nicht entscheiden können, sich ihr nicht bedingungslos hingeben wollen, sondern sie nur als bloße Möglichkeit zu schätzen wissen, mit denen will sie nichts zu schaffen haben.

Doch sollte man nicht zu schnell und harsch urteilen, sondern zunächst feststellen, daß schon mit dem distanzierten Interesse am Christentum ein bemerkenswertes Beharren auf eigener Freiheit verbunden ist. Allein dadurch, daß man sich für das Christentum auch nur interessiert, behauptet man einen Rest an Eigenwillen. Dies mag noch ohne Kontur und ohne Folgen bleiben. Aber es könnte ein Anfang sein, der Beginn eines intensiveren Interesses, das sich nicht nur Möglichkeiten offenhalten will, sondern auch Lust an ihrer Verwirklichung hat.

Man müßte dieses neue Interesse am Christentum beim Wort nehmen und die innere Bewegung, die in ihm verborgen liegt, herausarbeiten und weitertreiben. Dann könnte einem der Nachweis gelingen, daß sein Hauptmotiv – das Verlangen nach Freiheit – nur befriedigt werden kann, wenn es nicht bei einem distanzierten Interesse bleibt. Die säkulare Moderne kann sich nicht ohne die religiöse Vormoderne entfalten. Sie bleibt auf das bezogen, was vor ihr war, um daran anzuknüpfen oder sich davon abzusetzen. Was für die Moderne im allgemeinen gilt, trifft auch für den einzelnen zu, der in ihr lebt. Seine »unsichtbare« und »religionslose Religiosität« muß dem alten Christentum regelmäßig wieder ins Gesicht schauen, um sich der Verwandtschaft zu vergewissern, die einen tiefer bestimmt, als man selbst für gewöhnlich meint – oder um sich bewußt abwenden zu können.

Ob aber das Christentum einen Ausweg nach oben anbietet, wird nur derjenige herausfinden, der sich mit ihm näher auseinandersetzt. Ein gelegentliches Hochblinzeln, mit dem man sich vergewissert, ob es diesen Ausweg noch gibt, genügt nicht. Was hilft es einem, wenn es eine Alternative in Reichweite gibt, man sie aber nicht ergreifen will? Was nützt einem eine religiöse Möglichkeit ohne alle Wirklichkeit?

Das neue Interesse am Christentum ist sicherlich bei denen stärker vertreten, die sich einer gewissen Bürgerlichkeit verpflichtet wissen. Denn ein bürgerliches Bewußtsein, so unvollständig es auch sein mag, enthält immer auch das Wissen darum, daß jede Kultur von religiösen Voraussetzungen lebt. Es muß darum ein wie auch immer geartetes Interesse an der traditionellen Religion der eigenen Kultur haben. Zu einem niveauvollen bürgerlichen Bewußtsein aber gehört noch etwas anderes, nämlich das Wissen darum, daß man seine Interessen eigenverantwortlich verfolgen muß. Man kann ihre Pflege niemandem übertragen, weder kirchlichen noch staatlichen Obrigkeiten. Als Bürger muß man sich selbst darum kümmern, auch wenn dies mit erheblichen inneren Anstrengungen verbunden und von eigenen Zweifeln und inneren Einwänden belastet ist. Denn wenn man es nicht tut, bleibt das eigene Interesse am alten Christentum nur ein flüchtiger exotistischer Reiz, und man selbst bleibt mitten in der eigenen Kultur ein Fremder.

KAPITEL 2

Fernsehpäpste

*Über die Präsentation des Christentums
in den Medien*

MAN BLÄTTERT, ohne etwas Böses oder Gutes zu ahnen, in Zeitungen und Zeitschriften. Schlagzeilen rascheln vorbei. Zerrissene Informationsbrocken, kurz geschmeckt und angekaut, hastig geschluckt und halb verdaut. Man kann es nicht Lesen nennen. Es ist ein Huschen über die Seiten und Spalten, ein flüchtiges Scannen von Reizwörtern. Auch die vielen bunten Fotos setzen ein Flackern auf die Netzhaut. Kaum hat es stattgefunden, ist es schon erloschen. Was zu sehen war, ist im nächsten Moment wieder vergessen: all diese Bilder von Ereignissen und Menschen, von Katastrophen und Triumphen, von Glamourfiguren und Elendsgestalten, von Politikermienen und Prominenzgesichtern.

Man zappt durch die Fernsehprogramme. Alles fließt. Wirklichkeiten und Erfindungen sind bunt gemischt. Alles drängt und ringt um Aufmerksamkeit: die Katastrophenbilder von Überflutetem, Zerbombtem und Verbranntem, die Sportstrecken über Rennen, Schießen, Schreien, Jubeln, das Aktualitätsgebräu aus Staatsmännerauftritten vor Mikrofonsträußen, ein- und ausfahrenden Politikerautos sowie Funktionären in Messehallen. Ständig von Werbung unterbrochen und durchschossen. Glücksbilder greifen nach einem: von strahlenden Toiletten, glänzenden Pkws, schäumenden Rauschgetränken, fließenden Durstlöschern, erotischen Eiscremes, jubelnden Naßrasierern und euphorischen Hausfrauen.

Und mitten in diesem visuellen Alltagsbrei: ein Papst. In schöner Regelmäßigkeit zeigen die Zeitungen, Zeitschriften und Fernseh-

50

programme Bilder eines Heiligen Vaters. Ein alter Mann in liturgischem Prachtgewand, hohe, goldene Haube auf dem Kopf und mit glänzendem Hirtenstab in der Hand, predigend und betend. Ein alter Mann in weißem Gewand und mit flacher, weißer Kappe im Urlaub, auf einer Bank auf Berge blickend. Ein alter Mann im Halbdunkel eines offenen Palastfensters über einer andächtigen Menge, grüßend und segnend.

Ginge es nur nach den veröffentlichten Bildern, könnte man den Eindruck gewinnen, daß Grüßen und Segnen seine Hauptbeschäftigungen seien. In beidem wird das Grundmuster der Papstbilder erkennbar. Dieses besteht aus zwei gegensätzlichen Polen: einer großen Distanz und einer konzentrierten Zuwendung. Der Papst ist stets ein einzelner, weit entfernt und dennoch immer bezogen auf eine große Menge. Nie ist er der Teil einer Gruppe oder das Glied einer Kette. Selbst wenn er sich mit seinen Kardinälen zeigt, bildet er mit ihnen kein Kollegium, sondern er ist der Mittelpunkt, und die anderen stellen sich um ihn herum, als wollten sie mit ihren Körpern eine Aureole bilden. Der Papst ist keiner von uns, aber einer für uns.

Bilder eines grüßendes Papstes gehören zum täglich Brot des Zeitschriftenblätterers und Fernsehzappers. Mal gibt es etwas mehr von ihnen, mal etwas weniger, aber ganz fehlen sie nie.

Gelegentlich haben auch andere, weniger gefragte Figuren ihren Auftritt. Bischöfe und Kardinäle, schwarz und mit dickem weißen Kragen. Sie äußern sich zu dieser oder jener Sache. Man nimmt sie wahr, aus den Augenwinkeln und nicht unbedingt ungern. Sie tun einem nichts. Sie unterbrechen das Einerlei der Anzugträger und Modepuppen. Sie bringen Abwechslung ins Programm, so wie die Bilder von Nonnen und Mönchen, die man auf der Straße kaum noch, dafür um so mehr in bunten Blättern sieht. Früher mag ihr Anblick diejenigen erschreckt haben, die in rigiden Klosterschulen aufwachsen mußten. Doch das ist lange her. Heute lehren sie niemanden mehr das Gruseln. Im Gegenteil, sie lösen ein kurzes, besinnliches Schmunzeln aus. Hübsch fremdartig sehen sie aus in ihren Kutten und Bärten, ihren Kopftüchern oder Hauben. Oft zeigt man sie, wie sie mit ihnen anvertrauten Kindern ungeschickt Fußball spielen – ein Motiv, das seine Putzigkeit selbst im tausendsten Aufguß nicht verliert. Auch die Klöster, die sie bewohnen, haben die drückende Düsternis verloren, wegen der Menschen früher aus ihnen geflohen sind. Heute geben sie das Motiv für schöne Fotostrecken ab: in warme Farben gehüllte Refugien, Bildmaterial für Coffee-Table-Books und Hochglanzblätter, Augenschmaus und Seelenruhe schenkend.

Aber das Hauptmotiv und die Hauptperson bleibt der Papst. Ohne ihn geht es nicht. Sein Auftreten stiftet ein großes Gefühl von Verläßlichkeit. Nicht, daß man sehr darauf achten würde, welchen Anlaß sein Auftreten gerade hat. Es mag ein Seligsprechungsmarathon in Mexiko sein oder eine Massenpriesterweihe auf den Philippinen oder ein Weltjugendtag in einer Metropole der »Ersten Welt« – für ihn ist das alles heilige Routine. Die Bühnen wechseln. Die Auftritte bleiben sich gleich. Er erscheint, grüßt und segnet. Dazwischen hält er eine Predigt. Diese enthält zumeist das Erwartbare: ein Plädoyer für den Frieden und gegen die Gewalt oder für die Ehe und gegen die freie Liebe oder für die alte Kirche und gegen ihre Reform. Doch man hört kaum hin. Es genügen die Bilder.

Diese Bilder ergeben zusammen ein festes Schema von höchstem Wiedererkennungswert. Man mag die Medienprodukte noch so oberflächlich konsumieren, dieses Bild erreicht einen. Es setzt sich fest und behauptet sein Recht auf öffentliche Aufmerksamkeit. Wie ein Kirchturm im Stadtbild signalisiert es: »Hier ist die Kirche! Hier ist das Christentum!« Mehr Botschaft wird durch diese Auftritte eigentlich nicht vermittelt. Der Auftritt selbst ist die Botschaft.

Dieser eine Auftritt wird wieder und wieder zur Aufführung gebracht, bis sich Vertrautheit breitmacht und das Gefühl, man würde etwas Wesentliches vermissen, wenn es einmal ausbliebe. Daß man gar nicht so genau hinschaut und zuhört, widerspricht dem nicht. Die Papstmaschinerie funktioniert auch so. Sie läuft so gut geschmiert, daß man sich selbst an den neuen Papst schnell gewöhnt hatte. Nur anfangs war man irritiert über sein ungelenkes Winken, das etwas mühsame Lächeln. Doch diese Sperrigkeiten wurden bald absorbiert von der großen Ikonenhaftigkeit des Amtes. Man muß nicht charismatisch sein wie Karol Wojtyla, um es auszufüllen. Ein eher scheuer Intellektueller wie Joseph Ratzinger tut es auch. Er läßt sich ebenfalls bruchlos in die bekannten Verwertungsketten des katholischen Kapitalismus einfügen. Das Produkt »Papst« läßt sich problemlos in »merchandizing« übersetzen: Papstbilder, Papstkerzen, Papstpuppen, Papstbücher, Papstwanderwege, Papstbrötchen. Man möchte nur hoffen, daß ihm das Schicksal seines Vorgängers erspart bleibt und nicht auch noch sein Sargmodell vermarktet wird: Als makabre Folge seines öffentlichen Sterbens und seiner großartigen Beerdigung wurden Bestatter beinahe überall auf der Welt plötzlich von ihren Kunden nach dem »Papstsarg« gefragt.

Nur sehr selten gerät diese Maschinerie ins Stocken. So bei einem der wenigen Fernseherlebnisse, das man auch nach Jahrzehnten nicht vergessen kann: dem Attentat auf Johannes Paul II. Wie die Bilder jäh zu wackeln begannen, als wäre die Kamera selbst getroffen worden! Wie er zusammensackte und plötzlich nicht mehr zu sehen war! Ebenfalls unvergeßlich: das Bild der Versöhnung des Papstes mit seinem verhinderten Mörder. Wie sie in der kargen Zelle zusammensaßen: links der Papst aufrecht sitzend und nachdenklich den Kopf senkend, rechts der Attentäter vorgebeugt und aufschauend. Ein großes Kammerstück. Selten ist ein authentischer Moment so perfekt inszeniert und eine höchst intime Begegnung so wirkungsvoll für die Weltöffentlichkeit festgehalten worden.

Doch nach diesem Riß wurde der alte Film wieder fortgesetzt. Es gab wieder Massengottesdienste. Und das altbekannte Flughafenbodenküssen wurde wieder aufgenommen. Wie hatte man sich anfangs darüber lustig gemacht. Es sah in der Tat seltsam aus, was Johannes Paul II. sich ausgedacht hatte. Das Küssen des Bodens ist ein archaischer Gestus, in dem sich Widersprüchliches verbindet: Liebe und Inbesitznahme. Es liegt Demut darin und Anmaßung. Soldaten hissen ihre Fahnen auf erobertem Territorium. Ein Papst küßt es. Und er tat es an einem besonders modernen Ort: auf dem Rollfeld eines Flughafens. Johannes Paul II. küßte kein landestypisches Stück Mutterboden, keine urwüchsige Scholle, sondern banalen Asphalt. Man hatte sich damals immer gefragt, wie Asphalt wohl schmecken mag. Trotzdem, es war eine geschickte Erfindung. Sie wirkte und grub sich in das Langzeitgedächtnis ein. So etwas tat niemand sonst. Einfach unverwechselbar, auch wenn die einzelnen Küsse so austauschbar waren wie die Rollfelder in Afrika, Amerika, Europa und Asien.

Dann aber – man könnte gar nicht mehr genau sagen, wann – begann ein neues Schauspiel, ein Drama, wie man es noch nicht gesehen hatte. Und plötzlich mußte man beim Blättern und Zappen an- und innehalten. Auf einmal wurde etwas gezeigt, das nicht in das übliche Schema paßte. Der alte Papst wurde älter, krank und schwach. Aber er wurde nicht aus dem Programm genommen. Für gewöhnlich verschwinden Showgrößen und Medienberühmtheiten einfach von der Bildfläche, wenn es ans Sterben geht. Sie werden aus dem Verkehr gezogen. Man hört und sieht nichts mehr von ihnen. So werden sie schon auf der letzten Strecke ihres Lebens vergessen. Die wenigen Ausnahmen, wie zum Beispiel Johnny Cash oder in Deutschland Rudi Carrell, bestätigen diese Regel. Doch das Besondere am alten Papst war, daß er gerade, als er dem Ende seines Lebens entgegenging, eine ganz neue Medienpräsenz entwickelte.

Nun ist dieses Papststerben schon eine längere Weile her. Aber diese Bilder sind immer noch gegenwärtig. Sie wirken lange nach, denn sie passen nicht in den Rahmen, den die Medien für Prominentenaufnahmen bereitstellen: wie ein berühmter Mann unter der

Last seiner Krankheiten und seines Amtes stöhnt, wie er mit seiner Stimme ringt und um jedes einzelne Wort kämpft.

Daran erinnert man sich noch, ebenso an die vielen Diskussionen, die man mit Bekannten geführt hat. Niemanden ließ dieses Spektakel ungerührt. Es gab keinen, der hierzu keine Meinung gehabt hätte. Aber es blieb nicht bei Meinungen. Viele waren erregt. Die Bilder des leidenden Papstes lösten viele und sehr unterschiedliche Gefühle aus: Mitleid, Scheu, Angst, Bewunderung. Einigen war die Zurschaustellung eines moribunden Greises zuwider. Andere vermuteten sogar Machenschaften dunkler Kräfte im Vatikan, die sich des Papstes wie einer Marionette bedienten. Besser Informierte erkannten dagegen in den Auftritten die Handschrift des Papstes wieder. Ihnen war klar, daß er selbst dieses öffentliche Leiden wollte, weil er darin seine ureigene Aufgabe, seinen Beitrag zur Erlösung der Menschheit sah. Die tieferen Gründe und Abgründe dieser Leidensspiritualität dürften allerdings den allermeisten Zuschauern verborgen geblieben sein. Sie beschäftigte etwas anderes: nicht eine archaische Theologie des Leidens, sondern eine neue und existentielle Konfrontation mit dem Tod.

Der sterbende Papst machte den Tod sichtbar. Er zeigte, was es heißt zu sterben. Hier ging es nicht um anonyme Katastrophenopfer oder fiktionale Filmmorde. Hier ging es um einen einzelnen, wirklichen Menschen, dessen Bild seit scheinbar ewigen Zeiten in jedem Wohnzimmer präsent war. Unweigerlich erinnerte man sich an das Sterben der eigenen Großeltern. Ferne Erinnerung an Kindheitstrauer wurde lebendig. Man dachte an den Tod der eigenen Eltern, den letzten Schritt ins Erwachsensein. Und die Einsicht, daß man selbst ebenso würde sterben müssen, ließ sich plötzlich nicht mehr beiseite schieben.

Der sterbende Papst brachte die Medienmaschinerie ins Stottern, die er gleichzeitig am Laufen hielt. Die Bilder seiner letzten Tage verdrängten das Image seiner frühen Amtsjahre. Daß er einmal eine höchst maskulin-sportive Erscheinung gewesen war, daß er sich mit Skiern oder in Wanderstiefeln auf Berggipfeln hatte ablichten lassen, daß er das alte Hofzeremoniell entrümpelt und die imperiale Sänfte mit dem modernistischen Papamobil eingetauscht hatte – all das wurde von dem Eindruck verdrängt, den der Papst in seiner letzten Rolle hinterließ.

Es war ein mittelalterliches Passionsspiel mitten im Fokus der modernen Medien. Wollte man zynisch sein, könnte man dies einen großen Erfolg nennen. Man würde dabei jedoch übersehen, daß dieser Erfolg sich selbst widersprach. Denn es war die Inszenierung eines Bruchs. Dieses globale »event« lief allen Grundregeln erprobter »public relation« zuwider. Hier wurde kein positives Image etabliert, keine Marke mit Glücksaura beworben. Ein radikales Kontrastbild wurde den sonst beherrschenden Bildern von Jugendlichkeit und Erfolg gegenübergestellt. Es verbreitete nicht Optimismus, sondern Furcht und Zittern, Ehrfurcht in einem tieferen Sinne. Genau dadurch aber zwang es den so oft zerstreuten Medienkonsumenten zu einem Moment der Konzentration. Man kam davon nicht los. Dieses große Memento mori ließ sich nicht so einfach abschalten.

Und dann – kam nichts. Nach all den medizinischen Bulletins und kirchenamtlichen Verlautbarungen, nach all den quälenden Auftritten folgte ein Moment der Ruhe. In dieser kurzen Nachrichtenlücke muß er gestorben sein. Das eigentliche Ereignis, auf das alle gewartet hatten, wurde nicht gezeigt. Es fiel in eine Sendepause. Einen seltsamen Kontrast gab das: die lange, laute Berichterstattung und dann die absolute Stille des päpstlichen Sterbens. Das Gefühl beschlich einen: »Nun hat er es geschafft. Nun haben wir es geschafft.«

Nach diesem Augenblick der Ruhe setzte die Maschinerie jedoch sofort wieder ein. Bilder vom Leichnam wurden veröffentlicht, Erklärungen abgegeben und letzte Worte kolportiert: »Ich bin froh, seid ihr es auch!« Schöne Worte, sicherlich, aber ob ein Sterbender dafür noch die Kraft und die Zeit hat? Ein halbes Jahr später veröffentlichte der Vatikan in seinem Amtsblatt ein minutiöses Protokoll. Darin sind alle wesentlichen körperlichen Veränderungen und gottesdienstlichen Handlungen des Papstes während seiner letzten Tage verzeichnet. Nach dieser Quelle sollen die letzte Worte, die der Papst »mit ganz schwacher Stimme murmelnd auf polnisch« gesagt habe, diese gewesen sein: »Laßt mich ins Haus des Vaters gehen.« Bedenkt man, wie unverständlich der Papst gewesen war, kann man auch an dieser Version zweifeln. Vielleicht hat der Papst ja auch gar nichts gesagt.

Im Nachspiel wiederum ging es nicht mehr um Schwäche und Schmerz, sondern wieder um Größe und Macht. Den sogenannten letzten Worten folgte die prächtige Ausstellung des wohlpräparierten Leichnams im großen Kirchraum, in dem sich die Wichtigen der Welt versammelten. Man bestaunte diesen Auftrieb, die Prozession, das Spektakel. Aber es berührte einen schon spürbar weniger.

An das Sterben des Papstes kam nichts mehr heran. Es war einer jener seltenen Momente, als es beim alltäglichen Medienkonsum plötzlich so ernst wurde, daß man fast religiöse Gefühle entwickelte. Auf einmal merkte man, wie flach ein Zeitungsfoto und wie hohl der eigene Fernseher ist.

Religion im Medienzeitalter

Der christliche Glaube ist unsichtbar. Er ist eine Sache des menschlichen Herzens, in das nur Gott selbst schauen kann. Dennoch wird dieser Glaube öffentlich sichtbar ausgestellt. Zum einen geschieht dies durch die Gebäude, in denen er gefeiert wird, und zum anderen durch die Menschen, welche die Gemeinschaft des Glaubens anführen. Diese zweite Methode des Sichtbarmachens ist uralt. Sie wurde zuerst von Jesus von

Nazareth angewandt, der mit seiner ganzen Person das Reich Gottes zu den Menschen brachte. Wenn die Leute fragten: »Wo ist das Reich Gottes?«, konnten die Jünger antworten: »Schaut unseren Meister an, wie er zu den Menschen spricht, wie er Kranke berührt, mit Ausgestoßenen zu Tisch sitzt und Kinder segnet. Da seht ihr das Reich Gottes!«

Nachdem Jesus in den Himmel aufgefahren war, suchten seine Jünger andere Repräsentanten des neuen Glaubens: Gemeindeälteste und Priester, Märtyrer und Wunderheilige, Bischöfe und Päpste. Aber es waren nicht nur fromme Übermenschen und hohe Kultfunktionäre, die den Glauben öffentlich darstellten, sondern auch Alltagsmenschen aus dem eigenen Lebensumfeld: Eltern, Großeltern, Lehrer, Gemeindepastoren, Paten und engagierte Kirchenglieder. Inzwischen hat sich deren Anzahl jedoch erheblich verringert. Es gibt kaum noch Lehrer und Eltern, die den ihnen Anvertrauten den christlichen Glauben vorleben. Und die engagierten Kirchenglieder wirken immer seltener über den engen Kreis ihres Gemeindelebens hinaus. Wenn also jemand fragte: »Was heißt es eigentlich zu glauben?«, wäre es sehr schwer, ihm Menschen aus seiner Umgebung zu zeigen, deren Lebensführung ihm eine Antwort geben könnte.

Dafür aber gibt es etwas anderes: Religionsprominente. An die Stelle der Repräsentanten des Glaubens, die man persönlich kennt, sind mediale Stellvertreter getreten. Wo die einen in den Hintergrund rücken, erobern die anderen die Bühne. Das Christentum hat sich zwar einerseits in kirchengemeindliche Sonderwelten zurückgezogen. Andererseits aber hat es einen festen Ort mitten im modernen Medienbetrieb erobert. Dort, wo alle großen gesellschaftlichen Kräfte ihre Botschaften und Angebote feilbieten, sind auch die Kirchen präsent. Ihr Reich mag nicht von dieser Welt sein, gleichwohl haben sie ihre Verkaufstische neben den übrigen Informationshändlern aufgebaut.

Dies ist auch unerläßlich. Denn so wie überhaupt die Wahrnehmung der Welt primär durch Medien vermittelt wird, so gewinnen die meisten Menschen heutzutage nicht durch direkte Begegnungen einen Eindruck von der christlichen Religion, sondern über mediale Darstellungen. Das gilt nicht nur für die Ausgetretenen, sondern selbst für die große Mehrheit der kirchlich Engagierten. Man liest nicht mehr die Bibel, besucht nicht den Gottesdienst der Ortsgemeinde und kennt vom zuständigen Pastor weder Namen noch Gesicht. Statt dessen liest und hört und sieht man in den verschiedensten Medien ununterbrochen etwas über die christlichen Kirchen.

Die Häufigkeit, mit der sie in den Medien auftauchen, ist größer, als man denkt. Man könnte sich sogar fragen, ob die Kirchen durch Radioandachten und Fernsehgottesdienste, in Welt- und Regionalnachrichten, Reportagen und Feuilletondebatten nicht eigentlich medial überrepräsentiert sind. Denn der tatsächliche Einfluß der Kirchen auf die Lebensführung der Bevölkerung sowie auf die Entscheidungen der politischen und wirtschaftlichen Eliten ist vergleichsweise gering. So scheint die Dichte ihrer öffentlichen Auftritten die wirkliche Bedeutung der Kirchen zu übersteigen. Andererseits schaffen diese Auftritte eine Wirklichkeit eigener Art. Denn es ist nicht so, daß die Wirklichkeit und ihre mediale Darstellung sich einander streng gegenüberstellen ließen. Die Medien bilden die Realität nicht einfach ab, sondern sie stellen auch Wirklichkeiten her, sie sind selbst eine Quelle von Realitäten eigener Art. Und nicht selten verdrängen sie dabei das, was man naiverweise für die »wirkliche Wirklichkeit« gehalten hätte. Wen die Medien zeigen, der ist wirklich da. Wer in den Medien nicht vorkommt, der ist unsichtbar geworden, der verschwindet aus dem Gesichtsfeld der Gesellschaft. Den gibt es eigentlich gar nicht mehr.

Katholische Telekratie

Daß ihr Schicksal von der Medienpräsenz abhängt, haben die Kirchen inzwischen erkannt, besser gesagt: Die evangelische Kirche hat es endlich eingesehen. Die katholische Kirche hat es immer schon gewußt. Weit virtuoser als alle übrigen Kirchen weiß sie sich medial zu präsentieren. Und dies ist nicht allein das Ergebnis moderner Öffentlichkeitsarbeit, sondern hat seinen Grund in ihrem Wesen selbst. Die katholische Kirche lebt nicht vom Wort allein, sondern vor allem auch vom Bild, das dieses Wort anschaulich werden läßt. Sie äußert sich nicht zuerst in individuellen Sprechakten, sondern in der gemeinschaftlichen Betrachtung des religiösen Kerns. Dies ist der öffentliche Gottesdienst. Er entfaltet bewußt visuelle Opulenz: in strahlenden Kirchräumen, mit edlem Meßgeschirr und ausgesucht farbigen Gewändern. Priester vollziehen den Gottesdienst. Die Gemeinde genießt ihn betrachtend. Diese Teilnahme durch Zuschauen ist nicht, wie manche Protestanten meinen, gleichbedeutend mit Passivität. Das Zuschauen kann ebenso wie das Zuhören eine höchst konzentrierte seelische Aktivität sein. Auch durch das Auge können geistige Inhalte tief eindringen. Nicht selten wird das Zuschauen intensiver erlebt. Es ist weniger durch den Verstand eingeengt. Das Gefühl wird angesprochen, der Schönheitssinn geweckt, und eine Ahnung vom Geheimnis Gottes stellt sich ein, die sich nicht in Worte fassen läßt.

Die katholische Kirche ist grundsätzlich auf Sichtbarkeit

angelegt. Doch wer kommt noch, um sich ihre Gottesdienste anzuschauen? Der Gottesdienst mag zwar immer noch die Mitte des Gemeindelebens sein, aber die Gesellschaft insgesamt nimmt kaum Notiz davon. Er ist kein öffentliches Ereignis, über das die Medien berichten müßten. Zum Glück besitzt die katholische Kirche ein weiteres Instrument, um sich Medienpräsenz zu verschaffen: das öffentliche Auftreten ihres Leitungspersonals. Hier trifft sich die alte Selbstfokussierung der katholischen Kirche im Papstamt mit der Prominentensehnsucht der gegenwärtigen Mediengesellschaft. Die mediale Inszenierung des Papstes bringt alle *public relations*-Experten ins Schwärmen. Hier ist zur Vollendung gebracht, was sie ihren Kunden stets und ständig predigen: Eine Institution, eine Marke, ein Produkt muß durch eine Person, eine Stimme, ein Gesicht in die Öffentlichkeit gebracht werden. Mit ihrem päpstlichen Starprinzip hat die katholische Kirche alle Grundregeln moderner Öffentlichkeitsarbeit perfekt umgesetzt, besser gesagt: Sie hat sie selbst erfunden. Manches mag sie schon vom antiken römischen Kaiserkult übernommen haben, aber wie sie im Laufe der Jahrhunderte diese Methode, ihre Botschaft in einer Person zu fokussieren, ausgestaltet sowie dogmatisch fixiert hat, macht sie gewissermaßen zur eigentlichen Begründerin moderner Öffentlichkeitsarbeit.

Bis vor wenigen Jahren galt die Ausrichtung der katholischen Kirche auf ihre hierarchische Spitze als Zeichen ihrer Rückschrittlichkeit. Diese autoritäre Herrschaftsform, dieser Personenkult, diese Unfehlbarkeitsanmaßung – all dies schien einer weit entfernten Welt zu entstammen und keine Zukunft mehr zu haben. In die egalitäre und liberale Gegenwart schien das Papsttum nicht mehr hineinzupassen.

Doch der Geist der Zeiten hat eine überraschende Volte geschlagen. Was gestern als Wettbewerbsnachteil galt, erscheint heute als Erfolgsrezept. Denn die katholische Ausrichtung auf eine einzige Person entspricht ideal der heutigen Mediengesellschaft. Und diese arbeitet weniger mit dem Wort als mit dem Bild. Am offenkundigsten ist dies bei den Nachrichten. Das schnelle und heiße Bild wirkt stärker als der lange Textbericht. Auch wenn es weniger aussagt und sich leichter manipulieren läßt, wird ihm eher »geglaubt«. Deshalb entscheidet das Bildmaterial darüber, ob ein Ereignis als wichtige Nachricht gelten kann. Wovon es keine eindrücklichen Bilder gibt, darüber lohnt es sich kaum zu berichten.

Dieser Wechsel vom Wort zum Bild, vom Hören zum Schauen bestimmt auch die Art, wie Religion heute wahrgenommen wird. Wie ließe sich die christliche Religion visuell besser präsentieren als über den Auftritt ihres bekanntesten Vertreters? Die natürliche Prominenz des Amtsinhabers, die reichen Inszenierungsmöglichkeiten sowie die prächtigfremde Exotik dieses Amtes ziehen die Fernsehkameras magisch an; und mit ihnen ungezählte Zuschauer. Diese mögen keiner Religion angehören oder eine nur unsichtbare Religiosität pflegen, dennoch lassen sie es sich gefallen, den unübersehbaren Repräsentanten des alten Christentums präsentiert zu bekommen. Denn dies gibt ihnen die Möglichkeit, ihren eigenen religiösen Empfindungen nachzugehen und sie vor dieser Kontrastfolie zu klären. Das, was sie nur vage verspüren und kaum zu benennen vermögen, findet hier ein eindeutiges Gegenüber.

Es läßt sich nicht übersehen, daß gegenüber der visuellen Ausstrahlung die Verbreitung der inhaltlichen Botschaft abfällt. Es wird intensiv zugeschaut, aber nur flüchtig zugehört. Es ist kein Zufall, daß die Papstbilder ihre größte Wirkung in den weitgehend inhaltsfreien Medien zeitigen. Das Fernsehen und die Boulevardpresse suchen emotionale und leicht zu deutende Bilder. Das Papsttum liefert sie ihnen. Daraus ergibt sich eine geradezu natürliche Allianz. Ein Rad greift ins nächste, und eine Hand wäscht die andere. Das stellt nur für diejenigen ein Problem dar, die nicht vergessen möchten, daß sich Boulevardjournalisten nur in größeren Abständen die Hände waschen. Für sie muß anstößig wirken, wie eng der alte und der neue Papst sich mit der »Bild«-Zeitung eingelassen haben. Unvergeßlich ist das Foto, das den Besuch der lautesten deutschen Krawalljournalisten beim schon schwer hinfälligen Johannes Paul II. dokumentiert. Sie waren gekommen, um ihm ein Exemplar ihrer »Volksbibel« zu überreichen. Der Heilige Vater und die Vertreter der medialen Gosse in vertrautem Gespräch. Eine Assoziation konnte sich einstellen, nämlich wie unbefangen Jesus Umgang mit den Sündern seiner Zeit, den Prostituierten und Zöllnern, pflegte, ohne jedoch mit ihnen gemeinsame Geschäfte zu machen.

Doch solche moralischen Bedenken eröffnen keinen rechten Blick für die Logik solcher Kooperationen. Ganz moralinfrei wird man feststellen müssen, daß das Papsttum besonders »Bild«-kompatibel ist. Denn es stillt den Hunger dieses Mediums und seiner Käufer nach Prominenz, großen Bildern und eindeutigen Parolen. Es bietet eine Leitfigur auf, die man bestaunen kann, ohne komplexen Fragen nachgehen oder differenzierte Argumente abwägen zu müssen. Man muß darüber nicht die Nase rümpfen. Im Mittelalter ließ die Kirche »Armenbibeln« verbreiten: schlichte Bilderbücher, die den vielen Analphabeten die christliche Heilsgeschichte vor Augen stellten. Im Zeitalter moderner Massenmedien macht die katholische Kirche ihren Anführer zur lebenden Armenbibel. Sein Bild zeigt »Bild«-Lesern und Fernseh-Zappern auf einen Blick, was das Christentum ist: eine alte, starke, schöne, strenge, überweltliche Macht.

Dieser Medienerfolg setzt allerdings voraus, daß das Papsttum so bleibt, wie es ist: ein überwältigender Kontrastreiz. Auf keinen Fall darf es sich auf die altbekannte Reformagenda katholischer Kirchenkritiker einlassen. Die Demokratisierung der katholischen Kirche, die Abschleifung ihrer Hierarchie, die ökumenische Harmonisierung, die Aufhebung des Zölibats und die Einführung der Priesterweihe für Frauen – all diese ewig wiederholten Forderungen mögen aus der Sicht der Betriebszugehörigen berechtigt sein. Wer in dieser Kirche arbeitet, muß ein Interesse daran haben, daß die Arbeitsbedingungen den allgemeinen gesellschaftlichen Verhältnissen entsprechen, und diese sehen flache Hierarchien und demokratische Beteiligungen vor. Doch wer nur von ferne zuschaut, dem müssen solche Reformen herzlich gleichgültig sein. Denn er möchte ein Gegenbild zur eigenen Lebenswirklichkeit betrachten. Eine Angleichung dieser überweltlichen Institution an die offene Gesellschaft, in der er sich selbst befindet, würde für ihn einen empfindlichen Verlust bedeuten.

Aus diesem Grund ist die Wojtyla-Ratzinger-Strategie die einzige, die Erfolg verspricht. Um wahrgenommen zu werden, muß die katholische Kirche eine geschlossene Fassade bieten. Warum sollte sie sich ihren wichtigsten Marktvorteil selbst aus der Hand schlagen? Welcher Vertreter einer demokratisierten Kirche könnte in vergleichbarer Weise die Kameras auf sich ziehen und die Massen in den Bann schlagen? Der Sprecher der Bewegung »Kirche von unten«, die Schriftführerin der Initiative feministischer Theologinnen oder der Sicherheitsbeauftragte der kirchlichen Mitarbeitervertretung? Nein, wo alles auf mediale Außenwirkung ankommt, kann niemand ein Interesse an interner Reform haben. Telekratie und Hierarchie entsprechen einander. Die großen Erfolgsmedien der Gegenwart, nämlich Boulevardpresse und Fernsehen, sind zwar volkstümlich, aber von ihrer Mechanik her undemokratisch. Denn sie zielen nicht auf Beteiligung und Auseinandersetzung, sondern auf Beeindruckung. Darum muß die katholische Kirche, wenn sie weiterhin in der Mediengesellschaft reüssieren will, strikt konservativ bleiben.

Man kann dies an einem eher kuriosen Detail anschaulich machen. In regelmäßigen Abständen erscheinen Kriminalromane und Sachbücher, die sensationelle Enthüllungen über die katholische Kirche verheißen. Zum Beispiel Dan Browns Megaseller »Sakrileg«, ein Thriller, der davon erzählt, wie das angeblich bestgehütete Geheimnis der katholischen Kirche – Jesus sei der verheiratete Prophet einer Religion der Weiblichkeit gewesen – gelüftet wird. Oder etwa die zahlreichen Qumran-Bücher, die nachzuweisen versuchen, daß die Bibel eine Fälschung der katholischen Kirche sei. An all diesen Büchern ist bei Lichte besehen wenig dran. Ihre wissenschaftliche Bedeutung ist mehr als gering, ihre Argumentation zumeist hanebüchen. Dennoch finden sie gierige Leser, denn sie betreiben ein reizvolles Spiel.

Sie spielen mit der grandiosen Sichtbarkeit der katholischen Kirche. Diese Kirche besitzt eine stolze Fassade. Das provoziert natürlich die Frage, was sich dahinter abspielt. Verbirgt sich hinter ihr ein Geheimnis? Hat man nicht manches munkeln gehört über verschlungene Intrigen, verschlossene Archive und verschwiegene Männerbünde? Mit seiner geschlossen reaktionären Ausstrahlung weckt der Vatikan bei nicht wenigen die Lust, Verschwörungstheorien auszutüfteln. Denn soviel seine Fassade zeigt, soviel scheint sie auch zu verbergen. Wie sollte es Thriller-Autoren oder Sensationsjournalisten nicht in den Fingern jucken, tatsächliche oder ausgedachte Enthüllungen an die Öffentlichkeit zu bringen? Ein dankbares Publikum ist ihnen sicher.

Für die Pressesprecher der katholischen Kirche sind solche Druckerzeugnisse sicherlich eine chronische Plage. Doch wäre es falsch, wenn sie in ihnen nur feindliche Angriffe sehen würden, die es abzuwehren und aufzuklären gelte. Denn diese Bestseller sind die Kehrseite eines großen Medienerfolgs. Eigentlich sind sie längst überholt, leben sie doch von der Vorstellung, daß die katholische Kirche die Gewalt hätte, alle möglichen welthistorischen Geheimnisse zu bewahren. Aber eine solche Macht der Finsternis ist die katholische Kirche längst nicht mehr, ist sie niemals gewesen. Nur dieser Eindruck hält sich noch, und er fasziniert im Positiven wie im Negativen. Er befeuert die Sehnsucht nach einer überweltlichen Gegenmacht, reizt die Neugier der Distanzierten und provoziert zu allerlei Mutmaßungen und Phantasien. Die Sucht, die vermeintlich düsteren Geheimnisse der katholischen Kirche ans Licht zu holen, ist also weniger ein Problem für die katholische Kirche als der Beweis ihres medialen Erfolgs. Man werfe nur einen Blick auf den Protestantismus: Er ist so gut in die moderne Alltäglichkeit eingefügt, so durchschaubar und somit unscheinbar, daß er die Dan Browns dieser Welt zu keiner Räuberpistole inspirieren würde. Deshalb sollte sich die katholische Kirche nicht bekümmern, wenn antikatholische Enthüllungsbücher den Markt überschwemmen. Ernsthaft sorgen sollte sie sich erst, wenn solche Druckerzeugnisse gar nicht mehr geschrieben, gekauft und gelesen werden.

Protestantisches Hören und katholisches Schauen

Katholizismus und Protestantismus verhalten sich zueinander wie Fernsehen und Hörfunk. Der Protestantismus ist die Konfession des Wortes. Das ist natürlich ein Klischee, aber ein gutes. Denn der Protestantismus lebt aus dem Wort. Die religiösen Grundtätigkeiten sind für ihn das Lesen der Bibel, die Predigt sowie das Glaubensgespräch. Die kulturellen Leistungen des Protestantismus sind sprachlicher Natur. Da ist zunächst Martin Luthers Bibelübersetzung. Mit ihr beginnt die neuzeitliche Geschichte der deutschen Sprache. Diese Geschichte hat der Protestantismus im weiteren Verlauf mitgeprägt: durch seine Bibel, die theologischen Begriffe, die geistlichen Lieder, durch seine Musik. Denn diese war nie bloße Sinnfreude, sondern hatte stets den Auftrag, eine inhaltliche Botschaft zu verkündigen. Sie war immer die Vertonung von Texten. Mit all dem hat der Protestantismus sprachliche Bildungsarbeit betrieben. Dies war für ihn selbst eine Lebensnotwendigkeit. Denn er lebt davon, daß die Gläubigen fähig sind, alte Texte zu lesen und in die eigene Sprachwelt zu übersetzen. Das sind sehr anspruchsvolle Operationen, selbst wenn sie in einem herkömmlichen Bibelkreis vollzogen werden.

Sprachbildung ist das Lebenselement des Protestantismus und sein Schicksal. Wo sie gegeben ist, blüht er auf. Wo sie an Bedeutung verliert, welkt er dahin. Letzteres droht ihm heute. Denn das, was ihm eine epochale Rolle verliehen hat, erweist sich gegenwärtig als Wettbewerbsnachteil. Nicht mehr das Buch, die Zeitung oder das Radio sind die kulturellen Leitmedien, sondern – immer noch und trotz Internet – das Fernsehen. Ebenso wie der Hörfunk droht der Protestantismus zu einem Minderheitenprogramm zu werden. Seine Wortbeiträge mögen sich noch so sehr darum bemühen, ein höheres Niveau als die Fernsehauftritte der Konkurrenz zu erreichen, sie werden nie so erfolgreich sein. Als bloße Konfession des Wortes droht der Protestantismus im medialen Abseits zu landen.

Hier gewinnt die Redeweise von der »unsichtbaren Religion« eine neue Wendung. Der Protestantismus schwebt in der Gefahr, im Fernsehzeitalter selbst zu einer unsichtbaren Religion zu werden. Denn er bietet noch zu wenig, was man anschauen könnte. Sein Hauptmedium ist das Wort, und dessen Resonanzraum ist die Innerlichkeit der Hörer. Der evangelische Glaube lebt an einem Ort absoluter Unsichtbarkeit: im Verstand, im Herzen, im Gewissen, in der Seele des Gläubigen. Dort hinein kann nur Gott allein schauen. Alle Kameras müssen draußen bleiben. Es fehlt dem Protestantismus die Macht der Bilder. Zwar hatte Luther das Wort als ein Bild höherer Ordnung gehandhabt, nämlich als ein Mittel, mit dem man innere Bilder malen und in die Seele senken kann. Aber dafür bedarf es eines sprachlichen Charismas.

Wenn der Protestantismus sich allein auf seine sprachlichen Inhalte konzentriert, wird er keine Chance haben, in den heutigen Großmedien vorzukommen. Seine obersten Kirchenfunktionäre geben keine reizvollen Fotomotive ab und bieten zu wenig Stoff für spannende Geschichten. Weder als Personen noch als Weiheträger reizen sie die Neugier von Fernsehen und Boulevardpresse. Ihre eigenen Themen, also die Glaubensfragen im engeren Sinn, haben keinen Nachrichtenwert. Darum versuchten die protestantischen Kirchenführer über lange Zeit, sich als Meinungsträger anzubieten. Sie bezogen Stellung zu gesellschaftlichen Fragen und »mischten sich ein«, wie es im kirchlichen Jargon lautet. Das heißt, sie drängelten sich eher ungefragt in allgemeine Debatten hinein. Manche ihrer Äußerungen mochten bedenkenswert sein, aber Meinungen haben die Medienkonsumenten selbst schon genug. Aus Angst, nicht wahrgenommen zu werden, entfalteten manche protestantischen Kirchenführer eine kommunikative Hyperaktivität und gaben zu mancherlei Themen eine Stellungnahme »aus christlicher Sicht« ab. Das eigentliche mediale Problem lösten sie mit solchen Texten nicht. Sie verstärkten es nur. Inzwischen aber ist es gelungen, zumindest zwei Leitungsfiguren erfolgreich in den Medien zu präsentieren und allgemein bekannt zu machen. Die Hannoversche Bischöfin Margot Käsmann und der Berliner Bischof Wolfgang Huber geben jeweils auf ihre Weise dem Protestantismus ein Gesicht.

Doch wird dies nicht von allen gleichermaßen gern gesehen. Denn solch eine Fokussierung auf eine öffentliche Person scheint der protestantischen Grundauffassung zu widersprechen, daß der Glaube nicht von einem Amtsträger öffentlich repräsentiert werden darf. Denn dieser Glaube soll in der Innerlichkeit eines jeden einzelnen Gläubigen leben. Daraus folgt, daß alle Gläubigen gleichrangig sind. Keiner kann mehr glauben als andere. Keiner kann für andere glauben. Keiner kann anderen öffentlich den Glauben vorexerzieren. Keiner verdient mehr Aufmerksamkeit als andere. Der antiken Vorstellung, daß ein Priester als Mittler zwischen Gott und den Menschen vonnöten sei, ist damit ebenso der Boden entzogen wie der modernen Ansicht, daß ein prominentes Gesicht den Glauben in den Medien darstellen müsse.

Luther sprach vom »Priestertum aller Gläubigen«. Damit meinte er, daß alle Gläubigen Priester sind, also die Pflicht und das Recht haben, den Glauben zu leben und anderen zu vermitteln. In diesem Sinn könnten sich Protestanten gewissermaßen die legendäre Schlagzeile aneignen, die am Tag nach der Papstwahl Joseph Ratzingers in der »Bild«-Zeitung zu lesen war: »Wir sind Papst!« Man sollte dies nicht nur als natio-nalstolze Vereinnahmung des neuen Papstes verstehen. Denn man kann dies auch umdrehen und als zeitgenössische Über-setzung von Luthers »Priestertum aller Gläubigen« betrach-ten: Nach protestantischem Verständnis sind alle Christen Päpste und dazu berufen, den Glauben zu repräsentieren.

Neben diesem egalitären Charakter des Protestantismus – an sich eine epochale Errungenschaft – gibt es noch einen zweiten, weniger grundsätzlichen Aspekt, der es dem Prote-stantismus schwermacht, sich medial zu behaupten. Das ist seine traditionelle Stilverachtung und Formvergessenheit. Man kann es am Detail der kirchlichen Kleidungsgewohn-heiten veranschaulichen. Die katholische Kirche betreibt be-kanntlich, auch was die Bekleidung ihrer Funktionäre angeht, eine professionelle Markenpflege. Die liturgischen Gewänder folgen einer ehrwürdigen Tradition textiler Prachtentfaltung. Dem Eingeweihten teilen die Unter- und Überkleider, die Um-hänge und Kopfbedeckungen viele symbolische Botschaften mit. Auch dem Ahnungslosen geben sie verständliche Bot-schaften. Sie signalisieren »Hier ist Heiligkeit!« und verschaf-fen den gottesdienstlichen Akteuren wie selbstverständlich Aufmerksamkeit. Bei den Protestanten ist das schwarze Ein-heitsgewand inzwischen abgelöst worden von einem Gemisch aus Schwarz, Weiß und Buntheit. Je nach Belieben trägt man eine weiße Albe oder eine kunterbunte Guatemala-Stola zum preußischen Talar. Feste Stilregeln gibt es nicht. Wenn meh-rere Pastoren gemeinsamen einen Gottesdienst leiten, kann man mit Sicherheit davon ausgehen, daß sich jeder irgendwie anders gewandet. Ein Bild von moderner Pluralität entsteht dadurch gleichwohl noch nicht, sondern nur der Eindruck elementarer Unstimmigkeit.

Der Protestantismus hat es also schwer. Bis in die 80er

Jahre hatte er sich als Avantgarde der religiösen Moderne verstanden und geglaubt, auf der Überholspur der Religionsgeschichte zu fahren. Als Konfession des Wortes, der Rationalität, Freiheit und ökumenischen Offenheit hatte er die katholische Kirche mit ihrer Romhörigkeit, ihrem Volksaberglauben und ihrer Unaufgeklärtheit nur noch im Rückspiegel wahrgenommen. Jetzt muß er überrascht feststellen, daß ihn der vermeintlich so vorgestrige Katholizismus abzuhängen scheint.

Dabei hatte der Protestantismus gemeint, dasjenige zu bieten, was die offene Gesellschaft religiös bräuchte: eine demokratische Kirche, nach Proporz besetzt, auf Dauerdiskussionen eingestellt, in ununterbrochener Reform befindlich und fröhliche Mitmachgottesdienste feiernd. Aber das Gegenteil ist der Fall. Wenn viele Zeitgenossen sich nach der Kirche umschauen, dann nicht, um in einen Spiegel zu sehen, sondern um eine Gegenwelt zu bestaunen. Je fremdartiger, desto lieber: ein exotisches Autoritätsgebilde, mit streng hierarchischer Steuerung durch eine präzis ausgewählte Altmänner-Elite, jeder Reform sich verweigernd und von einem absoluten Regenten repräsentiert.

Die protestantische Erfindung der religiösen Gleichheit aller war ein Meilenstein auf dem Weg zur Freiheit gewesen. Doch heute, da öffentliche Sichtbarkeit über Sein oder Nichtsein entscheidet, scheint sie sich als Hemmschuh zu erweisen. Ebenso mag die protestantische Ausrichtung auf das Wort und die inhaltliche Auseinandersetzung zu Beginn der Neuzeit wegweisend gewesen sein. Heute, da alles auf starke Bilder, simple Botschaften und eindeutige Personalisierung aus ist, wird sie zum Problem.

Aus der Ferne zusehen

Die katholische Kirche sollte jedoch nicht den Fehler begehen, sich sorglos im Scheinwerferlicht der Fernsehteams zu sonnen. Denn ihr Medienerfolg hat eine Schattenseite, auch und vor allem für sie selbst: Das Fernsehen ist, wie der Name schon sagt, ein Medium der Distanz. Man schaut aus der Ferne zu und bleibt beim Zuschauen fern. Man nimmt alles betrachtend in sich auf und bleibt doch selbst außen vor – in sicherer Entfernung, durch eine dicke Glasscheibe vom eigentlichen Geschehen getrennt. Jederzeit kann man aussteigen, abschalten oder weiterzappen. Die päpstlichen Fernsehauftritte entsprechen darum ideal den religiösen Bedürfnissen der Kirchenfernen. Diese wollen zuschauen, aber nicht teilnehmen, sie wollen alles verfolgen und zugleich ihre Distanz wahren.

Die hohe päpstliche Medienpräsenz ist daher keineswegs nur ein Beweis für katholische Stärke, gar für eine klerikale Reaktion oder einen *roll-back* ins Mittelalter. Solche Befürchtungen sind ganz unbegründet. Hier zeigt sich kein völlig neuer Trend, der die Säkularisierung umdrehen würde, sondern lediglich eine paradoxe Wendung innerhalb einer langen Entwicklung der Entfernung von der alten Kirchenkultur. Aus einer großen Distanz schalten sich viele wieder dazu, ohne jedoch damit den Wunsch zu verbinden, selbst wieder ins Gemeindeglied zu rücken.

Dennoch – und dies sollte nicht geringgeschätzt werden – ereignet sich in diesen vielfach vermittelten Medienbegegnungen Religion oder zumindest etwas, das einer religiösen Erfahrung nahekäme. Es entstehen tatsächlich intensive Momente, während derer man gebannt auf die Mattscheibe schaut und die Fernbedienung instinktiv aus der Hand legt.

Man begegnet einer Größe, die ganz anders ist als alles, was einem sonst begegnet. Man sieht sich vor eine Gegenwelt gestellt, der man vielleicht nicht selbst angehören möchte, die aber doch einen prächtigen, mächtigen Kontrast zur eigenen Lebenswelt darstellt.

So wie die Stars des Unterhaltungsgewerbes den Medienkonsumenten ein glamouröses Leben vorführen und deren Träume leben, so bedient der Papst die Ordnungssehnsüchte seines Publikums, zumindest für den Moment des Zuschauens. So wie die Filmstars stellvertretend für ihre Verehrer ein aufregendes Liebesleben führen, die Fotomodelle stellvertretend für ihre Zielgruppe strahlen, die Rockmusiker stellvertretend für ihre Fans wild sind, ebenso ist der Papst stellvertretend für seine Fernsehgemeinde heilig und fromm. Und so wie die meisten Fans nie auf die Idee kämen, es den großen Prominenten gleichzutun, sich brisante Liebschaften zuzulegen, nur in perfektem *Styling* vor die Tür zu treten oder Hotelzimmer zu zertrümmern, ebenso dürften die wenigsten Zuschauer des Papstes daran denken, allem Irdischen zu entsagen und sich ganz der großen Sache des Glaubens hinzugeben. Statt dessen lassen sie ihn für sich agieren und schalten sich dazu, wann immer ihnen danach ist.

Die Logik, die hinter diesem Geschehen steckt, ist sehr alt. Es ist das Prinzip der Delegation, das die Religionsgeschichte von ihren Anfängen an bestimmt hat und das nun im Medienzeitalter eine neue Aktualität gewinnt. Es besteht darin, daß die Religion nicht von allen Gläubigen in gleicher Weise gepflegt werden kann und darum eine Kaste von Religionsfunktionären ausgesondert wird, deren besondere Berufsaufgabe es ist, für die anderen das religiöse Leben zu vollziehen. Die Laien übertragen den Priestern die Verantwortung für die Religion. Sie geben ihre Eigenverantwortlichkeit auf, gewinnen dafür aber die Freiheit, sich nicht ständig mit diesem Thema beschäftigen zu müssen. Denn die Religionsdelegierten werden schon dafür sorgen, daß die Religion nicht verlorengeht.

Dieses archaische Prinzip, das eigentlich dem Charakter einer freiheitlich-egalitären Kultur widerspricht, gewinnt in einer säkularisierten Zeit neue Bedeutung. Denn in ihr wächst das Bedürfnis, daß es überhaupt noch jemanden gibt, der einem die alte Religion deutlich vor Augen stellt. Man will nicht unbedingt selbst religiös sein, zumindest nicht im strengen Sinne. Aber man will, daß andere es für einen sind, und zwar weithin sichtbar.

Darin liegt nun der große Vorteil des Katholizismus, daß das Delegieren von religiöser Verantwortung zu seinen Wesensmerkmalen gehört. Zentral ist für ihn nicht, daß jeder in gleicher Weise glaubt und am kirchlichen Leben beteiligt ist. Zentral ist für ihn vielmehr, daß den Priestern, Bischöfen und vor allem dem Papst die Verantwortung für den Glauben übertragen wird. Der Papst glaubt stellvertretend für alle. Von allen Enden der Welt kann man ihm dabei zuschauen und so sein eigenes kleines Stück Glaubensleben empfangen.

Dieses Delegieren der Religion ist von Beginn an auch ein Machtphänomen. Der Papst dekretiert, was Glaube ist und was nicht. Die anderen gehorchen. Einsprüche sind nicht vorgesehen. Eine Religionsfreiheit innerhalb der katholischen Kirche ist nicht denkbar. So war es früher.

Doch inzwischen hat die Hierarchie – die »heilige Herrschaft« – ihre Machtmittel verloren. Sie hat keine Chance mehr, ihre Vorgaben beim Kirchenvolk durchzusetzen. Darum entspricht heute das Prinzip des Delegierens den religiösen Bedürfnissen der Kirchendistanzierten. Sie können dem Papst ungezwungen zuschauen. Das gibt ihnen viel, verpflichtet sie aber zu nichts. Sie können Religion konsumieren, ohne ihr nachfolgen zu müssen. In aller Freiheit und Unbekümmertheit können sie ihn für sich wirken lassen. Die Distanzierten werden bedient, aber kaum aus der Reserve gelockt. Nur in Ausnahmefällen kann man aus ihnen neue Kirchgänger rekrutieren. »Delegieren« heißt nicht »partizipieren«. Zwar geschieht hier »Kommunikation«, aber im eigentlichen katholischen Sinn bedeutet »kommunizieren« übersetzt »an der Feier der Eucharistie teilnehmen«, also selbst aus der Hand des Priesters den Leib Christi empfangen. Eine solche direkte Kommunikation findet beim Betrachten der päpstlichen Auftritte im Fernsehen nicht statt.

Der medialen Allgegenwart des Papstes entspricht darum die Anonymität des Gemeindepriesters. Da die direkte Kommunikation in der eigenen Ortsgemeinde immer weniger gelingt, wird die moderne päpstliche Öffentlichkeitsarbeit zum Ersatz der alten Gemeindearbeit. An die Stelle der konkreten Teilhabe vor Ort tritt der Medienkonsum. So bleibt es bei flüchtigen, medialen Reizen. Darum dürften auch die höchsten Einschaltquoten einen nachdenklichen Papst nicht glücklich stimmen. Denn aus dem Medienerfolg folgt noch lange keine Renaissance des Katholizismus. Die harten Fakten – man denke an Kirchenaustritte und -schließungen sowie den Rückgang der Priesterzahlen – bleiben allem televisionären Glanz und Gloria zum Trotz deprimierend.

Die mediale Stärke des Katholizismus hat also ihren Grund auch in einer Schwäche seines Glaubensbegriffs. Umgekehrt ist über den Protestantismus zu sagen: Seine mediale Schwäche hat ihren Grund auch in der Stärke seines Glaubensbegriffs. Da sich hier am eigenen Glauben alles entscheidet, kann er an niemanden delegiert werden. Niemand kann für einen glauben oder den Glauben öffentlich darstellen. Jedes Begehren nach Delegation muß der Protestantismus zurückweisen. Darin aber überfordert er die meisten Zeitgenossen. Er mutet ihnen zu viel an Glaubensstärke zu. Er will zu viel von ihnen und gibt ihnen zu wenig von dem, was sie selbst wollen.

Aus dem Mittelalter stammt der Begriff des »Köhlerglaubens«. Einmal suchte der Teufel einen Köhler heim. Er wollte ihn in Versuchung führen. Der Teufel wußte, daß kaum jemand so ungebildet war wie ein Köhler, der in der Waldeinsamkeit ein abgeschiedenes, mühevolles Leben führen, Bäume schlagen und zu Holzkohle verarbeiten mußte. Ein Köhler hatte keine Zeit, theologische Belehrungen zu genießen oder über den eigenen Glauben nachzudenken. In der Hoffnung, den Köhler auf Abwege und in Widersprüche zu führen, fragte ihn der Teufel, was er denn glaube. Doch der Köhler war keineswegs auf den Kopf gefallen und erkannte die dämonische Absicht. Da er wußte, daß er über den eigenen Glauben nichts wußte, antwortete er: »Ich glaube das, was die Kirche glaubt.« Der Teufel fragte nach: »Und was glaubt die Kirche?« Doch der Köhler ließ sich nicht aus seinem schlichten Konzept bringen: »Das, was ich glaube!« Der Teufel erkannte, daß er diesen Zirkel nicht aufbrechen würde, und kehrte unverrichteter Dinge in seine Hölle zurück. Diese Seele konnte er nicht rauben, denn die Kirche gab ihr an religiöser Außenstützung, was ihr an eigener Glaubenskraft fehlte.

Für die alte Kirche war der Köhler zwar kein großer Heiliger, aber doch ein kleines Vorbild. Martin Luther aber hat diese Geschichte weitererzählt, um auf ihre Schwäche hinzuweisen. Er war davon überzeugt, daß der Teufel am Ende die Seele des Köhlers doch bekommen würde, weil es ihr an eigener Glaubensstärke fehlte. Wer direkt vom Teufel des Unglaubens angefochten wird, muß ihm aus eigener Glaubenskraft widerstehen. Wer andere für sich glauben läßt, wird am Ende in die Hölle des Zweifels fahren. Der schlichte Köhlerglaube, der selbst nicht weiß, wessen er gewiß ist, ist keine Seelenkraft.

Der mediale Religionskonsum vieler Zeitgenossen erscheint wie eine Neuauflage des alten Köhlerglaubens. Sie wissen selbst nicht genau, was der christliche Glaube ist und inwieweit sie ihn teilen. Darum schauen sie auf den Papst, dessen Auftreten diese Fragen auf einen Schlag zu beantworten scheint. Der Protestantismus hat es besonders schwer, sich mit dem modernen Köhlerglauben anzufreunden. Er kann nicht davonlassen, religiöse Selbstverantwortung einzuklagen. Er will starke Christen, die nicht nur einem frommen Medienspektakel zuschauen, sondern sich ihres eigenen Glaubens gewiß sind. Er will nicht bildergläubige, sondern sprach- und auskunftsfähige Christen. Indem er dies will, gibt er zugleich zu, daß er einen schnellen und großen Medienerfolg gar nicht anstreben darf. Auch wenn die evangelischen Kirchen sich seit einigen Jahren und mit einigem Erfolg darum bemühen, ihren Gottesdiensten und ihrem öffentlichen Auftreten mehr visuellen Charme zu verleihen, bleiben sie letztlich an das Wort als ihr Leitmedium gebunden. Das mag ein Nachteil sein. Zugleich liegt darin auch die religiöse und kulturelle Kernaufgabe des Protestantismus. Denn der wortlose Konsum von Bildern droht den Betrachter sprachlos zurückzulassen. Man wird visuell berieselt, findet aber keinen eigenen sprachlichen Zugang zu dem, was einem medial geboten wird. Wofür einem jedoch die Worte fehlen, das ist noch nicht in den eigenen Besitz übergegangen.

Untersuchungen über sozial schwache Familien zeigen es eindrücklich: Kinder und Jugendliche, die keine Sprache richtig erlernt haben, leiden unter erheblichen Schwierigkeiten, die Welt insgesamt und auch sich selbst zu verstehen. Je weniger sie zum Beispiel ihre eigenen Gefühle zu benennen vermögen, um so weniger sind sie in der Lage, sie zu deuten, ja sie überhaupt zu empfinden. Sprachliche Bildung ist die Voraussetzung eines menschenwürdigen Lebens. Wer sie nicht besitzt, droht innerlich abzusterben. Insofern kann die Gesellschaft kein Interesse an einer Medienkultur haben, die nur über visuelle Reize funktioniert. Ihr muß an einer breiten und soliden Sprachkultur liegen. Und darin liegt eben weiterhin die Aufgabe des Protestantismus: das Wort stark zu machen und religiös sprachfähige Menschen heranzubilden. Die Pflege der religiösen Beredsamkeit ist auch in Zukunft ein wesentlicher Beitrag zu einer menschenwürdigen Kultur.

Der sichtbare Segen des sterbenden Papstes

Die meisten Fernsehbilder hinterlassen keine Spuren. Sie flackern hell und grell auf und verlöschen dann. Schon am nächsten Tag erinnert man sich nicht mehr an sie. Eine Fernsehsendung ist noch vergänglicher als die Zeitung von gestern. Aber diesen einen großen Auftritt wird man nicht vergessen. Es war der bislang größte Mediencoup der katholischen Kirche. Und zugleich war es ein Erfolg, der alle üblichen Erfolgsrechnungen durchkreuzte. Es war ein paradoxer Erfolg, so paradox wie das Christentum selbst es ist. Wo alles sich durch Erfolg beweist, stellte der Papst sein Leiden aus. Wo alle Stärke zeigen, legte er seine Schwäche bloß. Wo alle Optimismus markieren, ging er dem Tod entgegen. Eine radikalere Umwertung aller Werte läßt sich kaum denken. Der sterbende Papst erklärte alle Rechnungen für ungültig, nach denen Gesundheit, Schönheit, Kraft, Lust und Erfolg den Wert eines Lebens ausmachen, und setzte die Ehrfurcht vor dem Leiden und die Würde des Sterbens dagegen.

Man mag sich fragen, ob die Drastik, mit der er seine Schwäche zur Schau stellte, immer angemessen war. Aber wenn man die christliche Leidensspiritualität ins Fernsehzeitalter übersetzen will, geht es wohl nicht ohne Verluste ab. Und es läßt sich nicht bezweifeln, daß es Johannes Paul II. gelungen ist, mit seinen Auftritten als Schmerzensmann die existentielle Frage unübersehbar in den öffentlichen Raum zu stellen: Was ist das Leben? Was heißt es zu sterben? Worin liegt der Gewinn des Leidens? Wer schenkt Heil, wenn an Heilung nicht mehr zu denken ist? Solche Fragen, die zum Kern des christlichen Glaubens führen, wurden auf einmal nicht mehr in den geschlossenen Zirkeln der Kirchgänger verhandelt, sondern jedem Fernsehzuschauer ans Herz gelegt.

Und dies so, daß die alte Logik des Delegierens nicht mehr funktionierte. Das Stellvertreterprinzip war durchbrochen. Eine Verstörung stellte sich ein, die jedem Medienkonsumenten das Gefühl gab, er selbst sei gemeint. Was diese Verstörung auslöste, hatte eine persönliche und ein amtliche Seite. Der dort litt, war nicht irgendwer, sondern das Oberhaupt der größten christlichen Kirche. Daß er aber so litt, überstieg alle Amtlichkeiten. Wann hätte man einen Amtsträger gesehen, der mit letzter Kraft sein Leben an seine Botschaft hingibt? Der alte Papst litt als Amtsträger und als Person, als individueller Mensch mit einer großen Lebensgeschichte, die untrennbar verbunden ist mit der tiefen Leidensgeschichte seines polnischen Volkes. Gerade als Person wirkte er weit über den Kreis des Katholizismus hinaus und wurde für Ungezählte zum Katalysator für ein ernstes, ehrliches Nachdenken über das eigene Leben und den eigenen Tod. Jeder muß für sich selbst sterben und darum sein Leben bis zum Ende selbst verantworten. Das Sterben läßt sich nicht delegieren. Deshalb läßt sich auch die Aufgabe nicht delegieren, Antworten auf die Fragen zu finden, die der Tod stellt. Das päpstliche Passionsspiel konfrontierte jeden, der ihm zuschaute, mit dem unbedingten Ernst des Todes und machte klar, daß jeder seinen eigenen Glauben finden muß, wenn er bestehen will. Hier war es endlich einmal gelungen: Das Christentum war auf allen Bildschirmen sichtbar ausgestellt, aber nicht als Spektakel, das man aus der Ferne betrachten kann, sondern als eine Kraft, die das Innerste des eigenen Lebens berührt und bewegt. Aber natürlich kann dieses Grenzerlebnis nicht beliebig wiederholt werden.

KAPITEL 3
Unterwanderung
Über die Begegnung mit fremden Frömmigkeiten

IN DER GROSSSTADT ist man vor nichts mehr sicher. Nicht einmal davor ist man geschützt, einer starken, heißen, altertümlichen Frömmigkeit zu begegnen. Mitten im Dickicht des Asphaltdschungels, in den Weiten der Betonwüste, im Strudel der Menschenmasse trifft man auf Fremde, die ihren Glauben an den Tag legen. Sie haben die feste Übereinkunft der Alteingesessenen noch nicht zur Kenntnis genommen, daß man, wenn man schon einen Glauben hat, diesen zumindest nicht sichtbar werden läßt. Sie zeigen ihren Glauben, aber ohne missionarische Hinterabsichten. Sie wollen nichts demonstrieren. Sie wollen nur so sein, wie sie eben sind. Sie können ihre Frömmigkeit ebensowenig verbergen wie ihre Hautfarbe.

Zum Beispiel: Man fährt spät abends mit der S-Bahn nach Hause. Der Tag war lang, die Arbeit hart. Die Beine sind schwer. Der Kopf ist eine Last. Man lehnt ihn an das kalte Fenster. Wenn man nur schon zu Hause und im Bett wäre. Über eine halbe Stunde wird man noch fahren müssen. Man ist müde, aber noch kann man nicht schlafen. Das Gelächter der Betrunkenen dort hinten stört.

Der Blick schweift umher. Er fällt auf einen Mann, der schräg gegenüber sitzt. Ein Asiat, vielleicht ein Koreaner. Dreißig Jahre dürfte er alt sein. Er hat billige Schuhe an, eine billige Hose, eine viel zu dünne Jacke. Die Haut wirkt unrein. Die Haare glänzen fettig im Neonlicht. Sein Kopf ist gebeugt. Er liest. Seine linke Hand hält das

Buch fest umklammert. Man reckt sich vorsichtig vor, um einen Blick auf die aufgeschlagenen Seiten zu werfen. Eng bedruckt sind sie, jede Seite mit je zwei langen Spalten. So sieht nur ein Buch aus. Tatsächlich, der Mann liest in der Bibel, konzentriert und bewegungslos. Nur der rechte Zeigefinger fährt langsam die Zeilen entlang, und die Lippen formen lautlos die Wörter.

Man ist einiges gewohnt als langjähriger Bahnfahrer. Aber mit einem jungen Bibelleser hätte man nicht gerechnet. Das ist eine echte Überraschung. Woher nimmt er die Konzentration, um zu dieser späten Stunde, an diesem unruhigen Ort die Heilige Schrift zu studieren? Wie hat sein Tag ausgesehen? Wie viele Stunden hat er arbeiten müssen? Wie viele Pausen hat man ihm zugestanden? So wie er aussieht, wird es keine qualifizierte Tätigkeit gewesen sein. Vielleicht ein Hilfsjob in der Küche eines asiatischen Restaurants, vielleicht ein Reinigungsjob oder ein Packen und Schleppen in irgendeinem Lager, auf jeden Fall nur irgendeine schlecht bezahlte Plackerei.

Aber jetzt sitzt er da und liest in seiner Bibel. Leicht fällt es ihm sicherlich nicht. Aber es scheint, als hätte er den ganzen Tag nur darauf gewartet. Als wäre dies die Belohnung für all die Mühen dieses Tages. Wie er dazu gekommen ist, die Bibel zu lesen, welche Stelle er sich heute vorgenommen hat, wie er sie versteht und welches Licht sie ihm auf sein Leben wirft, das wird man nie erfahren. Sein Anblick wirft viele Fragen auf, auch Fragen an einen selbst. Wann hat man selbst zuletzt in der Bibel gelesen? Warum ist das so lange her? Und warum ist der Fremde zu einer vertieften, ernsten Lektüre in der Lage, obwohl er bestimmt weniger Bildung besitzt als man selbst und er sicherlich einen härteren Tag hinter sich hat?

Zum Beispiel: Es ist ein beeindruckender Aufmarsch. Frauen in leuchtend bunten Gewändern, kunstvoll gewickelt und mit prächtigem Faltenwurf, dazu große Ohrringe, schwere Ketten am Hals, ungezählte Ringe an den Fingern und fröhlich klimpernde Silberreifen an den Handgelenken. Männer in ihren besten Anzügen, weiten schwarzen Hosen, knalligen Westen, Jacketts in allen Farben, breiten Krawatten mit goldenen Nadeln und kleinen Kettchen. Kinder fein herausgeputzt. Die Jungs mit weißem Hemd, Schlips und hart gestriegeltem Scheitel. Die Mädchen in bunten Röcken, Rüschenblusen und mit virtuos geflochtenen Zöpfen. Sonntagsstaat nannte man das früher. Aber nicht wertkonservative Deutsche marschieren so auf, sondern eine Gruppe Schwarzafrikaner.

Es ist Sonntagnachmittag. Bis vor kurzem war alles noch ganz ruhig. Dann plötzlich dieser Auftritt. Es wird bunt. Es wird laut. Der eben noch leergefegte Kirchplatz ist voller Menschen. Die Türen werden geöffnet. Aber die meisten bleiben noch draußen, begrüßen einander, lachen und rufen. Die Kinder toben und rennen. Im gegenüberliegenden Haus schauen schon einige Rentner mißtrauisch aus dem Fenster. Aus der geöffneten Kirche kommen die ersten Klänge. Trommeln werden geschlagen. Ein Schlagzeug wird gerührt. E-Gitarren bekommen den Soundcheck. Mikrophone werden ausprobiert. Langsam, immer noch lachend, dabei fast schon tanzend bewegt sich die Gemeinde in die Kirche. Die Türen werden geschlossen. Doch das bedeutet keineswegs, daß es nun leiser würde. Laute, schnelle Musik dringt nach draußen. Sie wird immer lauter und schneller. Ob die Kirchenfenster das aushalten? Ein Rufen und Schreien ist zu hören, das wilder und härter wird. Ist das erlaubt? Wäre man mit in die Kirche gegangen, hätte man eine Gemeinde sehen können, die es nicht in den Bänken hält, sondern die tanzt und springt, voller Enthusiasmus und mit begnadetem Rhythmusgefühl. Aber schon das, was draußen zu hören ist, ist eindrücklich genug. Hier wird kein Gottesdienst abgehalten, hier wird eine Gottesparty gefeiert.

Zum Beispiel: Schon oft ist man in den kleinen Laden an der Ecke gegangen, der im Sommer so heiß und im Winter so zugig ist. Die Auswahl ist beschränkt, und die Preise sind nicht sonderlich günstig, aber man braucht einen Laden in der Nähe, in dem man schnell die Handvoll Zwiebeln und das Dutzend Eier kaufen kann, die man vorher beim Großeinkauf im Supermarkt vergessen hat. Deutsche, die bereit wären, einen Tante-Emma-Laden zu führen, gibt es nicht mehr. Also geht man zur Gemüsetürkin, die mit ihren fünf Kindern, dem Ehemann und seinen ständig wechselnden Brüdern und Vettern den Laden führt. Und sie tut dies mit großer Ausdauer, bewundernswertem Stehvermögen, nie versiegender Freundlichkeit und gutem Geschmackssinn. Mit letzterem bereitet sie die türkischen Vorspeisen und Salate zu, die man bei keinem Einkauf übergehen kann.

Man hat schon häufig mit ihr geplaudert. Überfüllt ist ihr Geschäft ja selten. Über die Kinder wurde gesprochen, das Wetter hier und in der Türkei – unverfängliche Themen, die zu bereden aber dennoch erfreulich ist.

Fast einen Monat lang war der Laden geschlossen. Zwei, drei Mal hatte man vergeblich davorgestanden. Nun also ein kurzer Moment der Wiedersehensfreude und des erwachten Appetits auf Schafskäse und scharfen Weizensalat. Man fragt, was man als normaler Westeuropäer eben fragt, nämlich wie der Urlaub war. Nein, entgegnet die Frau, wir waren nicht im Urlaub. Wir haben den Haddsch gemacht. Und ihr Gesicht strahlt auf. Den Haddsch? War da nicht etwas? Ach ja, der Haddsch, die Pilgerfahrt nach Mekka zur Kaaba, die heilige Pflicht für jeden volljährigen Muslim.

Wunderbar muß es gewesen sein. Denn enthusiastisch erzählt die Türkin von der Fahrt, dem Willkommen in Saudi-Arabien, der Herrlichkeit der Wallfahrtsorte, der Größe der Moscheen, den vielen Begegnungen mit anderen Muslimen aus aller Welt. Sie berichtet von den einzelnen Stationen und den verschiedenen Riten, die sie zu absolvieren hatte. Hier schon kommt man nicht mehr mit. Denn die Gemüsefrau verläßt allzu oft das Deutsche und flicht türkische oder arabische Fachbegriffe ein. Die fremdländischen Klänge verstärken den Eindruck des Exotischen. Haddsch, Mekka, Kaaba – wenn man diese Wörter hört, kommen unscharfe Bilder in den Sinn, Bilder aus einer fernen Welt, 1001 Nacht und orientalische Pracht. Zugleich denkt man an Schreckensnachrichten von Pilgermassen in Panik und Hunderten von Toten. Nachrichten aus einer anderen Welt, wie aus einer anderen Epoche der Menschheit.

Und jetzt steht man zum ersten Mal einem Menschen gegenüber, der tatsächlich dort gewesen ist. Und diese Nachbarin erzählt vom Haddsch, als wäre dies das höchste Glück auf Erden. Sie lobt ihren Gott und preist die Schönheit Arabiens, die Würde der alten Monumente, die Einigkeit der Gläubigen. Sie will einen nicht bekehren. Sie muß einfach nur sagen, wie schön ihr Glaube ist. Man hört es und könnte beinahe neidisch werden.

Die Nähe fremder Religiositäten

Lange Zeit lebten viele Westeuropäer in dem Glauben, daß die Religion eine Sache längst vergangener Zeitalter sei, ein erledigter Fall. Nichts, was einen unbedingt angehen würde. Besonders unter Intellektuellen galt die Übereinkunft, daß über Religion kein Wort zu verlieren sei. Erst der islamistische Terror hat vielen die Augen dafür geöffnet, daß die Religion auch heute noch eine Macht darstellt, die Menschen überall auf der Erde erfüllt, begeistert und manche so überwältigt, daß sie ihretwegen furchtbare Verbrechen begehen. Mit dieser religiösen Wucht konfrontiert, begannen viele Journalisten, Künstler und Wissenschaftler das Thema Religion für sich zu entdecken.

Um zu erkennen, daß Religion ein »Thema« ist, dazu hätte es des islamistischen Schocks eigentlich nicht bedurft. Das hätte man nicht erst den Nachrichten aus fernen Weltteilen entnehmen müssen. Wenn man sich genauer in der eigenen Heimat umgesehen hätte, wäre einem nicht verborgen geblieben, daß es auch in Deutschland ein vielfältiges und höchst fruchtbares – manchmal faszinierendes, manchmal bedenkliches – religiöses Leben gibt. Natürlich hätte man dazu die engen Kreise der Wohlsituierten und Alteingesessenen verlassen und sich in die Lebenswelten der Neuzugezogenen hineinwagen müssen.

Die Religionsgeschichte der Bundesrepublik Deutschland ist auch bestimmt von Einwanderungswellen, die jeweils einen ungeplanten Religionsimport mit sich brachten. Da waren zunächst nach dem Zweiten Weltkrieg die Vertriebenen aus den verlorenen Ostgebieten, aus Schlesien, Pommern, dem Sudetenland, Ostpreußen oder der Sowjetischen Besatzungszone. Millionen Menschen mußten aufgenommen werden. Da konnte man auf Konfessionszugehörigkeit keine Rücksicht nehmen. Katholiken wurden in geschlossenen evangelischen Gebieten angesiedelt, und unierte Protestanten kamen in lutherische Gegenden. Die uralte, säuberlich konfessionelle Aufteilung Deutschlands wurde durcheinandergewirbelt. Den fremdkonfessionellen Flüchtlingen folgten in den späten fünfziger und frühen sechziger Jahren, der Zeit des Wirtschaftswunders und der europäischen Einigung, Ausländer aus Südeuropa: Italiener, Spanier und Portugiesen. Diese führten aus ihrer damals noch unendlich weit entfernt scheinenden südlichen Heimat einen Katholizismus ein, der selbst ihren hiesigen Konfessionsgeschwistern fremd vorkam. Die ostdeutschen Flüchtlinge und die südeuropäischen Gastarbeiter sind längst Nachbarn geworden. Man muß schon angestrengt in seinem Gedächtnis kramen, um sich an die Schwierigkeiten ihrer Integration zu erinnern. Bewußter ist einem, was für eine Irritation der türkische Zuzug in den sechziger und siebziger Jahren ausgelöst hat. Plötzlich gab es Muslime im eigenen Land.

In der Folgezeit ließ die deutsche Wirtschaftskraft nach. Zudem führten technologische Revolutionen zu einer radikal veränderten Arbeitswelt. Folglich ging die Nachfrage nach ausländischen Arbeitern zurück. Es wurden keine neuen Gastarbeiter mehr angeworben. Dafür lösten weltpolitische Veränderungen neue Einwanderungsschübe aus. Der Zusammenbruch des sowjetischen Imperiums ermöglichte es vielen Rußlanddeutschen, in die Heimat ihrer Vorfahren auszuwandern. Nicht wenige von ihnen retteten ihre pietistische Frömmigkeit in die alt-neue Heimat hinüber. Aber auch Juden und orthodoxe Christen kamen. Das muslimische und das ostkirchliche Element wurde von den Flüchtlingen aus dem Balkan verstärkt, die den Wirren des jugoslawischen Bürgerkriegs entkommen waren. Die Kriegs- und Elendsflüchtlinge aus Schwarzafrika wiederum importierten ein charismatisch-pfingstlerisches Christentum.

Geht man heute durch eine deutsche Großstadt, kann man höchst unterschiedlichen und sehr lebendigen Religionskulturen begegnen. Viele wird man natürlich übersehen. Denn gerade den muslimischen wie den charismatisch-christlichen Gemeinschaften fehlt es an einer starken institutionellen Form, an Personal und Gebäuden. Sie besitzen nicht die Größe und Beharrungskraft der evangelischen und katholischen Kirchengemeinden. Manchmal bräuchte man einen religiösen Stadtplan, um all diese Gruppen aufzuspüren. Für Hamburg ist vor zehn Jahren solch ein Religionsatlas erstellt worden. Wer ihn durchblättert, ist erstaunt über diese Fülle:

vier buddhistische Zentren, sechs muslimische Verbände, elf orthodoxe, vierzehn reformatorische, fünf katholische, siebzehn pfingstlerische, zweiunddreißig freie evangelische Kirchen, eine jüdische Gemeinde, zwei Hindu-Gemeinden und eine Sikh-Gemeinde. Mitten in der Stadt leben und arbeiten sie dicht nebeneinander: die herkömmlichen evangelischen und katholischen Ortsgemeinden, die »Jesus Freaks«, die Aleviten, die Kopten, die Altkatholiken, die Tibeter, die Heilsarmee, das African Fellowship und viele mehr. Und inzwischen sind zahlreiche andere Gruppen dazugekommen. Eigentlich müßte man jedes Jahr eine Neuauflage dieses Religionsatlas herausbringen, doch das wäre eine Sisyphusarbeit.

Cuius regio, eius religio«, hieß der alte Grundsatz der Staatskirche. Wessen Herrschaftsgebiet es ist, dessen Religion ist es auch. Der Herrscher gibt seinen Untertanen die Religion vor. Dieser Grundsatz hatte sowohl die vormoderne wie die frühneuzeitliche Religionspolitik bestimmt. In der Antike und im Mittelalter verbürgte er die religiöse Geschlossenheit der Kaiserreiche und Königtümer. Im deutschen Reich des 16. Jahrhunderts ermöglichte er ein halbwegs friedliches Nebeneinander der verfeindeten Konfessionen. Denn der Augsburger Religionsfriede von 1555 setzte fest, daß nicht mehr der Kaiser für das gesamte Reich die Religion bestimmte, sondern die regionalen Machthaber für ihren jeweiligen Teilbereich. Dadurch gewannen die Protestanten die Freiheit, ihrem Bekenntnis gemäß zu leben, vorausgesetzt, ihr Fürst war ebenfalls ein Protestant. Diese Regelung wurde nach dem Dreißigjährigen Krieg im Westfälischen Frieden 1648 bekräftigt und auf die Reformierten – als dritte anerkannte Konfession – ausgedehnt. So entstand ein begrenzter und kontrollierter Pluralismus.

Dies hat die religiöse Topographie Deutschlands geprägt.

Doch inzwischen ist sie an vielen Stellen aufgebrochen. Zwar gibt es immer noch die großen evangelischen Landeskirchen und katholischen Bistümer. Aber daneben, darunter und dazwischen tummeln sich ungezählte Konkurrenten. Die einstmals großen, geschlossenen Flächen sind ersetzt worden durch einen Flickenteppich mit kleineren und größeren Stücken in sehr unterschiedlichen Farben. Besonders die neu eingesetzten Teile sorgen, so klein sie auch sein mögen, mit ihrer oft grellen Buntheit für Kontraste. Zahlenmäßig können sich die Religionsgemeinschaften der Einwanderer nicht mit denen der Alteingesessenen vergleichen. Aber ihre starke Frömmigkeit sticht dem Betrachter ins Auge. Das sei an zwei Beispielen, dem Pfingstchristentum und dem Islam, verdeutlicht.

**Christlicher Enthusiasmus –
ein Import aus der Dritten Welt**

Auf die Idee, daß das Christentum ein Auslaufmodell sei, kann nur kommen, wer ausschließlich das kleine Westeuropa betrachtet. Weltweit ist das Gegenteil der Fall. Das Christentum wächst. Besser gesagt, eine neue Form des Christentums erlebt einen großen Aufschwung: das Pfingstlertum. Erwachsen ist es aus kleinsten Anfängen. Eine Wurzel war die methodistische Heiligungsbewegung in den USA. Aus ihr ging vor über einhundert Jahren die *Azusa Street Mission* des afroamerikanischen Predigers William J. Seymour hervor. Er sammelte Menschen von den Rändern der Gesellschaft. Ihnen bot er eine unvergleichliche Erfahrung, Begeisterung im wahrsten Sinne des Wortes. In seinen nächtelangen Gebetstreffen erfuhren die Anwesenden, wie der Heilige Geist sie erfüllte. Sie empfingen die »Geisttaufe«. Sicht- und hörbare Zeichen dieses Enthusiasmus waren Heilungen, Prophezeiungen und das Zungenreden. Letzteres meint das ekstatische Reden in einer Sprache jenseits aller Sprachen. Wie die Jünger Jesu am Pfingsttag plötzlich vom Heiligen Geist ergriffen wurden und in fremden Sprachen zu predigen begannen, die sie nie gelernt hatten, so beten die Pfingstler in einer »Zunge«, die ihnen selbst unverständlich ist und von der sie annehmen, daß sie ihnen direkt vom Heiligen Geist eingegeben wird.

Diese neue charismatische Bewegung löste sich schnell von ihrem methodistischen Hintergrund. Im Vergleich zum strengen freikirchlichen Protestantismus wirkt sie verstörend anarchisch. Ihre Gottesdienste sind voller Spontaneität, hochgradig emotional und werden mit ganzem Körpereinsatz begangen. Es wird gesungen und getanzt, geschrieen und gesprungen. Es gibt keine festgelegte Liturgie, keine strenge Predigtordnung, sondern es redet jeder, wann und wie der Geist es ihm eingibt. Die *Azusa Street Mission* wuchs und sandte ihre Missionare in viele Teile Nordamerikas aus, später sogar bis nach Afrika. Sie breitete sich aber nicht nur aus, sondern spaltete sich auch auf. Die Geschichte des Pfingstlertums ist ebenso von rasantem Wachstum gekennzeichnet wie von einer unübersehbaren Anzahl von Trennungen und Neuformierungen.

Inzwischen findet sich das charismatische Christentum überall auf der Erde. Vor allem in vielen Ländern der südlichen Erdhalbkugel hat es die religiöse Führung übernommen. Man nimmt an, daß es etwa 570 Millionen Pfingstler gibt. Sie bilden somit nach der katholischen Kirche die zweitgrößte Gruppierung des Christentums. Aus einem Senfkorn ist ein weltumspannendes Glaubensreich geworden. Bedenkt man die demographische Entwicklung, nach welcher die Völker des »Nordens« erheblich schrumpfen und die Völker des

»Südens« stark wachsen, wird deutlich, daß die Pfingstbewegung die Zukunft des Christentums darstellt.

In Lateinamerika hat der *Pentecostalismus*, wie das Pfingstlertum auch genannt wird, längst das Monopol der katholischen Kirche aufgebrochen. Auch in Asien wächst er, vor allem in Indonesien und auf den Philippinen, aber auch in Korea und selbst in China. In Afrika, so deuten – naturgemäß grobe und unsichere – Schätzungen an, sollen sich schon bis zu elf Prozent der Bevölkerung zum neuen Christentum bekehrt haben. Schon seit langem bewegen sich die Afrikaner von den alten Missionskirchen – den Anglikanern, Methodisten, Lutheranern und Presbyterianern – fort, um zu einer eigenen Christlichkeit zu finden. So entstanden bald nach der Dekolonisierung in der zweiten Hälfte des zwanzigsten Jahrhunderts die *African Independent Churches*, die versuchten, das herkömmliche Christentum mit Elementen der afrikanischen Kultur zu verschmelzen. Auffälligstes Zeichen dafür war, daß in ihren Gottesdiensten unter lauter Trommelmusik getanzt wurde. Das Pfingstlertum hat sich einerseits mit diesen unabhängigen Kirchen verbunden, andererseits ist es als amerikanischer Import neu auf den afrikanischen Religionsmarkt hinzugekommen. Als Neo-Charismatikertum macht es den schon bestehenden christlichen Gruppen Konkurrenz. Auffällig ist, daß Trommeln und andere afrikanische Requisiten gerade nicht erlaubt sind, sondern man mit elektronischer Musik den Anschluß an die westliche Moderne sucht. Dieses neue Charismatikertum ist zum Teil sehr professionell geführt, gut organisiert und außerordentlich kampagnenfähig. Was die staatlichen Organe kaum noch bewerkstelligen, gelingt ihnen vergleichsweise zuverlässig, nämlich friedliche Massenveranstaltungen auf die Beine zu stellen. Einer der größten Stars dieser religiösen Mega-Shows ist übrigens der in seiner Heimat kaum bekannte deutsche Evangelist Reinhard Bonke. Mit seinen Heilungsgottesdiensten ist er zum bekanntesten Deutschen in Afrika geworden.

Der Hauptgrund für den Erfolg der Pfingstbewegung ist ihre vitale Frömmigkeit, die heilige Begeisterung, die sie erfüllt, der starke Wunderglaube und das unerschütterliche Vertrauen in die Kraft des Gebets. Und zum Beten haben viele Pfingstler allen Grund. Oft genug leben sie in bitterster Armut, leiden Hunger, finden keine Arbeit und sind Krankheiten schutzlos ausgeliefert. Sie werden bedroht von kriminellen Banden, ausgebeutet von korrupten Beamten und unterdrückt von ruchlosen Politikern. Ihre einzige Hoffnung und ihr einziges Ventil ist das Gebet. Sie beten um Heilung und Rettung. Im spontanen, wilden Gebet können sie all das von sich werfen, was sie bedrückt. Und sie sprechen es nicht nur aus. Sie bringen ihre Angst und Verzweiflung, ihre Freude und Lebenslust im Tanz vor Gott. Sie beten mit ihrem ganzen Körper. Sie sitzen nicht mit gefalteten Händen und gesenktem Kopf still und starr in eine Kirchenbank gedrückt, sondern sie sind beim Beten im höchsten Maße lebendig, so wie ihr Gott im höchsten Maße lebendig ist.

Daneben gibt es soziologische Gründe für den Erfolg des Pentecostalismus. Es mag paradox klingen, aber gerade weil er eine autoritäre Moral verkündet, befähigt er viele seiner Anhänger dazu, ihr Leben selbst in die Hand zu nehmen. Die sittlichen Weisungen, welche die pfingstlerischen Prediger erteilen, wirken außerordentlich rigide. Die Gläubigen werden zum strikten Verzicht auf Drogen und Rauschmittel aller Art angehalten, zu unbedingter ehelicher Treue, zu Sparsamkeit und Arbeitsfleiß verpflichtet. Das Ideal, auf das sie ausgerichtet werden, ist eine Art kleinbürgerlicher Ehrbarkeit und Lebenstüchtigkeit. Dieses sehr starre und vermeintlich beengende Sittenkorsett eröffnet jedoch auch Chancen. Für Lateinamerika und Afrika haben Religionssoziologen den Nachweis erbracht, daß es Mitgliedern der Pfingstgemeinden besser geht als ihren nicht-charismatischen Nachbarn, und zwar aus ganz einfachen Gründen: Die Männer bleiben bei ihren Familien und sorgen verläßlich für sie. Sie geben ihre Einkünfte nicht für Liebhaberinnen, Prostituierte und Alkohol aus. Sie sparen. Sie bemühen sich um Arbeit und gehen ihr regelmäßig nach. Das hat sich herumgesprochen, deshalb erhalten Pfingstler eher Jobs als andere. Sie versuchen aus eigenen Kräften, wirtschaftlichen Erfolg zu erzielen und gesellschaftlich aufzusteigen. Sie kümmern sich um ihre Kinder und investieren in deren Bildung. Zudem kümmern sie sich um die Schwachen in ihrer Gemeinde. All diese Aspekte führen dazu, daß das Pfingstlertum die Konfession der aufstrebenden, sich selbst aus ihrem Elend erhebenden Schichten ist. Es ist keineswegs widersinnig, daß auch sehr konservative Pfingstlergruppen eine befreiende Wirkung zeitigen können. Sie machen ihre Mitglieder religiös sprachfähig, zeigen ihnen, wie man Verantwortung übernimmt, und geben ihnen jenen sozialen Halt, den sie in den Entwicklungsländern, in denen sie leben, bitter vermissen.

Den Pfingstlern scheint das zu gelingen, was den Vertretern der »Theologie der Befreiung« nur selten geglückt ist. Sie geben den Armen das religiöse und moralische Rüstzeug zur Selbsthilfe. In den siebziger Jahren hatten sozialreformatorische Theologen in Lateinamerika darauf gehofft, eine progressive kirchliche Praxis ins Werk zu setzen. Basisgemeinden sollten entstehen, in denen die Bauern, die Landlosen und die Bewohner der Armenviertel selbständig Ansätze für eine gerechtere Gesellschaft entwickeln sollten. Doch anscheinend hatte man in diesen Plänen nicht genügend die eigensinnigen

Wünsche derer berücksichtigt, die man zu befreien gedachte. Die Armen zeigten vergleichsweise wenig Interesse an progressiver Sozialpolitik und Basisdemokratie. Sie wollten etwas ganz anderes: eine ekstatische Frömmigkeit, eine autoritäre Führung, eine strenge Moral. Denn diese schienen ihnen viel eher den Weg zu einer erfolgreichen Lebensführung zu eröffnen als die theologischen Sozialprogramme der siebziger Jahre.

Das Pfingstlertum ist hierzulande immer noch wenig bekannt. Die akademische Theologie hat bisher kaum angemessen von ihm Kenntnis genommen. Das liegt sicherlich daran, daß es mit den gängigen Instrumenten der theologischen Wissenschaft nicht zu greifen ist. Es lebt in fernen Ländern und wilden Gegenden, in die Westeuropäer sich ohne Polizeischutz nicht hineinwagen würden. Es bildet keine großen, dauerhaften Institutionen und hinterläßt keine Texte. So kommt es, daß die Theologie des »Nordens« den Megatrend des christlichen »Südens« bisher nur mit einem Seitenblick bedacht hat.

Dies ist um so problematischer, als der Pentecostalismus keine Sache des »Südens« bleiben wird. Ohne in den hysterischen Ton eines Sensationspropheten zu verfallen, kann man nüchtern vorhersagen, daß die Pfingstbewegung im weiteren Verlauf des 21. Jahrhunderts die klassischen Kirchen in den Hintergrund drängen dürfte. Wenn man außer den demographischen Entwicklungen noch bedenkt, welche Ströme junger Flüchtlinge in das überalterte Westeuropa fließen werden, kann man sich ausmalen, daß das Pfingstlertum auch hierzulande zu einer religiösen Macht werden wird.

In Holland etwa, dessen Großstädte inzwischen weitgehend entkirchlicht sind – in Amsterdam gehören nur noch weniger als fünf Prozent einer Kirche an –, sind Einwanderer aus den ehemaligen Kolonien der einzige Grund, weshalb man überhaupt noch auf eine Fortdauer des Christentums hofft. Denn anders als bei den europäischen Altbürgern lebt unter den Neubürgern ein kräftiges Christentum. Mit diesen Verhältnissen läßt sich die Lage in Deutschland freilich nicht direkt vergleichen. Die frommen Einwanderer sind in Holland nicht einfach Fremde, sondern die Enkel und Urenkel der eigenen Kolonisation. In Deutschland ist das charismatische Christentum vornehmlich eine Angelegenheit solcher Einwanderer, die keinen inneren Zusammenhang mit den religiösen Traditionen Deutschlands besitzen. Insofern ist das Pfingstlertum zur Zeit nur innerhalb der Parallelgesellschaft der Immigranten eine feste Größe. Dort aber trägt es viel dazu bei, daß die Entwurzelten, Recht- und Besitzlosen Halt und Hilfe finden.

Aber es lohnt sich auch für die Alteingesessenen, das Pfingstlertum der Einwanderer genauer zu betrachten. Denn es hält ihnen einen Spiegel vor. Zunächst führt es ihnen die eigene religiöse Dürftigkeit vor Augen. Die afrikanisch-charismatische Frömmigkeit beeindruckt durch ihre spontane und urtümliche Wucht. Hier scheinen Menschen Gott noch ganz unmittelbar zu erleben. Ohne Gewißheitszweifel werfen sie ihre Hoffnung auf ihn. Ohne die Hemmungen der Reflexion geben sie sich ihm hin. Und sie scheinen seine Nähe ganz nah, geradezu körperlich zu erfahren. Es ist, als würden sie in ihren Gebeten, Tänzen und Gesängen selbst zu Gefäßen des Heiligen Geistes. Wie dürr und trübe, gebeugt und gebrochen erscheint da das Glaubens- und Gebetsleben der hiesigen Protestanten und Katholiken.

Zugleich aber zeigt dieses archaische Christentum dem deutschen Betrachter, wie wenig er seine kulturelle und konfessionelle Prägung überspringen kann. Auch wenn er wollte, könnte er nicht einfach wie ein afrikanischer Pfingstler an Gott glauben. Wie sehr man an das eigene Westeuropäertum gebunden ist, läßt sich immer schön beobachten, wenn deutsche und afrikanische Gemeinden gemeinsame Gottesdienste feiern. Fast neidisch schauen die Deutschen den Afrikanern beim Singen und Tanzen zu. Aber schon die bescheidenen Versuche mitzuklatschen – vom Mittanzen einmal ganz abgesehen –, wirken wenig überzeugend. Sie sind viel zu ungelenk und hüftsteif. Es fehlen einfach das Rhythmusgefühl und die körperliche Spontaneität, um richtig mitzufeiern. Man kennt das von vielen deutschen Gospel-Chören: Es fehlt der *Swing*.

Aber warum sollte man eigentlich seine kulturellen Grenzen überspringen wollen? Es gibt doch gute Gründe, Distanz zu halten. Die dort gepflegte Frömmigkeit enthält auch abergläubische Elemente, zum Beispiel einen massiven Teufels- und Dämonenglauben. Da erscheint Skepsis als christliche Tugend. Sie hilft Abstand zu nehmen von einem phantastischen Wunderglauben, einer Mirakelsucht und den haltlosen Versprechen profitgieriger Wanderprediger.

Der Begriff des Charismatischen ist sehr ambivalent. Charisma ist das griechische Wort für Geistesgabe und bezeichnete in der frühen Christenheit die verschiedenen Befähigungen, die der Heilige Geist einem Christen verleiht. Als da wären: die Gabe zu heilen, zu prophezeien, zu predigen oder eben die Zungenrede. Im übertragenen Sinn beschreibt Charisma die besondere Ausstrahlung und Anziehungskraft eines Menschen auf andere. Es ist einerseits eine große Gabe, andererseits aber ist es auch eine gefährliche Macht. Der Soziologe Max Weber hatte drei Arten von Herrschaft unterschieden: Die traditionale Herrschaft, die auf dem Glauben an die Heiligkeit der herkömmlichen Sitten und Regeln beruht – hier regieren die Alten; die legale Herrschaft, die auf dem Glauben an die Legalität rational gesetzter Ordnungen beruht – hier regieren die Bürokraten; die charismatische Herrschaft, die auf dem Glauben an außeralltägliche (Geist-)Begabungen beruht – hier regieren die Führer. Für Max Weber war die charismatische Herrschaft die wichtigste revolutionäre Kraft in der Menschheitsgeschichte. Sie leitet radikale Wenden ein, stiftet zu Revolutionen an, setzt Reformationen ins Werk und erzeugt große Erweckungen. Zugleich aber ist sie die härteste Form von Herrschaft. Denn sie fordert bedingungslosen Gehorsam gegenüber dem Anführer, vorbehaltlose Hingabe an den Propheten, Wunderheiler, Heerführer oder Massenhypnotiseur. Die charismatische Herrschaft kennt von sich aus keine Grenze, anders als die traditionale Herrschaft, in der sich auch die Autoritätspersonen der Tradition beugen müssen, oder anders als die legale Herrschaft, in der sich selbst die Machthaber den Gesetzen beugen müssen. Die charismatische Herrschaft ist radikalautoritär, manchmal nimmt sie sogar eine Tendenz zum Totalitären an. Der christliche Freiheitsgedanke kann hier kaum zur Geltung kommen.

Zudem sind charismatisch begründete Gruppen wenig beständig. Sie leben vom Enthusiasmus. Aber Charisma ist kein bleibender Besitz. Es kann schwinden und verfliegen. Verliert ein Prediger an Ausstrahlung, versagt er als Heiler, dann droht seine Gemeinde auseinanderzubrechen. Andere Prediger kommen und ziehen dessen Anhänger auf ihre Seite. Eine langfristige christliche Gemeindearbeit wird so nur schwer möglich.

Das Pfingstlertum kann auf säkularisierte Westeuropäer eine große Faszination ausüben. Doch sollte niemand glauben, diese fremde Frömmigkeit könnte ohne weiteres die eigene werden. Was aber wäre das: eine eigene Frömmigkeit?

Sie müßte doch wohl der eigenen europäischen Prägung entsprechen. Alles andere wäre religiöser Karneval. Die eigene religiöse Lebensposition, wenn man sie denn findet, wird keine Kopie des südlichen Enthusiasmus sein. Sie wird im Vergleich mit ihm weniger archaisch, dafür aber zeitgemäßer sein. Sie wird leiser und bescheidener auftreten, dafür aber freier und friedlicher sein. Sie wird zögerlicher daherkommen, mehr von Zweifel angekränkelt sein, sich dafür aber als nachdenklicher und weniger verführbar erweisen. Sie wird kühler wirken, dafür aber verläßlicher sein. Sie wird weniger Begeisterung auslösen, aber dafür wird sie mehr dem eigenen Naturell entsprechen – wenn man denn zu ihr gelangt.

Die Angst vor dem Islam

Sehr viel mehr Aufmerksamkeit als die neue Christlichkeit der afrikanischen Einwanderer zieht der Islam auf sich, den vor allem die türkischen Gastarbeiter nach Deutschland eingeführt haben. Ihm hängen in Europa nicht nur deutlich mehr Menschen an als etwa der Pfingstbewegung, er birgt auch unvergleichlich schärferen Zündstoff in sich. Ressentiments, weltweite politische Implikationen, aber auch ernsthafte religionspolitische Fragen sorgen dafür, daß seit Anfang des neuen Jahrtausends der Islam wie kaum ein anderes Thema Dauererregung freisetzt.

Der Islam ist in Europa längst eine weithin sichtbare Größe geworden. Tagtäglich begegnet er einem: auf der Straße in Gestalt verhüllter Frauen, im Stadtbild in Gestalt selbstbewußter Moscheen, in den Medien in Gestalt von sensationell schrecklichen Terrornachrichten oder von wild aufgebauschten Meinungsschlachten wie derjenigen um die Vorlesung, die der Papst bei seinem Deutschlandbesuch 2006 in Regensburg gehalten hatte. Das löst begründete Befürchtungen und ungerechte Skandalisierungen aus. Der Islam ist unübersehbar geworden. Jeder hat ihn vor Augen, doch kaum jemand könnte behaupten, wirklich über ihn Bescheid zu wissen.

Das führt dazu, daß der gefühlte Islam weit größer ist als der wirkliche Islam. Ein paar Zahlen mögen das Bild geraderücken. Im Vergleich zu den etwa zwei Milliarden Christen werden »nur« ca. 1,3 Milliarden Menschen dem Islam zugerechnet. Global gesehen ist also das Christentum die unangefochten größte Religion, zudem die einzige echte Weltreligion. Es ist auf allen Erdteilen verankert, während der Islam sich weitgehend auf den Nahen Osten, Nord- und Mittelafrika und Teile Asiens beschränkt. Weder in Nord- oder Südamerika noch im fernen Asien spielt er eine Rolle.

In Deutschland sind von den insgesamt 82,5 Millionen Einwohnern etwa 3,1 Millionen Muslime, das entspricht nur 3,7 Prozent. Der Islam bleibt klar unterhalb der Fünfprozent-Marke. Die meisten Muslime leben in westdeutschen Groß- und Mittelstädten. Hier schätzt man gemeinhin einen Einwanderanteil von 15 Prozent. In Ostdeutschland gibt es sehr viel weniger Einwohner ausländischer Herkunft. Auf das Bundesgebiet insgesamt gesehen ist der Islam also eine kleine Minderheitenreligion. Er läßt sich – gemessen an Quantität und gesellschaftlicher Prägekraft – nicht neben die großen christlichen Kirchen stellen.

Hinzu kommt, daß bloß ein Bruchteil von den in Deutschland lebenden Muslimen dauerhaft organisiert ist. Man rechnet damit, daß nur etwa zehn Prozent einem Religionsverband angehören. Von diesen Verbänden gibt es eine ganze Reihe, je nach Herkunftsland, Konfession und politischer Orientierung. Bekanntlich fehlt dem Islam eine feste

Organisationsgestalt. Es gibt keine muslimischen Kirchen. Man hat keine Größe vor sich, an der man ablesen könnte, was der Islam seinem Wesen nach ist, wie er gelebt wird und welche Entwicklungen er nimmt. So gibt es zwar einen »Zentralrat der Muslime in Deutschland«, der neuerdings von Ayyub Axel Köhler geführt wird und durch die Namensgebung eine Parallele zum »Zentralrat der Juden in Deutschland« anstrebt, der aber hierzulande noch längst keine vergleichbare Funktion und Bedeutung besitzt.

Dabei wäre es so wichtig, sein aktuelles Profil zu fassen, um einschätzen zu können, welche Gefahren von ihm ausgehen und welche positiven Möglichkeiten in ihm schlummern. Dazu bräuchte man aber neben klaren Zahlenangaben auch eine präzise Begrifflichkeit. Doch das inflationär verwendete Wort Fundamentalismus führt eher zu neuen Unklarheiten. Ursprünglich bezeichnete das englische *fundamentalism* den streng bibel- und bekenntnistreuen Protestantismus in den Vereinigten Staaten. Die Evangelikalen reklamierten es für sich wie einen Ehrentitel, *fundamentalists* zu sein und die Grundlagen der christlichen Lehre vor aller Liberalisierung zu schützen. Doch bald bildeten sich in anderen Religionen – vor allem im Islam, aber auch im Hinduismus – Parallelen. Es entstanden weltweit fundamentalistische Bewegungen, die ihre jeweilige Religion von den Folgen der Moderne rein halten wollten. Streng genommen ist Fundamentalismus darum kein religiöser, sondern ein politischer Begriff. Fundamentalistisch ist nicht deckungsgleich mit fanatisch, sektiererisch oder intolerant. Als fundamentalistisch bezeichnet man Bewegungen, die eine religiöse Gegenmoderne einleiten wollen. In diesem Sinne ist der Fundamentalismus nicht etwas Mittelalterliches, sondern – ungewollt – eine moderne Erscheinung, nämlich die aggressive Verneinung der Moderne mit

durchaus modernen Mitteln. Deshalb kann man nicht jede
Form eines konservativen Islam fundamentalistisch nennen.
Vom traditionellen Islam muß man den modernen, fundamentalistischen Islamismus deutlich absetzen, denn nur dieser führt einen Weltanschauungskrieg gegen die westliche
Moderne. Nur er ist terroristisch, allerdings auch er nicht in
allen seinen Spielarten, sondern nur in seinen radikalen Zu-
spitzungen.

Hierzulande wird der Islam erst seit fünf Jahren als eine
Quelle des Terrorismus betrachtet. Der 11. September 2001
war vielleicht keine Epochenwende, aber er hat die Wahrnehmung des Islam revolutioniert. Vorher – das ist gar nicht so
lange her, doch kaum noch erinnerlich – stand in Deutschland der Terror gegen muslimische Ausländer im Fokus. Die
Brandanschläge von Mölln und Solingen sowie der vom Bun-
deskanzler ausgerufene »Aufstand der Anständigen« wiesen
in diese Richtung. Die Terrorangriffe auf New York und Washington, sodann die Anschläge in Madrid und London
(sowie später die Gott sei Dank fehlgeschlagenen Kofferbom-
ben-Attentate in Deutschland) kehrten die Blickrichtung um.
Seither steht nicht mehr der inländische Extremismus gegen
Ausländer, sondern der Ausländerextremismus gegen Inlän-
der im Fokus der Medien sowie im Visier von Polizei und Verfassungsschutz. Doch man weiß immer noch wenig über ihn.
Fünf Jahre sind eine kurze Zeit, um die Geheimdienste, deren
Mittel man nach 1989 deutlich heruntergefahren hatte, neu
aufzubauen und auszurichten.

Auch wenn sie die dicht vernebelte Landschaft keineswegs ausleuchten, bieten die neueren Verfassungsschutzbe-
richte zumindest ein halbwegs deutliches Bild. Danach gibt es
innerhalb der muslimischen Bevölkerung eine schlagkräftige
Minderheit, die dem Islamismus zuneigt. Deren wichtigste

Organisation, die türkische »Islamische Gemeinschaft Milli Görüş«, wird als politisch extremistisch eingestuft. In letzter Zeit hat sich dieser Ableger der islamistischen Partei des früheren türkischen Präsidenten Erbakan jedoch in der Öffentlichkeit viel moderater gegeben. Doch läßt sich nicht eindeutig sagen, ob dies schon ein Indiz für eine echte Annäherung an die demokratische Gesellschaftsordnung ist. Eindeutig jedoch scheint zu sein, daß Milli Görüş zwar fundamentalistisch, aber nicht terroristisch ist.

Um eine Idee von der terroristischen Gefahr zu geben, die von einigen Islamisten ausgeht, bietet Hamburg, das ja eine besondere, fatale Verbindung zum 11. September besitzt, ein gutes Beispiel. Der Verfassungsschutz geht davon aus, daß unter den hier lebenden 1600 Islamisten etwa 200 gewaltbereit sind, von denen wiederum etwa 20 Personen nicht nur bereit, sondern auch schon aktiv sind. Sie stammen nicht aus arabischen Ländern oder der Türkei, sondern aus Nordafrika, vor allem Algerien und Marokko, und haben zumeist eine kriminelle Vorgeschichte. Setzt man diese Gruppe ins Verhältnis zu den 130 000 Muslimen, die insgesamt in Hamburg leben, sieht man sofort, wie verfehlt ein genereller Terrorverdacht ist. Bedenkt man jedoch, mit welcher Hemmungslosigkeit und Effizienz islamistische Terroristen Massenmorde begehen, wird auch deutlich, daß schon dieser kleine Kern sehr gefährlich ist.

Dies ist ein polizeiliches und geheimdienstliches Thema, aber nicht nur. Denn hier zeigt sich die letzte Zuspitzung einer religiösen Spannung. Was man gemeinhin Integration nennt, ist weit mehr als eine Sache linker oder rechter Sozialtechnologie und läßt sich nicht von Politikern mit einem gesellschaftspädagogischen Maßnahmenkatalog bewerkstelligen. Es stellt alle Beteiligten vor die viel grundsätzlichere

Frage, welchen Begriff sie sich von der eigenen religiösen Prägung und derjenigen der anderen machen.

Für die muslimischen Einwanderer ist diese Frage eine Selbstverständlichkeit, sind sie doch in ein Land gekommen, dessen fremdreligiöser Charakter ihnen ständig vor Augen steht. Ein echtes Erstaunen aber löst diese Frage bei den Alteingesessenen aus, denen die eigene religiöse Prägung kaum noch bewußt ist. Konfrontiert mit religiös motivierter Gewalt, mit einer teils wirklichen und teils nur gefühlten islamischen Bedrohung, müssen sie verwundert feststellen, daß die Religion immer noch eine Macht ist – und dies nicht nur in entfernten unterentwickelten Erdteilen oder in abgedrängten, abgedichteten Einwandererghettos, sondern mitten in der eigenen Gesellschaft.

Die vergessene christliche Aufklärung

Wie mit der Macht der Religion umzugehen ist, wie sie gebändigt werden kann, läßt sich nicht allein von außen bestimmen. Das ist nicht allein davon abhängig, welchen rechtlichen Rahmen man der Religion setzt. Vielmehr muß diese Frage auch von innen her beantwortet werden. Es ist im Kern eine religiöse Frage, welchen Inhalt und welche Form die Religion haben muß, damit sie keinen Schaden anrichtet. Und die Antwort liegt näher, als manche glauben. Sie findet sich in den Traditionen des aufgeklärten Christentums.

Diese Traditionen sind kaum noch bekannt. Zwar wird das Wort Aufklärung gern in den Mund genommen, aber was es bedeutet, dürfte den wenigsten deutlich sein. Selbst vielen, die sich ansonsten mit Recht für gebildet halten, sind Kunst, Literatur und Philosophie des 18. Jahrhunderts unbekannt.

Noch ärger ist es um das Gedächtnis der Theologie und Frömmigkeit der Aufklärung bestellt. Der aufgeklärte Protestantismus besaß einst eine unvergleichliche Strahlkraft. Aber die Erinnerung an ihn hat man nicht gepflegt. Seine große Zeit dürfte die am wenigsten erforschte Epoche der Kirchengeschichte sein. Grund hierfür ist die chronische Aufklärungsfeindlichkeit der kirchlich orientierten Theologie. Erst langsam beginnt zumindest einigen Theologen zu dämmern, daß diese unter dicken Staubschichten verborgene Zeit von höchster Aktualität ist, weil sie die Grundlage dafür gelegt hat, daß überhaupt eine freiheitsliebende und dem Frieden förderliche Form von Religion möglich ist. Es wäre nicht das Schlechteste, wenn der gegenwärtige Islamschock dazu führte, die eigene Aufklärungsvergessenheit zu überwinden.

Einem verbreiteten Vorurteil nach war die Aufklärung eine einseitig kirchenkritische, ja christentumsfeindliche Bewegung. Dies läßt sich aber nur für Teile der französischen und englischen, nicht aber für die deutsche Aufklärung behaupten. Die deutsche Aufklärung des 18. Jahrhunderts ging insofern einen Sonderweg, als sie das Christentum nicht ablösen, sondern reformieren wollte. Viele protestantische Theologen spielten dabei eine entscheidende Rolle. Sie sahen sich in der Nachfolge Martin Luthers und versuchten, dessen Reformation zu vollenden. Sie stießen sich an der Erstarrung des Protestantismus, seiner kirchlichen Verengung sowie seiner biblizistischen und dogmatistischen Verhärtung. Sie waren ebenso freie Geister wie fromme Seelen. Ihr Protest gegen die etablierte evangelische Staatskirche speiste sich aus einem großen Freiheitsbedürfnis, aber auch aus dem Wunsch nach einem intensiveren Glaubensleben. Aus beiden Motiven bekämpften sie die alte orthodoxe Theologie, die eine rechte Lehre vorgab, der die Gläubigen blind zu folgen hatten. Für sie war das Christentum mehr als eine Lehre, nämlich ein Leben. Dieses bestand für sie einerseits in einer selbstbestimmten christlichen Lebensführung. Doch damit wollten sie den Glauben nicht auf Moral verkürzen. Denn das christliche Leben beschränkte sich für sie nicht in Wohlverhalten, sondern erfüllte sich in dem, was sie Empfindsamkeit nannten, das heißt einem ebenso freien wie dichtem spirituellem Erleben. Beispielhaft für diese neue theologische Lehre und dieses neue religiöse Leben ist Johann Joachim Spalding (1714 bis 1804), der als eine Art evangelischer »Nathan der Weise« gelten kann.

Neben diesem Freiheitsdrang zeichnete den Protestantismus der Aufklärung eine neue Friedensliebe aus. Man darf nicht vergessen, daß der Dreißigjährige Krieg, die große Katastrophe des 17. Jahrhunderts, erst wenige Jahrzehnte zurücklag. Die tiefen Wunden dieses Konfessionskrieges waren noch lange nicht verheilt. Den Aufklärungstheologen war sehr bewußt, welche Vernichtungswucht der Glaube an die Höchstgeltung der eigenen Religion freisetzen kann. Sie erkannten, daß auch ihre eigene Religion eine Macht war, die sie bändigen mußten. Es war darum eines ihrer wichtigsten Anliegen, das alte Streit- und Haßchristentum lutherischer, calvinistischer und katholischer Provenienz durch ein tolerantes Christentum abzulösen.

Toleranz ist nur möglich, wenn man einerseits in der Lage ist, eine eigene weltanschauliche Position zu gewinnen, und andererseits fähig ist, diese zu relativieren. Nur wer den eigenen Wahrheitsanspruch in eine konstruktive Beziehung zu anderen Wahrheitsansprüchen setzen kann, vermag widerstreitende Positionen zu ertragen, zu dulden und sogar anzuerkennen. Auch aus diesem Grunde setzten die aufgeklärten Protestanten etwas in Gang, das in der Religionsgeschichte einzigartig ist. Obwohl sie selbst zumeist kirchliche Amtsträger waren, machten sie sich daran, die eigenen Wahrheitsfundamente einer kritischen Betrachtung zu unterziehen. Sie initiierten eine historische Kritik der Bibel und der Dogmen, die viele der alten theologischen Gewißheiten auflösen sollte. Doch sie betrieben die Kritik nicht um der Kritik willen. Vielmehr weichten sie den eigenen weltanschaulichen Standpunkt auf, um eine neue Beweglichkeit zu gewinnen, die es ihnen ermöglichen sollte, auf andere Konfessionen und Religionen unbefangen zuzugehen. Darum blieb die aufgeklärte Bibel- und Dogmenkritik keine binnentheologische Angelegenheit, sondern wurde zu einer theologischen Revolution mit erheblichen politischen Folgen. Sie bedeutete den bewußten Machtverzicht einer herrschenden Religionsgestalt mit dem Ziel, den mühsam errungenen Frieden in Deutschland zu sichern und zu vertiefen.

Diese Schwächung der eigenen Position, die der aufgeklärte Protestantismus bewußt angestrebt hat, ist eine große Stärke. Sicherlich, die Aufklärung des Christentums hat auch tragische Züge. Denn sie zersetzt die Glaubensgewißheit, trübt die Hoffnungsfreude, mindert die Welt- und Todesverachtung der alten Christenheit. Sie versetzt die Gläubigen in einen unaufhörlichen Zustand der gedanklichen Unruhe, der Kritik, des Nachdenkens, Diskutierens, Suchens und des Zweifelns. Doch diese Tragik ist nur die Kehrseite des Glücks, das die Aufklärung dem Christentum beschert. In diesen Nachteilen steckt – anders gewendet – die welthistorische Bedeutung dieser Umformung des Christentums. Denn das Gift der Reflexion ist zugleich das Heilmittel der Nachdenklichkeit, die Gefährdung durch den Zweifel ist zugleich die Fähigkeit zur souveränen Selbstrelativierung, die Machtlosigkeit ist zugleich die Gewaltfreiheit. Der aufgeklärte Protestantismus erschien damals – und erscheint auch heute noch – im Vergleich zu seinen Vorgängergestalten und Konkurrenten als labil, zögerlich, unsicher und harmlos. Doch liegt in dieser Schwäche seine Würde und aktuelle Relevanz begründet. Denn er gehört zu den ganz wenigen Religionsgestalten, die von sich aus die eigene Macht eingeschränkt und die eigene Gewalt zivilisiert haben, denen es gelungen ist, eine humane Form von Religion und damit das beste Gegengift zum religiösen Fundamentalismus zu entwickeln. Das läßt sich besonders eindrücklich an der Epoche des Friederizianismus ablesen. Unter dem aufgeklärten, aber religiös desinteressierten preußischen König Friedrich II. gewannen aufgeklärte Theologen wie Johann Joachim Spalding oder August Friedrich Wilhelm Sack in Berlin an Einfluß und halfen mit, eine tolerante Religionskultur aufzubauen.

Kann nun der Islam von der westeuropäischen Religionsgeschichte lernen oder mit eigenen Mitteln den »Ausgang aus der selbstverschuldeten Unmündigkeit« – so Immanuel Kants berühmte Definition der »Aufklärung« – finden? Eine Reformation des Islam ist von westlicher Seite schon verschiedentlich angemahnt worden. Damit meint man, daß der Islam sich zu einer Trennung von Religion und Staat durchringen, zu einer größeren Wertschätzung der individuellen Freiheit bereit finden und zu einer Demilitarisierung der eigenen Religionskultur beitragen sollte. Dazu müßte er vor allem seinen kollektivistischen Grundzug überwinden. Ob ihm das gelingen kann? Auf der anderen Seite ist der traditionelle Islam von sich aus keineswegs das Zwangssystem, das fundamentalistische Islamisten aus ihm machen und islamophobe Europäer in ihm sehen wollen. Als große Religion hat sich der Islam als sehr flexibel erwiesen. Ihm ist es im Laufe seiner langen Geschichte wiederholt gelungen, fremde Kulturen in sich aufzunehmen beziehungsweise sich ihnen anzupassen. Warum sollte er nicht auch fähig sein, seinen Ort im modernen Westeuropa zu finden?

Allerdings hatte vor allem das protestantische Christentum bessere Voraussetzungen, um aus eigener Kraft den Weg in die Moderne zu finden. Das läßt sich am Beispiel des Verhältnisses zur Bibel besonders deutlich zeigen. Die Bibel ist zwar unbestritten das Fundament des Christentums. Aber es ist nicht im strengen Sinn das Wort Gottes, also die eigentliche Selbstkundgabe Gottes. Das ist allein Jesus Christus. Die Bibel ist das Zeugnis von ihm. Sie versammelt eine Fülle unterschiedlich gearteter, auch qualitativ unterschiedlicher menschlicher Worte über dieses Mensch gewordene »Wort Gottes«. Hier zeigt sich eine prinzipielle Relativierung der Bibel, die es dem aufgeklärten Protestantismus ermöglichte, seine historische Kritik der biblischen Texte voranzutreiben, ohne dabei das Gefühl haben zu müssen, die eigene Christlichkeit zu verraten.

Es ist sehr die Frage, ob der Islam zu einer vergleichbaren Kritik des Koran fähig ist. Denn er nimmt im Islam die Stellung ein, die Jesus Christus im Christentum innehat. Der Koran ist nach muslimischem Verständnis nicht das Zeugnis vom Wort Gottes, sondern das ureigene Wort Gottes selbst. Gott hat jede einzelne Sure selbst verfaßt, sie Mohammed über einen Engel mitteilen lassen, der sie dann an seine Schreiber weitergegeben hat. Es ist also keine Verzeichnung, wenn man sagt, daß Gott nach muslimischem Glauben arabisch spricht. Weshalb es auch nicht möglich ist, den Koran zu übersetzen. Wenn der Koran aber so sakrosankt ist, daß man ihn nicht einmal in andere Sprachen übersetzen kann, dann darf man ihn natürlich nicht einmal in Ansätzen einer historischen Kritik aussetzen. Jeder Versuch, die Entstehungsgeschichte des Koran geschichtlich zu betrachten und zum Beispiel auf seine jüdischen oder christlichen Vorbilder und Einflüsse hin zu untersuchen, muß einem frommen Muslim als Gotteslästerung erscheinen, als ein Angriff auf seine religiösen Gefühle. Wenn aber das eigene Grunddokument in keiner Weise relativiert werden kann, ist eine religiöse Aufklärung kaum möglich.

Man muß an diesem Punkt wohl skeptisch bleiben, auch wenn man sich nicht auf düstere Prophetien festlegen darf. Die Religionsgeschichte ist ein offener Prozeß, und nicht selten haben sich betont traditionalistische Religionen als integrationsfähig erwiesen. Man denke nur an die Entwicklung, die der Katholizismus (vor allem in Deutschland) genommen hat. So wie man heute die Frage an die Muslime richtet, ob sie denn aufklärungsfähig sind, so fragte man vor 150 Jahren – eine in der Kirchengeschichte vergleichsweise kurze Zeit – die Katholiken, ob sie sich in die moderne Gesellschaft einbinden lassen würden. Die liberalen Zeitgenossen sahen damals in der katholischen Kirche eine finstere Gegenmacht, so etwas wie eine Vorläuferin des heutigen Fundamentalismus. In einer streng scholastischen Theologie eingekapselt, einer gegenreformatorischen Strategie verpflicht und von unterentwickelten Südeuropäern und sinistren Jesuiten geleitet, erschien sie ihnen als Feindin jeder Modernisierung. Ein sicheres Zeichen ihrer Rückschrittlichkeit erkannte man in der 1854 vorgenommenen Dogmatisierung der unbefleckten Empfängnis Marias. Ein klares Indiz ihrer Gegenwartsfeindlichkeit war zudem der »Syllabus errorum« aus dem Jahr 1864, eine Liste, auf welcher der Vatikan alle modernen Grundsätze und Institutionen aufführte, die er für verdammungswürdig hielt, darunter alle Grundprinzipien der liberalen Gesellschaft. Als im Jahr 1870 auf dem I. Vatikanischen Konzil das Dogma von der

Unfehlbarkeit des Papstes aufgestellt wurde, war für viele aufgeklärte Geister der Fall erledigt. In Deutschland wurde die Integrierbarkeit der katholischen Bevölkerung im entstehenden modernen Staat grundsätzlich in Frage gestellt. Hinzu kam, daß die katholisch dominierten Landesteile sehr rückständig waren, was man angesichts der heutigen, insbesondere ökonomischen Vormachtstellung der südlichen Bundesländer kaum noch nachvollziehen kann. Damals aber gab es eine sprichwörtliche »Inferiorität« der Katholiken. Die Welt der Bildung sowie des politischen, technischen und wirtschaftlichen Fortschritts war fest in protestantischer Hand. Die Katholiken lebten in einer bäuerlichen oder kleinbürgerlichen Parallelgesellschaft. Mit ihren Kirchgemeinden und Kulturvereinen bildeten sie ein Ghetto, aus dem es kein Entkommen zu geben schien.

Dennoch war es gerade die katholische Zentrumspartei, die zu einer Säule der Weimarer Republik werden sollte, so wie die katholischen Mitglieder der CDU zu Stützen der Bundesrepublik wurden. Obwohl der Katholizismus über sehr lange Zeit ein vormodernes Verständnis von Religion konservierte, gelang es ihm, sich in den modernen Staat zu integrieren, und zwar weit besser als dem konservativen Protestantismus. Er ergriff die Chancen, welche die Demokratie ihm bot, um seine Minderheitenrechte durchzusetzen und sich gegen die Ausgrenzung durch protestantische Kulturkämpfer zu wehren. So lebte er sich in die moderne Gesellschaft ein, obwohl er zunächst kein inneres Verhältnis zu ihren Grundgedanken – Religionsfreiheit und Toleranz, Menschenwürde und Menschenrechte, Demokratie und Rechtsstaatlichkeit – besaß.

Dieses Leben mitten in der demokratischen Gesellschaft wirkte langsam, aber unwiderruflich zurück auf die bis dato so eindeutig antimodernistische kirchliche Lehre. Inzwischen führen auch katholische Geistliche den einst verfemten Begriff der Menschenwürde im Munde. Dabei können sie sich auf das II. Vatikanische Konzil berufen, das sich, wenn auch unvollständig, dazu durchgerungen hatte, die Prinzipien der modernen Gesellschaft zu bejahen. Aber auch dies ist erst vierzig Jahre her, wenig mehr als eine Generation. Bedenkt man also die vielen Parallelen zwischen den Katholiken damals und den Muslimen heute, sollte man sich zwar keine zu kühnen Hoffnungsträume erlauben, sich jedoch zur Geduld mit den muslimischen Einwanderern anhalten.

Das katholische Beispiel belegt, daß eine kulturelle Unangepaßtheit kein Hindernis für eine soziale Integration sein muß. Und es zeigt, daß eine bloß religionskritische Aufklärung dem gesellschaftlichen Frieden wenig dienlich ist. Im entstehenden deutschen Staat des ausgehenden 19. Jahrhunderts mußten traditionell ausgerichtete Katholiken viel Unrecht erleiden. Fortschrittssüchtige protestantische Kulturkämpfer betrieben damals einen aggressiven Antikatholizismus. Damit verletzten sie selbst die modernen Prinzipien der Toleranz und Rechtsstaatlichkeit. Zudem übersahen sie, daß die feste Bindung an eine vormoderne Religion und Moral auch ihr Gutes hat. Sie schützt davor, sich an modernen Verwilderungen, Verrohungen und Verwüstungen zu beteiligen. So haben die Katholiken viel deutlicher Abstand zum Nationalsozialismus gehalten und in dieser Zeit weit weniger Schuld auf sich geladen als die Protestanten.

Vergleichbares ließe sich vielleicht auch über den Islam sagen. Der Gedanke ist nicht abwegig, daß streng traditionelle Muslime in ihrer Religion eine Stütze besitzen, die ihnen helfen könnte, sich in der Fremde einzufügen. Gefährlicher als die Anhänger eines konservativen Islam erscheinen die Jünger des modernen, wilden Islamismus. Ihnen fehlt die klare Orientierung und ruhige Selbstgewißheit, die der herkömmliche Islam zu geben scheint. Sie definieren sich nicht durch die Unterordnung unter eine altehrwürdige Tradition, sondern durch die feindselige Abgrenzung von der Moderne, die sie umgibt. Wer also den islamistischen Terror bekämpfen will, sollte ein Interesse daran haben, die traditionellen Muslime zu stärken und für sich zu gewinnen. Denn man muß nicht selbst modern sein, um friedlich und anerkannt in einer modernen Gesellschaft zu leben.

Denjenigen, die eine einseitig religionskritische Aufklärung propagieren, fällt es schwer, das anzuerkennen. Sie sehen in traditionellen Religionsformen nur vormoderne Reste, die es zu beseitigen gilt. Doch solch eine laizistische Gleichschaltung verletzt ihrerseits das Toleranzgebot. Eine christlich orientierte Aufklärung könnte demgegenüber einen doppelten Vorteil besitzen. Zum einen ist auch das aufgeklärte Christentum keineswegs herkunftsvergessen. Es weiß um den Wert uralter Traditionen, aus denen es selbst immer noch schöpft. Zum anderen weiß das aufgeklärte Christentum um die eigenen Schwächen und folglich um die Stärke sowie die Schönheit des alten Glaubens. Darum kann es dezidiert vormoderne Religionsformen respektieren und die Gleichzeitigkeit von Ungleichzeitigem gelassen hinnehmen. Es kann diejenigen tolerieren, die selbst aus ihrem Religionsverständnis keinen Zugang zum Toleranzgedanken finden, sich aber an das geltende Recht halten, das heißt innerhalb des Rahmens bleiben, den die aufgeklärte Gesellschaft gesetzt hat. Ein solches aufgeklärtes Christentum würde sich nicht an Gespensterdebatten wie etwa dem aufgebauschten »Kopftuchstreit« beteiligen und es den muslimischen Frauen selbst überlassen, die passende Oberbekleidung auszuwählen. Eine Aufklärung,

die ein positives Verhältnis zur Religion besitzt, wäre zu etwas
fähig, was weder die unaufgeklärten Religionen noch die unreligiöse Aufklärung bewerkstelligen könnten. Sie könnte die
Voraussetzung dafür schaffen, daß auch Angehörige vormo-
derner Glaubens- und Lebensformen ihren Platz in der Gesellschaft finden. Und erst das wäre Toleranz und Integration
im Vollsinne. Darum sollte man als ein sich aufgeklärt fühlen-
der Bürger einen eigenen Zugang zu den christlichen Wurzeln
dieser Aufklärung suchen. Der christliche Humanismus ist
eine Tradition, auf die man stolz sein kann – vorausgesetzt,
man kennt sie noch und orientiert sich an ihr im eigenen
Denken, Glauben und Handeln.

KAPITEL 4

Kirchenflucht

Über Kirchenaustritte und Wiedereintritte

MAN KANN SICH GAR NICHT mehr recht daran erin-
nern. Es war ja nur ein ganz alltäglicher Behördengang. Keine besonderen Vorkommnisse, keine Gefühlsaufwallungen, keine großen
Worte – nichts, was sich ins Gedächtnis eingebrannt hätte. Es wurde
bloß ein administrativer Vorgang eingeleitet. Nur vage noch sieht
man vor dem inneren Auge den Ablauf des Geschehens: Wie man
zum Standesamt ging, das richtige Zimmer suchte und schließlich
fand, dem Beamten sein Anliegen erklärte und dieser das entspre-
chende Formular hervorholte, alles schnell ausgefüllt und unter-
schrieben, die fällige Gebühr bezahlt – schon war man wieder draußen und kein Kirchenmitglied mehr.

Auch wenn man es selbst so gewollt hatte, war man doch danach fast ein wenig enttäuscht, auf keinen nennenswerten Widerstand gestoßen zu sein. Da geht man los und tritt aus der Kirche aus,
löst sich aus einer doch irgendwie bedeutsamen Bindung, aber niemand will Genaueres wissen. Kein Hahn kräht danach, weder drei-
mal noch zweimal noch überhaupt einmal. Kein Pastor erscheint,
dem man die Gründe darlegen und zu Gehör bringen könnte, was
man immer schon einmal über die Kirche und das Christentum gesagt haben wollte. Man geht auseinander. Doch von der anderen
Seite nimmt niemand davon Notiz. Richtig kann das nicht sein.

Natürlich, diese Geräuschlosigkeit hat auch ihren guten Sinn.
Keinesfalls wollte man einer Gewissensprüfung unterzogen werden. Niemand sollte das Recht haben, einen scheel von der Seite an-

zusehen oder einem ein schlechtes Gewissen einzureden. Das ist Privatsache. Diskretion ist oberstes Gebot. Aber irgendwie ist es doch etwas anderes als nur eine Steuersache. Selbstverständlich, das mit der Steuer war der Auslöser. Da hatte man den ersten richtigen Lohnsteuerbescheid bekommen und endlich schwarz auf weiß gesehen, was einen die Kirchenzugehörigkeit kosten sollte.

Bisher hatte man mehr oder weniger unbewußt dazugehört. Am Anfang des Lebens hatten die Eltern einen taufen lassen. Man war dann in einen kirchlichen Kindergarten gegangen, hatte sogar den Konfirmandenunterricht besucht und war am Ende feierlich eingesegnet worden. Man würde nicht sagen können, daß einem das alles nie etwas bedeutet hätte. Im Gegenteil, es gab Zeiten, da bedeutete es einem sehr viel. Gern hörte man im Kindergarten die biblischen Geschichten. Die Erinnerungen an Weihnachten waren immer mit einem schönen Kirchgang verknüpft. Später in der Schule war Religion keineswegs das langweiligste Fach. Und immerhin, an zwei Gespräche mit dem Konfirmationspastor konnte man sich noch erinnern, nach all den Jahren. Aber das waren nun alles alte Geschichten.

Jetzt standen neue Geschichten auf dem Programm: erwachsen sein und selbständig, eine Arbeit haben und eine eigene Wohnung, ein eigenes Leben führen und ein eigenes Konto. Das alles erforderte die ganze Aufmerksamkeit. Da galt es zu überlegen, was man weiterführte, weiterschleppte ins neue Leben und wovon man sich besser trennte. Da war die Sache mit der Kirche schnell geklärt. Den Lohnsteuerbescheid lesen und sich entscheiden, das war eins. So viel, wie dort geschrieben stand, war die Kirche einem nicht wert. Das Geld ließe sich anders und besser einsetzen. Denn was würde einem die Kirchenmitgliedschaft einbringen? In den Gottesdienst ging man nicht. Orgelkonzerte interessierten einen nicht. So oft war man in den letzten Jahren umgezogen, daß man gar nicht mehr wußte, welcher Gemeinde man zugehörte. Und wenn man es gewußt hätte, hätte es auch nichts geändert. »Gemeindeleben« war sicherlich nichts, was einen reizte. Und schließlich das Heiraten, das war noch lange kein Thema. Kinderkriegen, Kindertaufen und Kindergarten schon gar nicht.

Warum sollte man also einer Einrichtung angehören, die einem selbst keinen direkten Nutzen brachte? Nur weil man sich als Kind in der dunklen, großen Heimatkirche wohlgefühlt hatte? Um bloßer Nostalgie zu frönen, dafür war man zu jung. Oder weil die beiden Großmütter so sehr an ihrem Glauben hingen? Man nahm doch auch sonst keine Rücksicht auf deren Meinungen und traf seine Lebensentscheidungen nach eigenem Gutdünken. Und für dieses Gutdünken war der Blick auf den Steuerbescheid eigentlich gar nicht entscheidend. Er war nur der Auslöser, indem er einem die eigene Entfremdung zur Kirche deutlich gemacht hatte. Diese Entfremdung hatte sich über Jahre aufgebaut, so daß es jetzt keiner konkreten Gründe für den Austritt mehr bedurfte. Das war bei einigen Freunden und Bekannten, die bereits vor einem ausgetreten waren, ganz anders. Sie hatten noch einen Anlaß für ihren Austritt gebraucht: ein unpassendes Statement des Papstes, eine politische Dummheit der Kirche, einen Fehler des Gemeindepastors. Es war, als ob sie nach einem konkreten Ärgernis gesucht oder auf es gewartet hätten, um den Austritt vor sich und den anderen zu rechtfertigen. Man selbst brauchte das nicht mehr. Da war man schon mehrere Schritte weiter, weiter weg von der Kirche.

Als man das nächste Mal auf die Lohnsteuerkarte schaute, war der alte Eintrag getilgt. Jetzt stand unter »Kirchensteuerabzug« nichts mehr, nur ein Strich. Damit hatte die Sache ihre Richtigkeit – in steuerlicher Hinsicht. Aber sonst? War man plötzlich ganz ohne Religion? Gehörte man jetzt »seelisch« nirgendwo mehr hin? War man auf einmal ein Ungläubiger? So richtig wohl war einem bei diesen Fragen nicht. Zwar war da kein religiöser Phantomschmerz zu spüren, die getroffene Entscheidung war schon korrekt. Man trug keine innere klaffende Wunde mit sich herum und empfand auch keine Scham. Aber daß die Sache nun vollständig und ein für allemal erledigt gewesen wäre, konnte man trotzdem nicht sagen – und kann es eigentlich bis heute nicht. Immer wenn das Gespräch auf die Kirche kommt, hält man kurz inne. Man leugnet nicht, ausgetreten zu sein. Das ist ja keine Schande. Aber man spricht nicht sehr laut darüber. Man rühmt sich dieser Entscheidung nicht. Es war ja keine heroische Tat, keine Mutprobe, kein Befreiungsschlag, nichts Großes. Man redet nicht im Brustton der Überzeugung darüber, will auch andere nicht dazu überreden, es einem nachzutun. Aber man möchte doch im Gespräch den Eindruck hinterlassen, daß man trotzdem diese christlichen Werte hochhält und sie auf seine eigene Weise pflegt. Den anderen soll es nicht verborgen bleiben, daß einem nicht alles egal ist, nur weil man aus der Kirche ausgetreten ist. Auch sich selbst möchte man deutlich machen, daß man weiterhin irgendwie glaubt, nur eben ohne Kirche. Eigentlich erstaunlich, daß man das nötig hat. Vielleicht ist dies ein Zeichen dafür, daß man irgendwann einmal diese alte Entscheidung überdenkt und rückgängig macht – wer weiß. Von vornherein könnte man es jedenfalls nicht ausschließen.

Eine kurze Geschichte des Kirchenaustritts

Aus der christlichen Kirche kann man eigentlich gar nicht austreten. Denn in eine Kirche wird man aufgenommen, indem man getauft wird. Die Taufe aber ist eine heilige Handlung, ein Sakrament. Zelebriert wird sie von einem Pastor. Aber der kirchliche Amtsträger ist nicht derjenige, der ihr Wirksamkeit verleiht. Das kann allein der Geist Gottes. Dieser Geist gießt sich selbst in die Seele des Täuflings und verwandelt sie. Er überwindet den »alten Menschen« und ruft einen

»neuen Menschen« ins Leben. Er führt den Täufling aus der Gottverlassenheit heraus und hinein in eine heilige Lebensgemeinschaft. Diese ist wie ein Organismus, der die Gläubigen untereinander und mit Gott so verbindet, daß niemand mehr ohne den anderen sein kann. Sie bilden nun gemeinsam einen »Leib«. So wie ein Arm nicht für sich allein existieren kann, so kann auch ein Getaufter nicht für sich bleiben. Dieses Bild läßt sich auch umdrehen: So wie der Kopf vom restlichen Körper abgetrennt nicht bestehen kann, so vermag auch Gott nicht ohne diejenigen zu sein, die an ihn glauben. Die Taufe stellt also etwas ganz anderes und sehr viel mehr dar als nur eine Zeremonie zur Aufnahme neuer Mitglieder. Denn der Getaufte wird nicht Mitglied eines religiösen Vereins, sondern Glied am »Leib Christi«. Diese »Gliedschaft« kann er nicht einfach kündigen. Denn selbst wenn er seinen Taufentschluß widerrufen wollte, die heilige Handlung, in der Gottes Geist über ihn gekommen ist, kann er nicht rückgängig machen. Schließlich gewinnt ein Sakrament seine Gültigkeit nicht aus der Entschlossenheit dessen, der es empfängt, sondern allein aus Gottes Gnade. Insofern kann ein Mensch sich von seiner Kirchengliedschaft, die ihren Ursprung in seiner Taufe hat, nicht einfach lossagen.

Soweit die reine Lehre. Nun ist aber die christliche Kirche nicht nur »Leib Christi«, ein unsichtbarer, heiliger Organismus – darin liegt ihr geistlicher Sinn. Sie ist zugleich eine höchst sichtbare, weltliche Institution – darin besteht ihr sozialer Charakter. In dieser Hinsicht ist die Kirche eine Organisation wie viele andere auch. In den meisten ihrer Regeln, Arbeitsabläufe und Strukturen unterscheidet sie sich kaum von den anderen großen Vereinen, Verbänden und öffentlichen Körperschaften. Ihr gehört man als Mitglied an, aus ihr kann man austreten, so wie man jede Vereinsmitgliedschaft aufkündigen kann. Daß man dies kann, ist eine Folge der Trennung von Kirche und Staat. In vormodernen Zeiten war auch diese Kündigung der Mitgliedschaft nicht vorgesehen. Denn solange Kirche und Staat noch eine in sich geschlossene Größe bildeten, war jeder getaufte Bürger selbstverständlich auch Staatskirchenmitglied. Wer versucht hätte, aus der Christengemeinde auszutreten, hätte zugleich die Bürgergemeinde verlassen müssen. Dann aber wäre er nicht nur religiös, sondern auch gesellschaftlich vogelfrei gewesen.

Nach dem Ersten Weltkrieg brach die deutsche Monarchie zusammen, und die Weimarer Republik wurde aus der Taufe gehoben. Ihre Verfassung vollzog endlich das, was aufgeklärte Geister seit über zweihundert Jahren eingefordert hatten: Die Säkularisierung der Gesellschaft und die Trennung von Staat und Kirche. Diese Scheidung fiel in Deutschland wesentlich einvernehmlicher aus als in anderen europäischen Ländern. Eigentlich müßte man, um die deutschen Verhältnisse angemessen zu beschreiben, nicht von einer »Trennung«, sondern von einer »Unterscheidung« sprechen. Der Staat nimmt keine religiösen Funktionen wahr und die Kirchen keine staatlichen. Der Staat ist weltanschauungsneutral, aber er ist nicht kirchenfeindlich. Vielmehr gewährt er den Kirchen eine »privilegierte Partnerschaft«. Denn er ist auf sie angewiesen, nehmen sie doch viele – soziale und kulturelle – Aufgaben war, die der Gesellschaft insgesamt zugute kommen. Damit sie diesen Aufgaben nachkommen können, haben die Kirchen in der Weimarer Reichsverfassung von 1918 den Status einer »Körperschaft öffentlichen Rechts« verliehen bekommen, der sie von bloßen Vereinen deutlich abhebt. Sie besitzen durch ihn gewisse Hoheitsrechte und dürfen Steuern erheben.

Die moderne Unterscheidung von Kirche und Staat

machte endlich mit dem Prinzip der Religionsfreiheit ernst. Was viele Menschen schon lange gewünscht, aber nicht gewagt hatten, war ihnen nun gefahrlos möglich. Ohne Angst vor Bestrafung oder Benachteiligung konnten sie aus den Kirchen austreten, in die sie als unmündige Kinder automatisch eingemeindet worden waren. Für manche Kirchenführer war dies zunächst ein Schock. Inzwischen jedoch haben die Kirchen längst eingesehen, daß die Möglichkeit des Austritts nichts ist, was sie verteufeln müßten. Im Gegenteil, dies ist nur die Kehrseite der Religionsfreiheit, die auch für sie selbst einen sehr hohen Wert darstellt.

Überblickt man die einhundertjährige Geschichte der Kirchenaustritte, fällt eine enge Verbindung zur jeweiligen politischen Großwetterlage auf. Ob und wie zahlreich die Menschen aus den Kirchen ausgetreten sind, hing keinesfalls nur von ihren jeweiligen höchstpersönlichen religiösen oder areligiösen Empfindungen ab, war keineswegs bloß eine Sache individueller Glaubens- und Freiheitskämpfe, sondern ergab sich vor allem aus dem jeweils herrschenden politischen Klima. Ohne daß es den meisten bewußt gewesen wäre, sind sie mit ihrem Austritt oder mit ihrem Nicht-Austritt dem politischen Trend ihrer Zeit gefolgt. Darin zeigt sich die Langzeitwirkung der Staatskirche, die auch seit ihrem Ende das religiöse Leben in Deutschland nachhaltig prägt: Das Verhältnis der Bürger zur Kirche ist hierzulande eben keine reine Privatsache, sondern immer auch politisch bestimmt.

So war die erste große Austrittswelle im Jahr 1919 zu verzeichnen, unmittelbar nach dem Ende des Kaiserreichs. Viele ergriffen die Chance, die ihnen die junge Republik bot, und verließen die ungeliebte Staatskirche. In den Folgejahren fügten sich die Kirchen – mehr schlecht als recht – in die neue Ordnung ein und stabilisierten sich. Zu Beginn der dreißiger

Jahre, als die Republik immer schwächer und ihre Feinde immer stärker wurden, schwoll die Austrittswelle wieder an, um dann 1933 mit dem Beginn der nationalsozialistischen Herrschaft ganz plötzlich abzubrechen.

In den ersten beiden Jahren des »Dritten Reichs« kam es kaum noch zu Austritten. Dieser überraschende Befund hat einen einfachen Grund. Das neue Regime, das von seiner Ideologie her eindeutig christentumsfeindlich ausgerichtet war, verschleierte seine wahren Absichten und gab sich betont kirchenfreundlich. Denn die Nationalsozialisten planten eine freundlich-feindliche Übernahme der Kirchen. Als sie bemerkten, daß die katholische Kirche sich keineswegs vereinnahmen ließ und auch die evangelischen Landeskirchen sich der Gleichschaltung widersetzten und im »Kirchenkampf« ihre institutionelle Selbständigkeit verteidigten, wechselten sie die Strategie und drängten ihre Anhänger, die Kirche zu verlassen. Die Folge war ein steiler Anstieg der Austrittszahlen etwa seit Mitte der 1930er Jahre. Dieser brach 1939 mit dem Beginn des Zweiten Weltkriegs ab. Die Menschen hatten nun anscheinend andere Sorgen.

Nach der deutschen Kriegsniederlage und dem Zusammenbruch des »Dritten Reiches« wandten sich die Deutschen den Kirchen wieder zu. Sie suchten in der realen und geistigen Wüste, welche die Nationalsozialisten hinterlassen hatten, nach neuer Orientierung und seelischer Beheimatung. Die Kurve der Austritte tendierte nun gegen Null. In der Ära Adenauer warb der Staat um die Kirchen und fand in ihnen enge, verläßliche Partner. Aus- und Eintritte hielten sich die Waage. Die meisten der wenigen Austritte, zu denen es überhaupt kam, waren eigentlich gar keine, sondern es waren bloß Übertritte: bei konfessionsverschiedenen Ehen verließ ein Ehepartner seine Kirche, um in diejenige des anderen einzutreten.

Dies blieb so, bis mit dem Kulturumbruch von 1968 ein gänzlich neues Klima in Deutschland aufkam. Eine neue Protestkultur blies zum Sturm auf die alte Autoritätskultur und damit auch zum Kampf gegen die Kirchen. Wer sich für fortschrittlich hielt, verließ die Kirche. Die Austrittszahlen schnellten empor, und zwar parallel zu den Zahlen der Kriegsdienstverweigerungen sowie der »wilden Ehen«.

Als in den achtziger Jahren dieser antiautoritäre Impuls abgeklungen war, sanken die Austrittszahlen und blieben auf einem verläßlichen – im Vergleich zu den fünfziger Jahren aber deutlich höheren – Niveau. Zu heftigen Ausschlägen nach oben kam es dann Anfang der neunziger Jahre, und zwar vornehmlich aus wirtschaftlichen Gründen. Viele Ostdeutsche schauten auf ihren ersten Steuerbescheid, stellten erschrocken fest, wie viel die Kirchenmitgliedschaft sie in D-Mark kostete, und traten aus. 1995 geschah das gleiche bei ihren westdeutschen Nachbarn. Der Solidaritätszuschlag war eingeführt worden, und zwar in einer Höhe, die in etwa der Kirchensteuer entsprach. Also entschlossen sich sehr viele Steuerzahler, diese neue Sonderabgabe privat »gegenzufinanzieren« – und traten aus. Ähnlich war es schon 1970 bei der Ergänzungsabgabe und 1973 beim Stabilitätszuschlag gewesen. Auch hier war der Austritt nicht in erster Linie das Ergebnis einer Glaubensentscheidung, sondern die Konsequenz eines wirtschaftlichen Kalküls gewesen. Erhöhte der Staat die Steuern, kompensierte man dies dadurch, daß man sich die kirchlichen Steuern sparte. Besonders hart traf die Kirchen aber der Solidaritätszuschlag. Er führte zu einem Austrittsrekord. Seither ist die Austrittswelle wieder abgeklungen.

Wie steil oder wie flach die Kurve der Austritte aber auch zu zeichnen ist, eindeutige Rückschlüsse auf die Christlichkeit oder Nichtchristlichkeit der Bevölkerung lassen sich aus ihr nicht ziehen. Man kann den Austritt eines Menschen aus der Kirche nicht immer mit seinem endgültigen Abschied von der christlichen Religion gleichsetzen. Dies zeigt sich zum Beispiel daran, daß häufig nur der Hauptverdiener einer Familie diesen Schritt unternimmt, während die Nichtverdiener – Kinder und Ehefrau – in der Kirche bleiben. So muß die Familie kaum Kirchensteuern zahlen, kann aber im Bedarfsfall, etwa wenn eine Taufe, Konfirmation, Hochzeit oder Trauerfeier ansteht, einen Anspruch auf kirchliche Dienstleistungen erheben. Das ist ein ganz legaler Steuertrick, der zwar für alle Beteiligten im Ernstfall eine gewisse Peinlichkeit mit sich bringt, aber eben auch zeittypisch ist. Dieses Verhalten paßt zum gegenwärtig herrschenden Klima einer allgemeinen Institutionenfeindlichkeit. Individuelle ökonomische Interessen genießen inzwischen Vorrang vor überindividuellen Verpflichtungen gegenüber großen Institutionen. Die Kirchen teilen dieses Problem mit den Parteien, Gewerkschaften, Vereinen und Verbänden. Sie müssen die Bürger dazu bewegen, einen verläßlichen finanziellen Beitrag zu leisten, wenn sie ihre Leistungen in Anspruch nehmen wollen. Doch das wird immer schwerer.

Eine Lösung könnte darin bestehen, daß man eine allgemeine Kultur- und Sozialsteuer einführte, die alle gleichermaßen träfe. Jeder müßte seinen Beitrag entrichten, könnte aber frei entscheiden, an wen er gehen sollte: an eine Kirche, eine soziale oder eine kulturelle Einrichtung. So würden die Kirchensteuerzahler nicht mehr für ihre Gutwilligkeit bestraft. Doch um dieses Modell, das in Italien und Spanien offenbar mit gutem Erfolg praktiziert wird, auch in Deutschland einzuführen, bedürfte es grundsätzlicher verfassungsrechtlicher Neubestimmungen, die schwer durchsetzbar wären, sowie einer Generalüberholung des deutschen Steuersystems, die bekanntlich ebenso überfällig wie aussichtslos ist.

Momentan hat sich die Lage der Kirchen, was ihre Mitgliederzahlen angeht, stabilisiert, allerdings auf einem recht niedrigen Niveau. Insgesamt sind in den vergangenen zwanzig Jahren allein in Westdeutschland 20 Millionen Menschen aus der evangelischen oder katholischen Kirche ausgetreten. Zwar sind inzwischen wieder deutlich mehr Wiedereintritte – etwa 10 Prozent der Ausgetretenen kehren zurück – zu verzeichnen, aber eine echte Trendwende ist nicht in Sicht. Bedenkt man noch die demographische Entwicklung, nach der die deutsche Bevölkerung altert und abnimmt, sieht die Zukunft der Kirchen düster aus. Man rechnet damit, daß die evangelische Kirche in den kommenden dreißig Jahren ein Drittel ihrer Mitglieder verlieren wird. Allerdings muß man auch hier differenzieren. Die kirchliche Situation ist schlechter im Osten als im Westen, im Norden als im Süden, in den Städten als auf dem Land. In manchen Gegenden Ostdeutschlands gehören weniger als 10 Prozent der Bevölkerung einer Kirche an, in Hamburg sind es weniger als die Hälfte, aber in anderen Landesteilen findet man immer noch sehr stabile, beinahe staatskirchliche Verhältnisse.

Der lange Schatten der Staatskirche

Die staatskirchliche Vorgeschichte ist nicht nur entscheidend dafür, ob und in welcher Zahl die Deutschen aus der Kirche austreten, sondern sie prägt auch die Art und Weise, in der diejenigen, die in der Kirche bleiben, ihre Mitgliedschaft wahrnehmen. Und dies kann sehr unterschiedlich ausfallen. In der Kirche sein und sich ihr verbunden fühlen, heißt nicht unbedingt, daß man regelmäßig den Gottesdienst besucht, wie ein verbreitetes Klischee meint. Das hat besonders im Protestantismus eine tiefere Ursache. Im Unterschied zum Katholizismus spielen »fromme Werke« hier aus genuin theologischen Gründen eine geringere Rolle. Es war Martin Luthers großes Anliegen, zu zeigen, daß der Christ nicht durch eigene »Werke«, zum Beispiel durch den Kirchgang, vor Gott gerecht wird, sondern daß es ausschließlich auf Gottes Gnade ankommt, die im Glauben angenommen wird. Allein der Glaube also rechtfertigt den Menschen. Dieser Glaube ist innerlich und unsichtbar. Er manifestiert sich nicht notwendigerweise in äußeren Handlungen. Man kann von ihm durchdrungen sein, ohne an offiziellen Kultveranstaltungen teilzunehmen. Wollen Katholiken darauf hinweisen, daß sie ernsthafte Christen sind, bezeichnen sie sich als »praktizierende Katholiken«. Damit geben sie zu verstehen, daß sie regelmäßig die Messe besuchen. Ein Protestant könnte nie sagen, daß er ein »praktizierender« sei. Denn was ihn auszeichnet, hängt nicht an religiösen Praktiken. Darum kann man bei den Protestanten die Verbundenheit zur Kirche nicht an ihrem Gottesdienstbesuch ablesen. Denn viele pflegen ein tendenziell unkirchliches, aber theologisch legitimes »Privatchristentum«.

Befragungen haben gezeigt, daß es in der evangelischen Kirche – ähnlich wie in der katholischen – drei große Gruppen von Mitgliedern gibt: Ein gutes Drittel fühlt sich der Kirche sehr oder doch ziemlich verbunden, ein weiteres gutes Drittel fühlt sich ihr etwas verbunden, und ein Viertel besitzt kaum eine innere Bindung zur Kirche oder gar keine, ist aber (noch) nicht ausgetreten. Diese Aufteilung ist in den letzten dreißig Jahren erstaunlich stabil geblieben, wenn auch die Verbundenheit insgesamt schwindet. Erstaunlich ist aber auch, daß sich diese Aufteilung in allen Landesteilen gleichermaßen erkennen läßt, und zwar gleichgültig, ob es dort viele oder wenige Kirchenmitglieder gibt. Ob die Kirchen noch die Mehrheit der Bevölkerung umfassen oder nur noch eine Minderheit, die Dreiteilung der Mitglieder prägt sie gleichermaßen.

Damit ist ein Irrglaube, der sich unter frommen Kirchenchristen einer gewissen Beliebtheit erfreut, statistisch eindeutig widerlegt. Nach diesem Irrglauben nämlich soll der Rückgang der Mitgliedszahlen für die Kirchen eine große Chance darstellen. Denn nun würden ja endlich all die halben, lauen Gewohnheitschristen und »Karteileichen« das sinkende Kirchenschiff verlassen. Zurückblieben dann allein die echten, wahren Überzeugungschristen, der harte Kern, der heilige Rest. Die Kirche könnte jetzt einen klaren Kurs steuern und müßte keine Rücksicht mehr auf diejenigen nehmen, die nicht hundertprozentig bei der Sache sind. Der Mitgliederschwund sei also keine tödliche Krankheit, sondern ein »Gesundschrumpfen«.

Diese Heilserwartung läßt sich schnell als ein verzweifeltfrommer Versuch durchschauen, die realen Verluste in geistliche Gewinne umzumünzen. Das ist ein leicht nachvollziehbares psychologisches Phänomen. Wer gibt schon gern zu, daß er auf der Verliererstraße gelandet ist? Bevor man dies tut, redet man lieber sich und anderen ein, daß die Verliererstraße eigentlich der wahre Heilsweg ist. Aber der Glaube an das »Gesundschrumpfen« der Kirchen ist nicht nur ein tröstender Trick. In ihm äußert sich auch ein tiefer Widerwille derjenigen, die sich selbst für besonders fromme Christen halten, gegenüber ihren weniger entschiedenen, kirchlich distanzierteren Glaubensgeschwistern. Sie empfinden fast einen Ekel vor der Uneinheitlichkeit und Unübersichtlichkeit der eigenen Kirchen, die so disparate Mitgliedergruppen in sich vereinigen. Der prominenteste unter ihnen ist der neue Papst Benedikt XVI., der als Kardinal propagiert hatte, die katholische Kirche müsse auf einen kleinen Stamm absolut getreuer Christen zusammenschrumpfen. Aber schon ein kurzer Blick in die oben angesprochenen Mitgliederbefragungen der Evangelischen Kirche in Deutschland hätte ihm zeigen können, daß er einer Illusion aufsitzt. Die Gemeinden, die »abspecken« mußten, sind ebenso uneinheitlich und vielgestaltig, genauso »gesund« oder »krank« wie diejenigen Gemeinden, die ihr Gewicht halten konnten.

Das heutige Beteiligungsverhalten der Kirchenmitglieder ist immer noch vom langen Schatten der Staatskirche bestimmt. Seit der Zeit, als »Thron und Altar« eine feste Einheit bildeten, haben Staat und Kirche sich tiefgreifend verändert. Sie sind keine autoritären Zwangsanstalten mehr, sondern demokratische Gebilde. Dennoch, in der Art, wie sich die Bürger zu ihrem Staat und die Christen zur ihrer Kirche verhalten, zeigen sich überraschende Parallelen. Nur eine kleine Minderheit engagiert sich, und zwar hier wie dort. Die große Mehrheit fühlt sich zwar zugehörig, setzt dieses Gefühl aber nur selten in eigenes Handeln um. Die meisten überlassen den Hauptamtlichen die Arbeit, lassen die Berufspolitiker regieren und die Pastoren die Gottesdienste halten. Die wenigsten übernehmen Ehrenämter in den Parteien und Kirchengemeinden oder Funktionen in Bezirksversammlungen und Synoden. Das offiziell hochgehaltene Ideal des politisch aktiven Bürgers und des kirchlich engagierten Christen wird nur von den wenigsten auf sich selbst bezogen. Die allermeisten belassen es dabei, daß sie der Institution zugerechnet werden und ihre Steuern zahlen. Nur in großen Abständen nehmen sie aktiv am staatlichen oder kirchlichen Betrieb teil, entweder indem sie wählen gehen oder einen Weihnachtsgottesdienst besuchen. Doch das heißt nicht, daß ihnen Staat oder Kirche gleichgültig wären. Sie nehmen durchaus aufmerksam Notiz davon, was dort passiert und ob gute Arbeit geleistet wird. Dies tun sie aber selten direkt, sondern zumeist über die Medien. Sie sind zwar nicht so hochgradig interessiert, daß sie sich selbst an der politischen oder religiösen Arbeit beteiligen würden, aber unbeteiligt sind sie nicht. Ihre Art, sich zu beteiligen, ist einfach eine andere. Sie delegieren gewissermaßen ihre Beteiligung.

Hier nun gewinnt der Begriff des Delegierens eine neue Wendung. So wie die meisten Bürger die politische Verantwortung an die von Berufs wegen dafür Zuständigen abgeben, ebenso delegieren die meisten Kirchenglieder die Pflege des religiösen Lebens an die Geistlichen sowie die Hochengagierten. Sie gehören der Kirche nicht an, um diese Arbeit selbst zu leisten, sondern weil es ihnen wichtig ist, daß diese Arbeit getan wird – von anderen. Andere sollen dafür sorgen, daß Gottesdienste gefeiert, Taufen, Trauungen und Beerdigungen gehalten, die Kinder unterrichtet, die Alten besucht und die Armen unterstützt werden. Und dies nicht nur in der eigenen Nachbarschaft, sondern im ganzen Land. Dazu bedarf es eines professionell geführten Großbetriebs. Der Nachteil eines solchen Großbetriebs ist natürlich, daß man selbst keinen direkten Einfluß mehr auf ihn hat. Sein Vorteil aber ist, daß man sich gar nicht unmittelbar beteiligen muß. Der Betrieb läuft auch ohne einen selbst. Man kann sich entspannen und anderen Dingen zuwenden, weil man weiß, daß die politische und religiöse Arbeit getan wird, und weil man damit rechnen kann, daß man sie immer dann in Anspruch nehmen kann, wenn einem danach sein sollte. Im Prinzip kann man jederzeit vom Delegieren ins eigene Engagement wechseln, aber man muß es nicht. Als Kirchenmitglied kann man sich jahrelang nicht in seiner Gemeinde blicken lassen. Doch wenn man ein seelsorgerliches Gespräch mit dem Pastor führen oder sich von ihm trauen oder ein Kind von ihm taufen lassen möchte, genügt ein Anruf oder ein sonntäglicher Kirchgang. Und wenn man wirklich Lust darauf bekäme, könnte man sich um freiwillige Mitarbeit und Ehrenämter bemühen. Man kann sich einklinken, wenn es dem eigenen Empfinden und Lebensplan entspricht. Und man kann sich wieder ausklinken, wenn es einem zuviel wird und man eine Phase der Privatheit wünscht.

Diese Freiheit, mit der man seine politischen und kirchlichen Rechte nutzen oder eben auch ruhen lassen kann, hat eine materielle Voraussetzung. Nur wenn ein laufender Apparat da ist und auch am Laufen gehalten wird, obwohl man sich selbst dafür nicht direkt engagiert, kann dieses Delegationsmodell funktionieren. Man muß einen regelmäßigen und dauerhaften Beitrag leisten. Dieser aber ist von einer Spende deutlich zu unterscheiden. Denn er soll keine gezielte und bewußt vorgenommene Zuwendung darstellen, sonst wäre er schon wieder eine Form echten Engagements. Vielmehr muß dieser Beitrag eher unbewußt und anonym abgezogen werden – wie eine Steuer. Die Kirchensteuer also entspricht genau der Art, wie die eigene religiöse Verantwortung an die Großinstitution Kirche delegiert wird.

Die Kirchensteuer wurde 1919 mit der Weimarer Reichsverfassung eingeführt. Sie ist ein integraler Bestandteil der neuen Unterscheidung von Kirche und Staat. Früher, in vormodernen Zeiten, hatten die Kirchen weitgehend von ihren Besitztümern, vor allem von ihren Ländereien, gelebt. Diese aber waren ihnen (im protestantischen Bereich) durch die Reformation bzw. (im katholischen Bereich) durch die napoleonischen Säkularisationen abhanden gekommen. Seither waren die Kirchen weitgehend abhängig von direkten Zuwendungen der Obrigkeit, was natürlich zu tiefgehenden politischen Abhängigkeiten führte. Die Weimarer Verfassungsväter wollten den Kirchen auch finanziell eine neue Selbständigkeit eröffnen, und zwar auf eine demokratische und gerechte Weise. Alle Mitglieder sollten – je nach ihren Möglichkeiten – für die Arbeit ihrer Kirche aufkommen und nicht nur die adligen Patronatsherren.

Mit dieser Steuer ließ sich ein kirchlicher Apparat errichten, der dafür sorgte, daß die christliche Religion flächendeckend und dauerhaft allen, die nach ihr verlangten, zugänglich und in der Öffentlichkeit wirksam und sichtbar blieb, ohne daß jeder einzelne Christ sich hätte bemüßigt fühlen müssen, selbst aktiv zu werden. Inzwischen jedoch ist dieser Zusammenhang brüchig geworden. Viele delegieren ihr religiöses Interesse an die Kirche, sind aber nicht mehr bereit, die dafür anfallende Steuer zu zahlen. Das führt dazu, daß das bisher in Deutschland herrschende Religionssystem in seinem Bestand gefährdet ist. Deshalb stellt sich die Frage, ob es nicht auch anders ginge.

Freikirchen und Esoterik

Wer mit dem deutschen Kirchenwesen unzufrieden ist, läßt gern den Blick über den Atlantik schweifen. Warum kann man es nicht machen wie die Nordamerikaner? Warum läßt sich das kirchliche Leben nicht allein auf freiwilliges und persönliches Engagement gründen? In den Vereinigten Staaten gelingt es doch auch. Dort gibt es keine großen Landeskirchen mit Behördencharakter, keine Pastorenschaft im Beamtenverhältnis, keine »privilegierte Partnerschaft« zwischen

Kirchen und Staat, und dennoch blühen die christlichen Gemeinden. Die Kirchenmitglieder delegieren ihre Verantwortung nicht an das kirchliche Personal. Sie sind selbst aktiv, spenden bewußt und großzügig, übernehmen viele praktische Aufgaben. Warum sollte das nicht auch in Deutschland möglich sein? Fehlt den Christen hierzulande vielleicht einfach nur der Mut, aus dem langen Schatten der Staatskirche herauszutreten?

In der Tat, das amerikanische Modell hat – von Deutschland aus betrachtet – großen Charme. Die Frage ist nur, ob es sich importieren und hier implantieren läßt. Da gibt es Zweifel. Die Vereinigten Staaten scheinen zwar Westeuropa sehr verwandt zu sein, sind ihm aber in vielem sehr fremd. Vor allem herrscht dort eine deutlich andere Religionskultur. Das verrät schon ein kurzer Blick auf die Zahlenverhältnisse. Während dort die evangelischen Freikirchen die Mehrheit und Meinungsführerschaft besitzen, bilden sie hier eine verschwindende Minderheit. Lediglich 1,9 Prozent der deutschen Bevölkerung gehört einer anderen als der evangelischen oder katholischen Kirche an. Den Großteil dieser Minderheit stellen die 1,2 Millionen orthodoxen Christen dar. Orthodoxe Kirchen sind jedoch keine Freikirchen im amerikanischen Sinne, sondern Außenstellen der russischen oder anderer osteuropäischer »Staatskirchen«. Echte sogenannte Freiwilligkeitskirchen sind dagegen bloß die etwa 400 freien evangelischen Gemeinden, denen aber nur ungefähr 350 000 Menschen angehören. Alle Freikirchen in Deutschland haben zusammengenommen nicht einmal so viele Mitglieder wie zum Beispiel die evangelisch-lutherische Landeskirche in Braunschweig, eine der kleinsten evangelischen Landeskirchen.

Eine bloße Zahlenangabe stellt normalerweise noch kein Argument dar. In diesem Fall aber läßt sich aus dem quantitativen Unterschied der Freikirchen folgern, in welcher Hinsicht sie keinen Ersatz für die Landeskirchen darstellen können: Ihre geringe Größe führt dazu, daß sie öffentlich nicht wahrgenommen werden. Ihre Stimme wird nicht gehört, ihr Auftreten wird nicht gesehen. In den Medien finden sie nicht statt, und ihre meist modernen und unscheinbaren Versammlungsgebäude fallen im Stadtbild nicht auf. So bewegen sie sich weitgehend außerhalb des Radars öffentlicher Wahrnehmung und können der christlichen Religion keine Sichtbarkeit verschaffen.

Damit hängt etwas Zweites zusammen. Da die Freikirchen so klein sind, vermögen sie keine zusammenhängende und flächendeckende Institution zu bilden, an die man seine religiöse Verantwortung delegieren könnte. Wer zu ihnen gehört, sieht sich höchstpersönlich in die Pflicht genommen. Er kann nicht andere für sich glauben lassen. Er muß seinen eigenen Einsatz für das Leben seiner Gemeinde leisten. Dies entspricht dem Selbstverständnis der Freikirchen, die jede Form von Delegation ablehnen. Die Fähigkeit der großen Kirchen, stellvertretend den Glauben darzustellen und zu überliefern, erscheint ihnen als Schwäche. Sie insistieren darauf, daß jedes ihrer Mitglieder sich unmittelbar am kirchlichen Leben beteiligt. Darum bilden ihre Gemeindeleiter keinen geistlichen Stand, der durch höhere Weihen von den Laien geschieden wäre. Darum ziehen sie keine Steuern ein, sondern werben um Spenden. Darum sind ihre Gottesdienste vergleichsweise zwanglos, damit niemand Scheu hat, sich selbst zu Wort zu melden.

Das große eigene Engagement ist einer der Gründe dafür, warum die Freikirchen in Nordamerika so erfolgreich sind. Es hat tiefe Wurzeln, die weit in die Geschichte zur Zeit der europäischen Besiedlung Amerikas zurückreichen. Die heutigen

Freikirchen in den USA stammen von den Sekten – dieser Begriff wird hier wertneutral gebraucht – ab, die sich im 16. und 17. Jahrhundert als »linker Flügel« vom kontinentalen Mehrheitsprotestantismus abgespalten und folglich im staatskirchlichen Europa kein Heimatrecht zugesprochen bekommen hatten, sondern von der kirchlichen und politischen Obrigkeit verfolgt worden waren. Sie wanderten in die Neue Welt aus, um dort religiöse Freiheiten zu gewinnen. Der frühe, radikale und schmerzhafte Abschied von der Staatskirche ist also der historische Ausgangspunkt des heutigen religiösen Lebens in den Vereinigten Staaten.

In Deutschland vollzog sich dieser Abschied langsamer, und er fiel weniger schroff aus. Das eindeutige Gegenmodell zum Staatskirchentum, also die Sekte beziehungsweise die Freikirche, besitzt hier darum keine vergleichbare kulturelle Verwurzelung. Das ist der Grund dafür, daß die Freikirchen in Deutschland kleine Minderheiten geblieben sind. Zwar legen sie seit jeher einen großen missionarischen Eifer an den Tag. Einige von ihnen nutzen die neuesten Marketing-Methoden und technischen Hilfsmittel, um für ihre Art des Christentums zu werben. Doch ein nennenswerter Erfolg bleibt aus. Denn mit der am nachhaltigsten eingeübten Form religiöser Beteiligung, der Delegation, können sie nichts anfangen. Ihre besondere Größe besteht darin, daß sie darauf beharren, daß jeder nur für sich selbst glauben kann und einen unmittelbaren Beitrag zum Leben seiner Kirchengemeinde leisten muß. Diese Stärke ist aber deshalb eine Schwäche, weil die Freikirchen keinen inneren Zugang zur Mehrheit der Christen finden, welche die Verantwortung für das öffentliche religiöse Leben an den kirchlichen Apparat übergeben und für sich ein – mal intensiveres, mal labileres – Privatchristentum pflegen möchten.

Die meisten deutschen Christen fühlen sich zwar ihrem konfessionellen Heimathafen verbunden, möchten dort aber nicht stets und ständig vor Anker liegen. Sie wollen sich ihrer Kirchengemeinde nicht mit Haut und Haar verschreiben. Das würden sie als Vereinnahmung empfinden. Einem frommen Gruppendruck wollen sie sich nicht aussetzen. Deshalb wahren sie Distanz zur eigenen Kirche. Das muß kein Anzeichen für mangelnde Glaubensstärke sein, es lassen sich sogar gute theologische Argumente dafür anführen. Denn nur ein Christ, der auch Abstand zu seiner Kirche nehmen kann, ist ein freier Mensch. Einem freiheitlichen Christentumsverständnis zufolge steht er nicht unter dem Zwang, seine Kirchentreue unbedingt durch lebenslängliches Gemeindeengagement beweisen zu müssen. Er kann seine Verbundenheit zur Kirche auch durch eine loyale Distanz unter Beweis stellen. Da die Freikirchen diese Art der Mitgliedschaft nicht kennen und nicht wollen, werden sie in Deutschland kaum jemals über den Status einer sehr überschaubaren Minderheit hinausgelangen.

Stärker als die evangelischen Freikirchen tritt die Esoterik den großen Kirchen gegenüber als Konkurrentin auf dem religiösen Markt auf. Die Umsätze esoterischer Buchhandlungen, Messen und Seminare sind in den vergangenen Jahrzehnten erheblich gestiegen. Viele Menschen, die früher in den Kirchen nach Lebenshilfe und Seelenheil gesucht haben, wenden sich nun an Gurus, buddhistische Therapeuten und theosophische Buchautoren. Ja, einige ihrer neoreligiösen Lehren – etwa von der Macht des positiven Denkens oder von der Hoffnung auf eine Wiedergeburt der Seele – sind längst in die Köpfe und Herzen vieler Kirchenmitglieder eingesickert.

Aber auch wenn die Esoterik die wichtigste religiöse Konkurrenzveranstaltung zu den etablierten Kirchen geworden ist, fragt sich, ob sie deren Hauptaufgaben übernehmen könnte. Denn für eine »öffentliche Religionspflege« ist sie viel zu uneinheitlich und vielgestaltig. »Esoterik« ist ein Sammelbegriff für die unterschiedlichsten neoreligiösen und abergläubischen, spirituellen und spiritistischen, meditativen und therapeutischen Bewegungen. Diese bilden zwar gelegentlich Gemeinschaften. So sammeln sich um Meditationslehrer und Therapeuten oder auch im Umkreis von spezialisierten Buchhandlungen kleinere Gemeinden, Freundeskreise und Szenen. Aber eine feste Gemeinschaft, die verläßlich, dauerhaft und umfassend das eigene religiöse Thema bearbeitet und in die Öffentlichkeit trägt, kann hier nicht entstehen. Die Esoteriker bilden keine Kirche und wollen das auch gar nicht. Sie errichten keine Sakralgebäude, die das Stadtbild prägen würden. Sie feiern keine Feste, die große Bevölkerungskreise anstecken würden. Sie haben keine Repräsentanten, die sich öffentliches Gehör verschaffen würden. Sie betreiben keine diakonischen Einrichtungen, die konkrete Nächstenliebe praktizieren würden. In keiner politischen, sozialen, ethischen oder kulturellen Debatte von Bedeutung treten sie auf. Ihre Unfähigkeit und Unwilligkeit, sich in einer größeren Institution zu organisieren, ist eine erhebliche soziale Schwäche. Die berufsmäßigen Esoteriker beschränken sich auf die Produktion von Seelenbalsam, den ihre Kunden dann individuell oder in lockeren Kleingruppen auftragen können. Aber die Bevölkerung insgesamt kommt für sie nicht in den Blick. Man sollte sich also von den Umsatzzahlen ihrer Bücher und Spiritualitätsgeräte sowie vom Zulauf zu ihren Seminaren nicht dazu verleiten lassen, ihre soziale Bedeutung zu überschätzen. Denn gleichgültig, wie man nun die Esoterik inhaltlich beurteilt, ob man in ihr eine neue Religion oder nur eine religiöse Ersatzdroge für Hysterikerinnen und Hysteriker sieht, wird man sagen müssen, daß sie zwar mit Blick auf Heilungs- und Erlösungshoffnungen eine ernsthafte Konkurrentin der Kirchen ist, aber in sozialer und kultureller Hinsicht keine echte Alternative zu ihnen darstellt.

Volkskirche in der Minderheit

Als das Ende der Staatskirche abzusehen war, stellte sich die dringliche Frage, was denn an ihre Stelle treten sollte. Die große Mehrheit der deutschen Theologen und Kirchenführer entschied sich dagegen, nun die Kirche in eine Freikirche umzuwandeln, und dies aus guten Gründen. Der bedeutendste Theologe des aufgeklärten Protestantismus, Friedrich Schleiermacher (1768–1834), hatte für den neuen Typ von Kirche, der zwischen der Staatskirche und der Freikirche einen dritten Weg darstellen sollte, den passenden Namen gefunden: Volkskirche. Die Volkskirche unterscheidet sich von der Staatskirche dadurch, daß sie sich nicht mehr als Teil des staatlichen Herrschaftssystems begreift, sondern den Prinzipien der Religionsfreiheit sowie der Unterscheidung von Staat und Kirche verpflichtet ist: Die Mitgliedschaft in ihr ist freiwillig und die Grenzziehung zwischen der geistlichen und der weltlichen Sphäre eindeutig. Die Volkskirche ist nach innen und außen frei. Von der Freikirche jedoch unterscheidet sie sich dadurch, daß sie keine »Winkelkirche« sein will, das heißt, daß sie sich nicht auf die kleine Schar der besonders Frommen, die religiöse Elite oder was sich dafür hielt, begrenzen möchte. Vielmehr soll sie eine Kirche für das ganze Volk sein. Sie sieht ihre Aufgabe darin, weit über die eigenen Gemeindegrenzen hinaus die christliche Religion öffentlich sichtbar zu halten sowie soziale und kulturelle Aufgaben für die gesamte Gesellschaft wahrzunehmen. Die Volkskirche steht also für ein ebenso einleuchtendes wie anspruchsvolles Programm: Sie will sich die gesellschaftliche Weite erhalten, welche die Staatskirche naturgemäß besaß, und sich zugleich, so wie die Freikirchen, auf bloße Freiwilligkeit gründen. Sie soll – eigentlich ein Widerspruch in sich – eine große, die gesamte Gesellschaft durchdringende Institution der Freiheit sein.

Um dies sein zu können, mußte sich die Kirche zunächst innerlich verändern. Sie konnte sich nicht mehr als geschlossene Heilsanstalt verstehen, sondern mußte elastischer werden. Sie mußte sich öffnen für unterschiedliche Stile der Frömmigkeit, Ausrichtungen der Theologie und Formen der Beteiligung. Sie mußte den verschiedensten Richtungen und Personengruppen ein Heimatrecht anbieten: den Gelegenheitsbesuchern ebenso wie den Hochengagierten, den Frommen wie den Sozialbewegten, den Bekenntnistreuen wie den spirituellen Grenzgängern. Das führte natürlich immer wieder zu scharfen inneren Auseinandersetzungen, etwa über die Geltung der alten Bekenntnisse oder den politischen Aktivismus einiger kirchlicher Gruppen. Aber nur indem die Kirche diese Auseinandersetzungen zuließ und bearbeitete, konnte sie sich die Weite und Offenheit erhalten, die sie brauchte, um das ganze Volk anzusprechen.

Die Volkskirche sieht sich einem Auftrag verpflichtet, der die Grenzen des unmittelbar Kirchengemeindlichen überschreitet. Dieser Anspruch hing im 19. Jahrhundert (und hängt auch heute) nicht von der Anzahl ihrer Mitglieder ab, also davon, ob die Volkskirche tatsächlich das ganze Volk oder zumindest seine große Mehrheit umfaßt. Der Anspruch, eine Volkskirche zu sein, hat vielmehr eine bestimmte innere Haltung zur Voraussetzung, nämlich den Willen, kein exklusiver

Dienstleistungsbetrieb für die besonders Überzeugten zu sein, und die innere Verpflichtung, die übrigen, religiös weniger durchglühten Mitmenschen nicht einer religionslosen Moderne zu überlassen.

In diesem Sinn lebt auch die Volkskirche davon, daß ihr weite Teile der Verantwortung für das religiöse Leben übertragen, also an sie delegiert werden. Darin unterscheidet sie sich nicht von der alten Staatskirche. Doch während früher dieses Delegieren der Glaubensverantwortung für den einzelnen immer auch ein Verlust an individueller Freiheit bedeutete – denn damit lag die Entscheidungsbefugnis über Glaubensfragen allein beim kirchenamtlichen Apparat –, so wurde das Delegationsprinzip nun zu einer Voraussetzung religiöser Freiheit. Denn indem die distanziert-loyalen Kirchenmitglieder diese Delegation aussprechen, gewinnen sie Abstand von der Kirche, ohne den Bezug zur ihr zu verlieren. Sie können sich abseits halten, sind in der Kirche aber stets willkommen. Sie können ihr Engagement ruhen lassen und jederzeit wieder aufnehmen. Sie können, aber sie müssen nicht. Wie oft und wie stark sie sich am Leben ihrer Kirche beteiligen, hängt ganz allein von ihnen selbst ab. Darin sind die Volkskirchen freier als manche Freikirchen, die viel höhere Erwartungen an ihre Mitglieder stellen und durch einen gewissen Sozialdruck dafür sorgen, daß diese erfüllt werden.

Damit das Delegationsprinzip aber dauerhaft funktionieren kann, muß es natürlich zumindest bei herausgehobenen Anlässen unterbrochen werden. Man kann nicht immer nur delegieren. Man muß gelegentlich auch partizipieren. Sonst löst sich die innere Bindung an die kirchliche Institution auf, an die man seine religiöse Verantwortung delegiert hat. Eine solche Mindestform der Partizipation kann schon der alljährliche Besuch eines Weihnachtsgottesdiensts oder die Taufe eines neuen Familienmitglieds sein. Hier kann der Rest an kirchlicher Verbundenheit, den man verspürt, so bekräftigt und gefestigt werden, daß man weiterhin und guten Gewissens die Verantwortung für das religiöse Leben an die Kirche abtritt – und selbst in der Kirche bleibt. Solche vergleichsweise kleinen Anlässe können zudem denjenigen, die ausgetreten sind, den Impuls geben, sich der Kirche erneut anzunähern oder gar ihr wieder beizutreten.

Da aber die Austritte die Wiedereintritte immer noch übersteigen, stellt sich die grundsätzliche Frage, ob die Volkskirche überhaupt noch gewollt ist und gebraucht wird. Diese Frage kann man in zwei Unterfragen aufgliedern: Braucht der einzelne Gläubige die Kirche? Und: Braucht die Gesellschaft die Kirche? Aus der Perspektive des einzelnen kann man fragen, ob er nicht auch ohne die Kirche glauben könnte. Von der Position der christlichen Kirchen heraus muß man darauf mit einem Ja und einem Nein antworten. Ja, man kann auch ohne Kirche glauben. Denn der Glaube ist zunächst und vor allem ein eigenes inneres Gott-Erleben. Dieses bekommt man nicht automatisch durch die formelle Kirchenzugehörigkeit mitgeliefert. Auch kann der kirchliche Apparat dieses Gott-Erleben nicht stellvertretend für den einzelnen vollziehen. So wie niemand stellvertretend für einen glücklich sein kann, kann auch kein anderer – kein Pastor und kein Papst – stellvertretend für einen glauben.

Doch diesem Ja muß man sogleich ein Nein hinzufügen. Nein, man kann nicht ohne die Kirche glauben, und zwar aus vier Gründen. Erstens ist es eine einfache Lebenserfahrung, daß sich alles, was nicht in eine Institution überführt und eingebunden wird, schnell verflüchtigt. Wenn der Glaube bleiben soll, muß er eine feste Organisation ausbilden. Der Geist, der nur weht, wohin er will, verfliegt. Der Glaube, der sich nicht an eine Kirche bindet, bleibt nicht. Ein Beleg dafür sind die vielen mystischen Bewegungen der Kirchengeschichte. Die meisten von ihnen waren wichtige Inspirationen für ein erneuertes, vertieftes und erfrischtes Glaubensleben. Aber die wenigsten von ihnen hatten eine nachhaltige Wirkung. Denn sie schufen sich keine festen Institutionen, sondern begnügten sich damit, lockere Freundeskreise zu bilden. Die Mystiker taten dies bewußt, weil sie befürchteten, durch eine feste Verkirchlichung die eigene religiöse Lebendigkeit zu verlieren. In der Tat, Institutionalisierung bedeutet immer auch Entfremdung, aber nicht nur. Institutionalisierung bietet auch ein festes Gerüst, das die Gläubigen stabilisiert.

Zweitens entlastet die Kirche den einzelnen Gläubigen. Sie nimmt von ihm die Last, stets und ständig den ganzen Glauben leben und verantworten zu müssen. Sie übernimmt für ihn und in seinem Namen die Aufgabe, den christlichen Glauben in die Öffentlichkeit zu tragen und an die folgenden Generationen weiterzugeben. Sie hält den religiösen Betrieb aufrecht und gewährleistet eine verläßliche geistliche Versorgung und nachhaltige Religionspflege. Sie leistet in seinem Namen soziale Dienste, die das Gebot der Nächstenliebe praktisch umsetzen.

Drittens bindet die Kirche den einzelnen Gläubigen in ein größeres Netz ein und verschafft ihm die Möglichkeit, seinen Glauben in Beziehung zu setzen mit dem Glauben anderer. Sie verweist ihn auf eine Kirchengemeinde in seiner Nachbarschaft, die Teil einer Landeskirche ist, welche wiederum Glied einer weltweiten Kirche oder Kirchenfamilie ist. Dadurch wird der Glaube des einzelnen hineingestellt in einen globalen Zusammenhang.

Viertens bietet sich die Kirche dem einzelnen als Inspirationsquelle an, aus der er schöpfen kann, wenn er sich selbst als leer und durstig empfindet. Die Kirche ist wie eine Speisekammer mit geistlicher Nahrung, aus der man sich bedienen kann, wenn die eigenen Seelenvorräte aufgebraucht sind. Die Kirche feiert die Feste, welche die Hauptstationen der christlichen Heilsgeschichte vergegenwärtigen. Sie bewahrt und hütet die Schätze der christlichen Tradition – allen voran die Bibel und die geistliche Musik, die auch heute noch Glauben wecken können.

Aber auch wenn man Gründe dafür anführen kann, warum der einzelne Gläubige die Kirche braucht, ist damit die zweite Frage noch nicht beantwortet, warum die moderne Gesellschaft auf die Volkskirche angewiesen sein sollte. Warum sollte sie nicht auf die liberale Nachfolgerin der Staatskirche verzichten können? Auch hier kann man mit einem Nein und einen Ja antworten. Nein, die moderne Gesellschaft bedarf ebensowenig wie der weltanschauungsneutrale Staat der Volkskirchen. Es ist ja offenkundig, daß die Kirchen im politischen Alltagsgeschäft kaum mehr Einfluß besitzen. Der Staatshaushalt wird ohne sie aufgestellt, die Wirtschaftsförderung braucht ihre Mithilfe nicht, die Außenpolitik kommt ohne kirchliche Handreichungen aus, und öffentliche Verwaltung oder Rechtsprechung haben sich sowieso noch nie um kirchliche Gesichtspunkte geschert. Aber auch die pluralistische Gesellschaft ist nicht unmittelbar auf die Kirchen angewiesen. Das Leben der verschiedenen Schichten, Milieus und Kulturen sowie ihr Miteinander folgt jeweils ganz eigenen Bahnen und benötigt weder im einzelnen noch im allgemeinen der kirchlichen Wegweisung und Unterstützung. Es steht nicht zu befürchten, daß die Gesellschaft ohne die Bindungsmacht Volkskirche auseinanderfallen würde.

Aber auch hier schließt sich an das Nein ein Ja an. Ja, die

moderne Gesellschaft braucht die Volkskirchen, denn sie ist, bewußt oder unbewußt, beständig mit religiösen oder religiös eingefärbten Konflikten belastet. Alle großen Konfliktthemen berühren letzte Fragen. Diese lassen sich nicht mit einem staatlichen Maßnahmenkatalog aus der Welt schaffen, sondern sie brauchen ernsthafte, tiefgründige Antworten, in denen ein förderliches Selbstbild der Gesellschaft Gestalt annimmt, ein gutes Menschenbild, eine ethische Orientierung. Solche Antworten haben immer ein religiöses Profil. Und sie lassen sich gar nicht ohne die – immer noch erstaunlich tief verwurzelte – christliche Prägung Westeuropas formulieren. Wenn diese Prägung aufgedeckt, präzise ins Spiel gebracht und verantwortlich genutzt werden soll, benötigt man eine Institution, welche die christlichen Prinzipien dauerhaft, verläßlich und mit einem Blick für die gesamte Gesellschaft in die Öffentlichkeit trägt, also eine Volkskirche. Die Volkskirche kann eine Plattform sein, die breit genug ist, daß viele, auch nicht-christliche Gesprächspartner hier Platz finden, die aber zugleich ein so spezifisch christliches Profil besitzt, daß sie einen eigenen Gesprächsbeitrag leistet.

Diese Auseinandersetzungen müssen geführt werden, ob es Kirchen – welcher Art auch immer – gibt oder nicht. Sie lassen sich gar nicht vermeiden. Wenn dem aber so ist, dann erscheint es als durchaus sinnvoll, sie mit kirchlicher Beteiligung zu führen. Denn die Volkskirchen wirken mäßigend und integrierend. Sie sind von Grund auf nicht-fundamentalistisch, weil die beständige Suche nach innerem und äußerem Ausgleich zu ihren Hauptfunktionen gehört. Sie haben das Argumentieren gelernt, sind sie doch beständig der Notwendigkeit ausgesetzt, einen Ausgleich zwischen den unterschiedlichen Strömungen und Interessen herbeizuführen, die sie in sich beherbergen. Darin sind die Volkskirchen ein Spie-

gel der pluralistischen Gesellschaft, in der sie existieren. Heiß-
blütigeren Gläubigen mögen sie als unklar und beliebig, als
lau und halbherzig erscheinen. Doch in diesem Mangel
an Entschiedenheit kann man angesichts polarisierender
Eindeutigkeitsapostel und terroristischer Fundamentalismen
auch die Fähigkeit entdecken, sich über Argumente zu verständigen und Kompromisse zu schließen.

Um zu zeigen, wie dringend diese Fähigkeit benötigt
wird, muß man nicht gleich das Schreckensbild des islamistischen Terrors bemühen. Es genügt schon ein Blick über den
Atlantischen Ozean. In den Vereinigten Staaten führt zuletzt
das Fehlen von Volkskirchen und die Stärke der Freikirchen
dazu, daß die Gesellschaft in zwei etwa gleich starke Lager ge-
spalten ist: hier die christliche Rechte, dort die säkulare Linke.
Brücken zwischen beiden Lagern gibt es kaum, so daß beide
ihre Truppen bei den bekannten Streitthemen – Abtreibung,
Sterbehilfe, Schulgebet oder Darwins Evolutionstheorie –
mit vorhersehbarer Regelmäßigkeit und Heftigkeit aufein-
anderstoßen lassen. Den evangelikalen Freikirchen gelingt
es zwar, zu vielen gesellschaftlichen Fragen eindeutige Antworten zu geben. Doch weil sie selten bereit sind, argumen-
tativ Kompromisse zu erarbeiten, schüren sie ein Klima der
Unversöhnlichkeit. In Deutschland sind die Volkskirchen
ein Instrument, das solche Kulturkämpfe erfolgreich verhindert.

Doch was geschieht, wenn die quantitative Basis der
Volkskirchen bröckelt, die Mitgliederzahlen weiter sinken
und die finanziellen Ressourcen auslaufen? Auch dann darf
die Konsequenz nicht sein, daß die Kirchen sich in einen
frommen Winkel zurückziehen. Sie müssen sich weiterhin
als Volkskirchen verstehen, wenn auch als Volkskirchen in der
Minderheit. Denn nur so können sie dem einzelnen Gläubi-

gen wie der Gesellschaft von Nutzen sein. Die Volkskirchen – die evangelische und die katholische – sind in Deutschland auch weiterhin ohne echte Alternative, was freilich natürlich nicht bedeutet, daß jedermann sich genötigt sehen müßte, einer von ihnen selbst angehören zu wollen.

KAPITEL 5

Bewahren oder aufgeben
Über Kirchenbauten und Kirchenschließungen

DIESE AUFREGUNG in der Nachbarschaft, seit Wochen schon erhitzt das Thema die Gemüter. Man konnte sich ihm gar nicht entziehen. Das kleine Wochenblatt hatte es in den letzten Ausgaben stets auf seiner Titelseite, gefolgt von langen Berichten und vielen aufgeregten Leserbriefen. Auch die Tageszeitung der Stadt und selbst das Regionalfernsehen kamen nicht mehr an diesem Thema vorbei. Alle Artikel und Interviews, alle Nachrichten und Sendebeiträge wurden im Viertel gierig aufgesogen und leidenschaftlich diskutiert. Selbst das kleine Blättchen der Kirchengemeinde wurde voller Ungeduld erwartet und aufmerksam Zeile für Zeile gelesen.

Gab es neue Hinweise auf das, was mit der Kirche im Quartier werden würde? War eine endgültige Entscheidung über ihr Schicksal getroffen worden? Oder hatte man wieder einmal alles verschoben, neue Gutachten und Angebote angefordert, die Sache an andere Gremien verwiesen und die letzte Klärung verzögert? Was sollte denn nun werden mit dieser Kirche? Sollte sie bleiben oder nicht? Und was dann? Würde man sie einfach so stehen- und verfallen lassen? Oder würde man sie verkaufen? Aber an wen? Wer würde eine Kirche kaufen und mit welcher Absicht? Was würde er aus diesem Haus machen: ein Restaurant, einen Supermarkt, ein Bürogebäude, eine Autowerkstatt? Wäre es nicht besser, sie abzureißen, dem Erdboden gleichzumachen? Aber wo sollten dann der Kindergarten und die Beratungsstelle hin, die bisher in ihren Nebengebäuden untergebracht waren?

Wo man hinkam in diesen Wochen, es wurde über diese Fragen gesprochen. Jeder hatte eine Meinung dazu, niemanden ließ die Sache kalt. Wer zum Kern der Kirchengemeinde zählte oder gar dem Kirchenvorstand angehörte, war plötzlich eine gefragte Person. Alle wollten Auskunft über die neuesten Entwicklungen. Zweifellos, die Angelegenheit wühlte die Leute im Viertel auf. Sie brachte vieles an die Oberfläche, was längst versunken und untergegangen schien. Die Gespräche, die man im Treppenhaus mit den alten Damen vom dritten und vierten Stock führte, drehten sich nicht mehr um unverfängliche Dinge wie das Wetter und altersbedingte Unpäßlichkeiten, sondern nahmen abrupte Wendungen ins Religiöse. Alte, verschüttete Erinnerungen wurden einem präsentiert von Taufen und Hochzeiten, Weihnachtsgottesdiensten im Nachkriegselend und Trauerfeiern für Familienangehörige. Auch jüngere Nachbarn brachen ohne Bedenken das stille Einverständnis, daß man über Glaubensdinge nicht spricht, schon gar nicht in der Öffentlichkeit, und legten ungefragt davon Zeugnis ab, was ihnen die Kirche bedeutete, was sie in ihr erlebt, welche Lieder sie dort gelernt und gesungen hatten und wie wichtig es ihnen war, daß ihre Kinder dort in den Kindergarten und die Kinderkirche gingen.

Erstaunlich, daß für viele Nachbarn der unscheinbare Sakralbau am Ende der Straße immer noch »unsere Kirche« war. Einem Ortsfremden wäre sie beim Gang durch das Viertel kaum aufgefallen. Und wenn, dann hätte dieser Fünfzigerjahre-Bau ihm nur ein Schulterzucken abverlangt. Von außen sah sie wirklich nach nichts aus. Auf den ersten Blick unterschied sie sich nur wenig von einer Turnhalle: ein hohes, klotzartiges Gebäude aus vergilbtem Backstein und mit Fenstern aus stumpf-milchigen Glasbausteinen. Nur der Turm, der separat vor ihrem Eingang stand, setzte ein architektonisches Signal und meldete den Anspruch an, daß es sich bei diesem Haus um etwas Besonderes handelte. Aber auch der Turm hatte nichts Anziehendes. Er war nur ziemlich hoch. Aber er zog die Blicke nicht in die Höhe. Er wirkte bloß wie ein überlanger, hochgestellter Bauklotz: viereckig, gerade, Beton und Backstein. Nicht einmal eine Spitze hatte er.

Daß sie innen durchaus etwas zu bieten hatte, wäre Passanten nicht in den Sinn gekommen. Die äußere Hülle allein hätte nie dazu verführt, den Eingang zu suchen und einzutreten. In all den Jahren, in denen man nun schon neben dieser Kirche wohnte, hatte man überhaupt nur sehr selten größere Menschenmengen hinein- oder hinausgehen sehen. Einmal – man konnte sich nicht mehr recht daran erinnern, wann das gewesen war und was einen dazu getrieben hatte – war man selbst hineingegangen. Der Innenraum hatte einen gewissen, wenngleich recht herben Reiz. Seine asketische Nacktheit und seine kühle Helligkeit schienen einer ganz anderen Zeit und Geisteshaltung zu entstammen. Sie hätten einen beeindrucken können, wäre der Eindruck nicht so niederschmetternd gewesen, den die Gottesdienstgemeinde hervorrief.

Der Begriff »Gemeinde« wollte gar nicht zu den vereinzelten Besuchern passen, die dort zum Gottesdienst versammelt waren: Zehn, zum Teil sehr alte Menschen, die weit voneinander entfernt jeder allein auf seiner Kirchenbank saßen, als ob sie Angst hätten, sich bei den anderen mit irgendeiner Krankheit anzustecken. Vorn am Altar stand einsam und allein ein Pastor. Er wußte ganz offenkundig nicht, wohin er schauen und sprechen sollte. Überhaupt schien er sich darüber sehr unschlüssig zu sein, was er hier eigentlich wollte. Anders ließ es sich nicht erklären, daß er so starr sein liturgisches Programm durchzog, Wechselgesänge anstimmte, die kein Echo fanden, Gebete sprach, die seltsam automatisch klangen, und eine Predigt verlas, die gerade weil sie so ordentlich vorbereitet war und sauber von einem theologischen Allgemeinplatz zum nächsten führte, einen ganz und gar hilflosen Eindruck machte. Wie er so predigte, wirkte er nicht wie ein Mensch, der andere Menschen erreichen wollte, sondern nur wie ein funktionsloser Amtsträger, der Angst hatte, sich etwas zuschulden kommen zu lassen, und der deshalb seine Sache besonders vorschriftsmäßig abspulte. Irgendwann erreichte er das rettende »Amen«, das war fast eine Erlösung für ihn und die anderen. Der Organist spielte wieder laut dröhnend los. Er hatte alle Register gezogen und gab akustisch Vollgas, um den kläglich-verlorenen Gesang der wenigen, schwachen und alten Stimmen im Saal zu übertönen. Dann sollte das Abendmahl gefeiert werden. Aber da hatte man sich davongemacht.

Mit Veranstaltungen dieser Art würde nun Schluß sein. Die Gemeinde hatte sich wegen der großen Finanznot mit der Nachbargemeinde zusammengeschlossen. Und der Kirchenvorstand der neuen, fusionierten Gemeinde hatte sich vor die Wahl gestellt gesehen, eines der beiden Kirchgebäude aufzugeben. Nach einem langwierigen Hin und Her, unendlichen Beratungen und ungezählten Sitzungen hatte er sich gegen die kleine Quartierskirche entschieden. Eigentlich ein folgerichtiger, gut begründeter Schritt. Weder in gottesdienstlicher noch in architektonischer oder städtebaulicher Hinsicht war das ein großer Verlust. Aber plötzlich war vielen in der Nachbarschaft wieder eingefallen, daß dies doch »unsere Kirche« war, die geschlossen werden sollte. Menschen, die schon seit Ewigkeiten nicht mehr hingegangen waren, wandten sich in Protestbriefen an den Kirchenvorstand und die Medien. Selbst Nachbarn, die schon vor Jahrzehnten aus der Kirche ausgetreten waren, machte die geplante Schließung wütend. Eine Bürgerinitiative bildete sich. Man verfaßte Eingaben an den Bezirk und redete auf die Kommunalpolitiker ein. Man bannte seinen Prostet auf große Plakate und befestigte sie an der Kirche. Es herrschte Empörung. Wie können die nur! Denken auch nur ans Geld! Wollen uns unsere Kirche wegnehmen! Ist denn selbst den Kirchenleuten nichts mehr heilig?

Wütende Spekulationen wurden angestellt über das, was nun kommen würde. Ein Edel-Restaurant sollte anstelle der Kirche einziehen. Aus der Nachbarschaft würde da wohl keiner essen gehen können. Gibt es nicht schon genug verrückte locations, wo die Yuppies sich versammeln können? Und wo sollen die alle parken!? Man findet ja hier schon selbst keinen Parkplatz mehr. In eilig einberufenen Nachbarschaftstreffen ging es hoch her. Ein Boulevard-Blatt goß Öl ins Feuer und meldete, daß hier bald eine richtige Lasterhöhle entstehen würde.

Aber es geschah erst einmal gar nichts. Kein Abrißbagger wurde vorgefahren. Die Kirche stand immer noch da. Doch sie wirkte noch einsamer und entleerter als zuvor. Äußerlich war sie intakt. Keine Zeichen des Verfalls, keine Spuren von Vandalismus. Abends, nach der Arbeit führte der Heimweg an ihr vorbei. Dunkel lag sie da. Kein Licht leuchtete hier mehr. Das wirkte nicht unheimlich, aber sehr traurig. Der Anzeigenkasten war leer. Die Protestplakate klebten regennaß und windzerzaust an den ausgekühlten Wänden. Ein verwaistes Haus, von allen guten Geistern verlassen.

Wieder vergingen Tage. Dann erschien eines Sonntagmorgens eine große Menge vor der Kirche. Aus allen Richtungen kamen sie, die meisten von ihnen schwarz gekleidet. Manche mit Tränen in den Augen, andere rauchten hastig noch eine Zigarette, kaum jemand sprach. Pastoren gingen von einem zum anderen und drückten so viele Hände, wie sie nur konnten. Es war wie vor einer Beerdigung. Heute würde die Kirche offiziell aufgegeben, außer Gebrauch genommen, entwidmet. Offenkundig ein großer Tag. Die Zeitungen hatten es angekündigt. Fernsehteams waren eingetroffen, und Radioreporter suchten nach O-Tönen. Der Bischof wurde vorgefahren.

Ein letztes Mal riefen die Glocken zum Gottesdienst. Sie gaben ihre Abschiedsvorstellung und klangen dabei überraschend hell. Die Gemeinde strömte und drängte hinein. Es war so voll wie zu Weihnachten. Um die Wahrheit zu sagen, keiner der Weihnachtsgottesdienste der vergangenen Jahre war so gut besucht gewesen wie dieser Entwidmungsgottesdienst. Die ganze Nachbarschaft war gekommen. Es war wie bei der Beerdigung eines jungen Menschen, der noch im Leben gestanden hatte, dessen Tod Nachbarn, Kollegen und selbst entfernte Bekannte erschüttert und wirklich traurig gemacht hatte, weil selbst diejenigen, die ihn nur flüchtig gekannt hatten, wußten, daß er ihnen fehlen würde. Unwiederbringlich.

Ein großer Chor sang große Musik. Die Pastorin begrüßte die Gemeinde mit stockender Stimme. Das Eingangsgebet konnte sie nur unter Tränen sprechen. Es ging ein Schluchzen durch den Raum. Aber es mündete in einen erstaunlich vollen Gemeindegesang. Es folgte eine lange Litanei aus Erinnerungen und Klagen, vorgetragen von unterschiedlichen Gemeindegruppen. Ein scharfer Ton kam auf. Echte Wut machte sich Luft. Anklagen standen unaufgelöst im Raum. Dann die Predigt des Bischofs, lang, ehrlich und irgendwie ratlos. Was sollte er schon sagen? Aber immerhin, er zeigte seine Schwäche und teilte die Traurigkeit der Gemeinde. Als er geendet hatte und von der Kanzel herabstieg, merkte man ihm eine zutiefst erschöpfte Erleichterung an. Der Kinderchor trat nach vorn und sang mit dünnen Stimmen ein Lied darüber, daß man Gott vertrauen soll. Dann löschte die Pastorin die Altarkerzen. Kirchenvorsteher traten nach vorn, und der Bischof übergab ihnen die sakralen Gerätschaften: die Altarbibel, die Osterkerze, die Taufschale, das Abendmahlsgeschirr. Nach dem Segen zogen alle hinaus. Draußen bildete sich ein langer Prozessionszug, der die heiligen Geräte in die Nachbarkirche tragen sollte. Denn dort sollte in Zukunft das gemeindliche Leben weitergehen und der Gottesdienst gefeiert werden. Es dauerte, bis der Prozessionszug seine Ordnung gefunden hatte: die Kirchenvorsteher zuerst, dann der Bischof mit den Pastoren, schließlich die Gemeinde. Ein langer, stiller Zug. Endlich setzte er sich in Bewegung. Zurück blieb ein leeres Haus.

Kirchenschließung –
evangelische und katholische Wege

Es ist manchmal schon seltsam, wie wenig die öffentliche Wahrnehmung der beiden großen Kirchen mit ihrer wirklichen Lage übereinstimmt. Natürlich, es ist ein Kennzeichen der modernen Mediengesellschaft, daß veröffentlichte Bilder eine Wirklichkeit eigener Art erschaffen. Daran hat man sich bereits fast gewöhnt. Aber gelegentlich ist es schon erstaunlich, wie wenig sie mit dem tun haben, was tatsächlich der Fall ist. Das zeigt sich besonders bei einem zentralen Thema des ganz normalen Kirchenalltags. Dieses Thema hat gar nichts Glamouröses an sich. Es wird darum von den überregionalen Medien wenig wahrgenommen. In den Feuilleton-Debatten wird es kaum erwähnt. Dabei wirft es wie kein anderes ein Schlaglicht auf die gegenwärtige religiöse – und kulturelle – Lage in Deutschland. Die Rede ist von den Kirchenschließungen.

Die freie Internet-Enzyklopädie Wikipedia hält einen sehr aufschlußreichen Artikel darüber bereit. Er ist sicherlich keineswegs vollständig, aber doch erstaunlich gut recherchiert. Einseitig ist er an der katholischen Kirche interessiert und streift die evangelische Kirche nur mit einem Seitenblick. Aber gerade dadurch gelingt es ihm, die handelsüblichen Klischees durcheinanderzuwirbeln und die gewohnten Wahrnehmungsmuster auf den Kopf zu stellen. Als normaler Medienkonsument hätte man wahrscheinlich gedacht, daß es vor allem die Protestanten sind, die ihre Kirchen aufgeben, verkaufen, umnutzen oder abreißen. Wer jedoch bei www.wikipedia.de nachschlägt, bekommt den genau gegenteiligen Eindruck. Dort werden über Seiten hinweg diejenigen Kirchen aufgelistet, die von der katholischen Kirchenleitung geschlossen oder zur Disposition gestellt worden sind. Dagegen werden im direkten Vergleich nur wenige evangelische Kirchen genannt. Das Verhältnis zwischen katholischen und evangelischen Kirchen auf dieser Abschußliste ist ungefähr zehn zu eins.

In mehreren offiziellen katholischen Verlautbarungen hieß es, man gehe davon aus, daß der Anteil von Kirchgebäuden, die in Zukunft nicht mehr für den Gottesdienst benötigt würden, unter drei Prozent liege. Doch der Blick auf einzelne Bistümer weist schon seit langem in eine andere Richtung. Im Bistum Aachen schätzt man, daß etwa 120 Kirchen und Kapellen aufgegeben werden. Im Bistum Essen sind es über einhundert Kirchen, das heißt gut ein Drittel. Man muß dies wiederholen: Gut ein Drittel aller Kirchgebäude in diesem Bistum soll aufgegeben werden. Das Erzbistum Hamburg hat beschlossen, die Zahl der Gemeinden zu halbieren. Das ist zunächst nur eine Entscheidung über die Struktur der Gemeindearbeit. Aber man kann schon jetzt absehen, daß sie zwangsläufig erhebliche Folgen für die Anzahl der verbleibenden Kirchgebäude haben wird. Denn indem man mehrere Gemeinden zusammenlegt und eines der Kirchgebäude zum neuen gottesdienstlichen Mittelpunkt bestimmt, stellt man die übrigen zur Disposition. Ihre Schließung ist zwar nicht notwendig. Aber die Devise ist ausgegeben worden, daß nur noch die zentralen Pfarrkirchen mit Kirchensteuermitteln rechnen dürfen.

Die evangelische Kirche macht im direkten Vergleich einen sehr viel vorsichtigeren, wenn nicht zögerlicheren Eindruck. Dabei steht sie unter dem gleichen Entscheidungsdruck. Sie sieht sich denselben sachlichen Zwängen ausgesetzt wie die katholische Kirche. Aber sie hat noch keine großflächigen Planungen ausgearbeitet. Sicherlich wird es in dem einen oder anderen Kirchenamt Vorstellungen darüber geben, wie viele und welche Kirchen man in den kommenden zehn Jahren wird aufgeben müssen. Doch solche Prognosen lassen sich nicht in einen Masterplan gießen, den man dann auf dem Verordnungswege umsetzen könnte. Auf evangelischer Seite wird lediglich von Fall zu Fall entschieden – und auch dies nur nach sehr langen, verschlungenen Beratungswegen. So ist es bisher zu vergleichsweise wenigen Kirchenschließungen gekommen.

Hamburg gibt dafür ein gutes Beispiel ab. Die Hansestadt weist eine deutlich unterdurchschnittliche Kirchenmitgliedschaft auf. Nur noch etwa 33 Prozent ihrer Bewohner gehören der evangelischen Kirche an. Zugleich aber gibt es hier eine ungewöhnliche Kirchendichte. In manchen Stadtteilen kann man bei einem kürzeren Spaziergang an einem Dutzend Kirchen vorbeigehen. Der Satiriker Max Goldt hat einmal in einer seiner Kolumnen beschrieben, wie er vom Fenster seiner Hamburger Wohnung aus acht Kirchtürme sehen konnte, um trocken anzufügen: »Auch dies ist Lebensstandard.« Es ist offenkundig, daß sich dieses eng geknüpfte Netz von Kirchgebäuden so nicht halten läßt. Doch bisher ist lediglich etwa ein Dutzend Kirchen geschlossen worden. Bei einigen von ihnen fiel die Entscheidung leichter, weil sie erhebliche Bauschäden aufwiesen. Eine Renovierung wäre nicht zu bezahlen gewesen. Bei anderen war die finanzielle Lage der Gemeinden so katastrophal, daß schon der Bauunterhalt und der Betrieb nicht mehr möglich sind. Bei anderen wiederum bedurfte es langwieriger Diskussionen in vielen verschiedenen Gremien, bevor es zu einer – dann immer noch höchst umstrittenen – Entscheidung kam. Genau dies steht vielen evangelischen Gemeinden in Hamburg noch bevor. Denn jedem nüchtern-unbeteiligten Beobachter dürfte schnell deutlich werden, daß es hier zu einer ganzen Reihe weiterer Kirchenschließungen kommen wird. Aber welche Kirche es wann treffen wird, ist vielerorts noch nicht in Sicht.

Die Gegenüberstellung von katholischen und evangelischen Kirchenschließungen verblüfft. Man könnte meinen, daß die katholische Kirche zurückhaltender und die evangelische Kirche entschlossener handeln würde. Denn eigentlich sagt die katholische Theologie, daß Kirchgebäude heilige Räume sind. Sie sind geweiht und durch diese Weihe sakrosankt, also dem Bereich des Profanen entnommen und jedem weltlichen Zugriff entzogen. Sie sind ein Stück Gegenwelt, das eigentlich nicht zur Disposition stehen dürfte. Und die evangelische Theologie sagt eigentlich, daß Kirchgebäude bloße Funktionsräume sind. Sie sind nicht geweiht, nicht heilig an sich, sondern allein deshalb von religiöser Bedeutung, weil sich in ihnen Menschen zum Gottesdienst versammeln. Das ist ihr Zweck, aus dem sie ihre Existenzberechtigung gewinnen. Sollten sie diesen ihren Daseinszweck nicht mehr erfüllen, müßte man sie ohne weiteres aufgeben können. Martin Luther hat dies 1522 in bewußt pietätloser Unverblümtheit ausgesprochen: Der einzige Grund für einen Kirchbau sei, daß »die Christen zusammenkommen mögen, beten, Predigt hören und Sakrament empfangen. Und wo diese Ursache aufhört, sollte man dieselben Kirchen abbrechen, wie man es bei allen andern Häusern tut, wenn sie nicht mehr von Nutzen sind.« Eigentlich also sollte die evangelische Kirche in der Lage sein, sich leichten Herzens von überzähligen Kirchgebäuden, die sie nicht mehr nutzen und deren Erhalt sie nicht mehr bezahlen kann, zu trennen. Und eigentlich müßte sich die katholische Kirche besonders verpflichtet fühlen, ihre Sakralbauten zu erhalten. Doch offenkundig hat das theologische »Eigentlich« wenig Gewicht, wenn es darum geht, praktische Probleme zu lösen. Es scheint, daß bei den Kirchenschließungen Theorie und Praxis auseinandergehen.

Ein Grund für das unterschiedliche Verhalten der beiden Kirchen liegt natürlich in ihrer gegensätzlichen Organisationsform. Katholische Bischöfe haben die Möglichkeit, relativ unbedrängt Planungen anzustellen und durchzusetzen. Die einzelnen Gemeinden, die Pfarrer und Pfarrgemeinderäte dagegen besitzen vergleichsweise geringe Befugnisse. Bei allen wesentlichen Fragen, bei allem, was Finanzen und Gebäude angeht, müssen sie sich den Vorgaben ihrer Vorgesetzten fügen.

Ganz anders ist es in der evangelischen Kirche. Hier genießen die Kirchengemeinden eine weitgehende rechtliche Autonomie. Sie können über ihren Haushalt und ihren Gebäudebestand relativ eigenständig entscheiden. Eine Kirche schließen kann nur der betroffene Kirchenvorstand selbst. Der Kirchenkreis als die nächsthöhere Leitungsebene kann so viele Strukturreformen und Konsolidierungsstrategien konzipieren, wie er will. Er kann mit besten Gründen nachweisen, daß der Erhalt und Betrieb bestimmter Kirchgebäude nicht mehr zu finanzieren und auch nicht mehr sinnvoll ist. Wenn der betroffene Kirchenvorstand, die Pastoren und Ehrenamtlichen vor Ort, nicht selbst dazu bereit sind, kann der Kirchenkreis nichts unternehmen. Er kann nur für seine Konzepte werben, gewisse Anreize schaffen und in mühseliger Gremienarbeit dort einen Konsens suchen, wo es nur selten einen echten Konsens geben kann. Dadurch gerät die evangelische Kirche natürlich an den Rand der Handlungsunfähigkeit. Eine gesamtstädtische Planung und eine weiträumig konzipierte Konsolidierung kirchlicher Arbeit sind so nicht möglich. Auf der anderen Seite verhindert die strukturelle Führungsschwäche der evangelischen Kirche, daß – von Unternehmensberatern vorgelegte – übereilte Sparmaßnahmen rücksichtslos durchgedrückt und Kirchen nach bloßer Kassenlage dichtgemacht werden.

Kirche in der Nähe

Die katholische und die evangelische Kirche gelten neben dem Staat als die größten Immobilienbesitzer in Deutschland. In jedem Stadtteil, in jedem Dorf steht eine Kirche. Meist kommen noch ein Pfarr- und Gemeindehaus hinzu. Und dies ist nicht nur ein Relikt aus fernen, längst vergangenen staatskirchlichen Zeiten. Wird heutzutage ein neuer Stadtteil geschaffen, sorgen die Planer wie selbstverständlich dafür, daß ein zentraler Ort für einen Kirchbau bereitgehalten wird. Auch wenn gegenwärtig überall von Kirchenschließungen zu hören und zu lesen ist, sollte man nicht den Kirchbau-Boom der vergangenen einhundertfünfzig Jahre vergessen, der in der Geschichte des Christentums ohne Beispiel ist. Das späte 19. und das 20. Jahrhundert waren keineswegs nur von Säkularisierung, Glaubensschwund, Kirchenkritik und Massenaustritten geprägt, wie man gemeinhin annimmt. Vielmehr war dies eine Zeit, in der die Kirchen zumindest architektonisch einen ungekannten Aufschwung nahmen.

Ende des 19. Jahrhunderts hatten Industrialisierung, Bevölkerungswachstum, Landflucht und Verstädterung Deutschland grundlegend verändert. Die Städte waren explosionsartig gewachsen. Kirchliche Arbeit wurde da fast ein Ding der Unmöglichkeit. Besonders deutlich zeigte sich dies in Berlin. Gemeinden mit mehr als 50 000 »Seelen«, Konfirmandenjahrgänge mit mehreren hundert Jugendlichen waren keine Seltenheit. Doch die ersten, die auf die Kirchennot reagierten, waren nicht die Gemeinden oder die Kirchenleitung, sondern der sozialkonservative Hofprediger Adolf Stoecker und Kronprinz Wilhelm. Sie riefen eine Kirchbaubewegung ins Leben, der es gelang, in vergleichsweise kurzer Zeit zahlreiche neue Sakralgebäude zu errichten und Gemeinden zu gründen. Dabei lag ihnen nicht nur das Seelenheil der urbanen Massen am Herzen. Sie hatten auch ein politisches Ziel vor Augen: Die Kirchbauten sollten den entwurzelten Arbeitern eine neue Heimat bieten und sie dem Einfluß der Sozialdemokratie entziehen – eine Rechnung, die bekanntlich nicht aufging. Aber zumindest die architektonische Bilanz war beeindruckend. Unter der Führung des erzkonservativen Hofmarschalls Freiherr von Mirbach, im Volksmund »Glockenaugust« genannt, hatte der Kirchbauverein 1890 seine Arbeit aufgenommen. Bis zum Ausbruch des Ersten Weltkriegs im Jahr 1914 gelangen ihm allein in Berlin 75 evangelische Kirchbauten. Hinzukamen zahlreiche Umbauten und Erweiterungen älterer Gebäude. Zum Vergleich: von 1800 bis 1890, als Industrialisierung und Urbanisierung in Berlin längst im Gange waren, brachte man es nur auf 27 neue Kirchbauten. Diese Baufreude löste nicht nur Bewunderung, sondern auch Spott aus. So erzählte man sich im damaligen Berlin folgenden Witz: »Ein Straßenjunge hat neulich einem Glatzkopf, der den Hut zog, zugerufen: ›Nehmen Sie sich in acht, alter Herr, wenn Mirbach den freien Platz auf Ihrem Kopf sieht, baut er Ihnen eine Kirche dahin.‹«

Ein halbes Jahrhundert später, nach dem Zweiten Weltkrieg, folgte ein weiterer Schub. Die zerbombten Städte mußten wiederaufgebaut werden, Heerscharen von Flüchtlingen und Vertriebenen mußten angesiedelt werden. Die traumatisierte und ideologisch vergiftete Gesellschaft sollte ein neues Leben beginnen. Bei alldem sollten die evangelische und die katholische Kirche mithelfen. Zerstörte Kirchen wurden wiederaufgebaut, und von bestehenden Kirchengemeinden aus wurden Töchtergemeinden mit neuen Kirchgebäuden errichtet. So entstand ein eng gesponnenes Netz, das eine bisher nie gekannte flächendeckende und lückenlose religiöse Versorgung gewährleistete. Besonders augenfällig gelang dies in Hamburg. Hier wurde das Konzept der »überschaubaren Gemeinde« verfolgt: Kein Hamburger sollte mehr als zehn Minuten bis zur nächsten Kirche gehen müssen. So wurden in den Nachkriegsjahren fast ebenso viele Kirchen gebaut wie in den 700 Jahren zuvor. Die neu entstandenen kleinen Gemeinden sollten denen, die im Krieg ihr Zuhause verloren hatten, eine neue Heimat geben, denjenigen eine neue geistige Orientierung bieten, denen Diktatur und Krieg die religiös-moralische Perspektive geraubt hatten, und allen Nähe und Halt schenken, die sich in der modernen Großstadt einsam und unsicher fühlten. Das Konzept war sehr ehrgeizig und blieb nicht ohne Erfolg.

Aber es scheint, daß es der gegenwärtigen Lage nicht mehr entspricht. Der Hauptgrund, der gegen die »überschaubare Gemeinde« spricht, ist finanzieller Natur. Einen so großen Gebäudebestand konnte man nur in einer Epoche außergewöhnlichen Wohlstands aufbauen. Heute, da »Wirtschaftswunder« ein Zauberwort aus einer längst vergangenen Zeit ist, können ihn sich die Kirchen nicht mehr leisten. Um Kirchbauten, aber auch Gemeinde- und Pfarrhäuser langfristig zu erhalten und angemessen zu betreiben, bedarf es entsprechender Einnahmen aus Kirchensteuern. Denn Spenden lassen sich hierfür nur in Ausnahmefällen einwerben. Nun aber haben die Kirchen in den vergangenen zehn Jahren etwa ein Drittel ihrer Einnahmen aus Kirchensteuern verloren, und eine Trendwende ist nicht in Sicht. Man geht vielmehr davon aus, daß die Kirchen in den kommenden dreißig Jahren etwa die Hälfte ihrer heutigen Kirchensteuereinnahmen verlieren werden. Ganz nüchtern betrachtet hat das zur selbstverständlichen Folge, daß die Kirchen sich von einem erheblichen Teil ihres Gebäudebestands trennen müssen. In erster Linie wird es Funktionsgebäude wie Pfarr- und Gemeindehäuser treffen. Erst in zweiter Linie, dann aber unweigerlich, wird es auch an die Sakralbauten gehen.

Der Rückgang der Kirchensteuern hat viele Gründe: Erstens schlägt auch hier die wirtschaftliche Lage in Deutschland, vor allem die Arbeitslosigkeit, zu Buche. Zweitens betreibt die deutsche Finanzpolitik seit längerem eine Umstellung von direkten auf indirekte Steuern. Die Mehrwertsteuer gewinnt an Bedeutung, und die Lohn- und Einkommenssteuer, welche die Basis der Kirchensteuer ist, spielt nicht mehr die Rolle, die sie früher besaß. Drittens wirken sich die Kirchenaustritte der vergangenen Jahre und Jahrzehnte natürlich auf die Kirchensteuern aus. Und viertens führt die demographische Entwicklung dazu, daß es überhaupt weniger Kirchenmitglieder als früher gibt und somit weniger Geld in die Kirchenkassen fließt.

Die demographische Entwicklung ist zudem ein weiterer Anlaß, darüber nachzudenken, ob sich das Konzept der »überschaubaren Gemeinde« nicht ohnehin überlebt hat. Die deutschstämmige Wohnbevölkerung nimmt ab, auf dem Land ebenso wie in den Städten. Die Ausländer aber, die in der jüngsten Vergangenheit eingewandert sind, sind nur zu einem geringen Anteil katholisch und fast nie evangelisch. Das hat zur Folge, daß die katholischen und evangelischen Gemeinden immer kleiner werden, auch ohne Austritte. In den inneren Bereichen der großen Städte sind diejenigen Bewohner, die in einem westeuropäisch-christlichen Traditionszusammenhang aufgewachsen sind, deutlich in der Minderheit. Das kann für die Anzahl und die Art der dortigen Kirchengemeinden nicht ohne Konsequenzen bleiben.

Doch es sind nicht nur finanzielle und demographische Sachzwänge, welche die Kirchen zu einem Umdenken über ihre Kirchgebäude veranlassen. Es gibt auch inhaltliche Erwägungen. Das Konzept der überschaubaren und fußläufigen Gemeinde ist mit einem recht engen Verständnis von Kirche verbunden gewesen. Demnach konnte christliches Leben eigentlich nur in der Kirchengemeinde selbst stattfinden. Sie wurde dabei ganz dörflich und als Gegenmodell zur Großstadt verstanden, die sie umgibt. Die Großstadt ist unübersichtlich, aber die Kirchengemeinde ist überschaubar. Die Großstadt ist anonym, aber in der Kirchengemeinde kennt jeder jeden. In der Großstadt ist man einsam und auf sich selbst gestellt. In der Kirchengemeinde jedoch ist man sich nah, hier gibt es noch echte Gemeinschaft. Es ist nicht zu übersehen, daß das Konzept der »überschaubaren Gemeinde« auch eine antimoderne, antiurbane Tendenz verfolgte. Es hat seine Verdienste, aber es war stets nur für einen Teil der Großstadtbevölkerung attraktiv.

Neuere Umfragen belegen eindrücklich, dass die große Mehrheit der Kirchenglieder sich der jeweiligen Ortsgemeinde kaum verbunden fühlt. Diese Mehrheit hält zwar treu zur Kirche insgesamt und weiß sich ihr verpflichtet, verspürt aber weder Lust noch Notwendigkeit, sich am Leben der Ortsgemeinde, ihren Gruppen und Kreisen, zu beteiligen. Die meisten Kirchenmitglieder nehmen die Ortsgemeinde, der sie zugeordnet sind, wenig wahr. Ihre Kirchenzugehörigkeit leben sie dadurch aus, daß sie kirchliche Medienauftritte aufmerksam verfolgen, gezielt bestimmte gottesdienstliche, soziale oder kulturelle Angebote der Kirche nutzen und vielleicht darüber hinaus noch eine individuelle Frömmigkeit pflegen. Aber all dies tun sie als Städter, also mit einer gewissen Beiläufigkeit, bei Gelegenheit, mit Lust auf Wechsel und Abwechslung sowie ohne die Verpflichtung, eine dauerhafte, womöglich sogar lebenslange Bindung zu einer bestimmten Ortsgemeindegruppe eingehen zu müssen.

Natürlich ist die Kirchengemeinde vor Ort immer noch der Grundpfeiler kirchlicher Arbeit. Aber es wäre fatal, wenn man sie mit der Kirche überhaupt gleichsetzen wollte, wie manche Geistliche und Ehrenamtliche dies gelegentlich tun. Die »Parochie«, der Bezirk eines Pfarrers mit eigener Kirche, ist nicht alles. Die katholische Seite sieht dies sehr deutlich. Denn für sie ist die »Ortskirche« nicht die kleine Parochialgemeinde in einem Dorf oder Stadtteil, sondern das Bistum, und dieses wiederum ist stets auf den universalen Zusammenhang der Weltkirche bezogen. Eine Fixierung auf den eigenen Kirchturm, wie man ihn auf evangelischer Seite manchmal antreffen kann, ist hier vom Ansatz her nicht möglich.

Doch auch für die Protestanten gibt es keinen Grund, die Parochie zum Inbegriff der Kirche zu erklären. Martin Luther hatte keine konkreten Vorstellungen darüber entwickelt, wie sich ein reformatorisches Gemeindeleben organisieren sollte. Das Parochial-System, nach dem das ganze Land in kleinere Pfarrbezirke aufgeteilt wurde, so daß jeder Christ wußte, zu welcher Gemeinde er gehörte, entsprang nicht einer theologischen Idee, sondern einer staatskirchlichen Notwendigkeit. Es war Bestandteil der »Kirchenzucht« und diente dazu, die Gemeindeglieder besser kontrollieren zu können. Jedes Kirchenglied wurde einer Ortsgemeinde und einem Pastoren zugeordnet, bei dem es die Predigt hören und die Sakramente empfangen sollte. Denn nur so konnte der Hirte den Überblick über seine Schafe behalten und über ihr religiös-moralisches Wohlverhalten wachen. Er mußte wissen, wer dem Gottesdienst fernblieb, wen er zum Abendmahl zulassen durfte und wem er dies verweigern mußte. Fremde Gottesdienstbesucher, die nicht zu seiner Parochie gehörten, mußte er – außer in Notfällen – vom Abendmahl ausschließen.

Dieses strenge System lockerte sich erst im 18. und 19. Jahrhundert. Vor allem die aufgeklärten Protestanten entzogen sich dem Pfarrzwang und suchten sich die Prediger selbst aus, die sie hören wollten. Durch die Urbanisierung wurden die Gemeinden zudem so groß und unübersichtlich, daß eine »Kirchenzucht« gar nicht mehr möglich war. Ende des 19. Jahrhunderts aber entstand eine neue Bewegung, die das überkommene Parochial-Prinzip mit neuem Leben füllen wollte. Die Gemeindebewegung versuchte, Kirchengemeinden ähnlich wie Vereine zu organisieren. Ein breit gefächertes Vereinsleben, das von Kinderspielgruppen über Pfadfinder, Bibel-, Bastel-, Missions- und Theaterkreise vielerlei anbot, sollte die entwurzelten Großstädter kirchlich einbinden. Sichtbares Zeichen hierfür war das Gemeindehaus, das als Pendant zum Vereinshaus gleichberechtigt neben den Kirchbau trat. Jetzt erst – also vor gut einhundert Jahren – kam das auf, was man heute »Gemeindeleben« nennt.

Dieses Leben ist nun vielfach bedroht. Das liegt zum einen an äußeren Zwängen. Es mangelt den Kirchen an Geld und an Mitgliedern, um die Vielzahl der Ortsgemeinden mit ihren Gebäuden zu bezahlen und zu betreiben. Aber es scheint auch, daß die kleinteilige Parochie an ihre Grenzen gekommen ist. Überschaubarkeit ist kein Wert an sich. Was nur überschaubar ist, kann auch leicht übersehen werden. Überschaubarkeit ist zu sehr an einer rein binnenkirchlich gedachten Nähe interessiert, die in kleinbürgerliche Enge umschlagen kann. Wichtiger noch als die Überschaubarkeit der

Parochie ist die Sichtbarkeit einer Kirchengemeinde. Eine Kirchengemeinde muß gesehen werden und in ihre städtische Umgebung ausstrahlen. Die Vielzahl der Gemeindegründungen und neuen Kirchbauten nach dem Zweiten Weltkrieg hat diese Sichtbarkeit nicht immer befördert. Nicht selten haben sie zu einer Aufsplitterung der kirchlichen Landschaft geführt.

Kirchgebäude haben eine doppelte soziale Funktion. Einerseits muß eine Kirche das räumliche Zentrum einer lebensfähigen Kirchengemeinde bilden. Andererseits muß sie ein Kristallisationspunkt ihrer städtischen Umgebung sein. Manche der vielen Gemeindeneugründungen, die man im 19. und 20. Jahrhundert vorgenommen hat, haben nicht wie gewünscht größere »Nähe« erzeugt, sondern einen Zustand der Parzellierung herbeigeführt. Wer die soziale Funktion von Sakralbauten stärken will, kommt an der Überlegung nicht vorbei, ob nicht manche Filialbildung rückgängig gemacht werden müßte. Das betrifft natürlich hauptsächlich die Großstädte. Im Dorf steht die Kirche in der Ortsmitte, sie bildet das Gravitationszentrum ihrer Umwelt. Das kann man von vielen Quartierskirchen der Nachkriegszeit nicht sagen. Sie stehen oft an zufälligen und unauffälligen Orten, sind städtebaulich ohne größeren Belang und geben ihrer Nachbarschaft kein Gesicht. Manchmal ist weniger mehr.

Die Kirchen stehen vor der Notwendigkeit, mit weniger Mitteln auszukommen. Darum führen sie bisher selbständige Gemeinden zusammen. Damit wird die Bewegung der vergangenen einhundert Jahre umgekehrt, die zu immer mehr Gemeinden und Kirchbauten geführt hatte. Töchtergemeinden kehren zu ihren Mutterkirchen zurück und bilden so größere Einheiten – in der Hoffnung, daß dies nicht nur zur Reduktion, sondern auch zur Konzentration und Profilierung der kirchlichen Arbeit führt. Aber natürlich ist dieser Kurswechsel mit Verlusten verbunden. Die neuen, größeren Gemeinden stehen vor der Frage, welche Kirchbauten bleiben sollen und welche nicht.

Dies alles ist keineswegs nur ein kircheninternes Thema. Der notwendige Strukturwandel in der kirchlichen Gemeindearbeit ist auch für die Stadt insgesamt von hoher Bedeutung. Vor allem ruft er den Denkmalschutz auf den Plan, der ein großes Interesse am Erhalt möglichst aller Kirchgebäude hat. Denn der Denkmalschutz richtet sein Augenmerk nicht nur auf die »schönen, alten« Kirchen, sondern auch auf die zwar weniger beliebten, aber architekturhistorisch ebenfalls wichtigen Kirchbauten der fünfziger und sechziger Jahre. Daneben betrifft die eventuelle Schließung einer Kirche die Stadtplanung und Stadtentwicklung. Und natürlich bewegt sie die Gemüter der Bezirkspolitiker sowie der Wohnbevölkerung in der Nachbarschaft. Wie die evangelische und katholische Kirche also ihre eigene Arbeit umorganisieren und wie sie mit ihren Gebäuden umgehen, hat immer auch erhebliche politische Dimensionen.

Für eine Ethik des Aufgebens

Doch so sehr man sich dagegen auch sperren mag, an einer Aufgabe einzelner Kirchen geht kein Weg vorbei. Die Wohlstandsjahre sind auch für die Kirchen vorüber. Das zwingt sie zu vielen schmerzlichen Veränderungen. Sie wird einige ihrer in den »guten Jahren« aufgebauten Besitztümer aufgeben müssen. Aber man sollte nicht den Fehler begehen, in den Kirchenschließungen den Schwerpunkt kirchlicher Arbeit zu sehen. Dieser Schwerpunkt ist nach wie vor die Erhaltung von Kirchen. Wie keine andere Großinstitution in Deutschland halten die Kirchen an den meisten ihrer Gebäude fest, und dies jenseits aller Kosten-Nutzen-Rechnungen. Bei Unternehmensberatern, die eine Reduktion der »Standorte« dringend anraten würden, mag dies für Kopfschütteln sorgen. Doch so leicht wie die meisten Wirtschaftsunternehmen oder staatlichen Institutionen kann die Kirche es sich nicht machen.

Man fahre nur einmal durch die wirtschaftlich armen und dünn besiedelten Landstriche Deutschlands. Im Bürokratendeutsch heißen sie »strukturschwach«. Aber ehrlicherweise müßte man von Gebieten sprechen, die von Staat, Wirtschaft und Gesellschaft aufgegeben und geräumt werden. Es gibt Ortschaften, die alles verloren haben. Geschäfte gibt es hier schon lange nicht mehr. Die Bahnstation ist stillgelegt worden. Nur ab und an kommt noch ein Bus vorbei. Wirtschaftsbetriebe wurden dichtgemacht oder sind abgewandert. Auch die Post, die Schulen, die Freizeitanlagen und andere staatliche Einrichtungen wurden geschlossen. In solchen Orten ist die Kirche häufig die einzige große Institution, die noch präsent ist. Hier sind Kirchbau und Pfarrhaus die letzten offen zugänglichen Gebäude.

Das ist ein bedeutsamer Beitrag zur kulturellen Ökologie in Deutschland, eine Leistung, die man gar nicht hoch genug einschätzen kann. Eine Leistung übrigens, die sich die Kirchen sehr viel kosten lassen, ohne auf öffentliche Aufmerksamkeit und gesellschaftliche Dankbarkeit hoffen zu dürfen. Marktwirtschaftlich gesehen rechnet sich das alles nicht. Aber es ist ein großer Dienst nicht nur an den dort verbliebenen Kirchenmitgliedern. Es ist ein kultureller Dienst, denn die Kirchen sind unersetzliche Kunstwerke, Denkmäler und Erinnerungsorte. Wenn man auch sie dem allgemeinen »Rückbau« preisgeben würde, bliebe den »strukturschwachen« Gebieten kaum noch etwas, was sie als Kulturlandschaften auswiese.

Aber der Erhalt von Kirchgebäuden ist auch ein diakonischer Dienst. Er ist das sichtbare Zeichen dafür, daß die Kirchen niemanden einfach aufgeben, auch die Bewohner von erfolglosen und perspektivarmen Landstrichen nicht. Die anderen großen gesellschaftlichen Kräfte mögen sie aus den Augen verloren haben. Aber die Kirchen lassen sie nicht einfach im Stich. Natürlich können auch sie nicht mehr jedem dieser Orte einen eigenen Geistlichen zuweisen, auch sie müssen ihr Angebot ausdünnen. Aber indem sie ihre wichtigsten Gebäude weiterhin im Betrieb halten, geben sie diesen Ortschaften einen Treffpunkt, eine Mitte, ein Moment von Öffentlichkeit und einen Rest an Heimat. Das ist gerade für die dort lebenden Menschen von großem Wert, die Stück für Stück ihre Heimat verloren haben, obwohl sie im Unterschied zu vielen ehemaligen Nachbarn nicht abgewandert, sondern ihrem Zuhause treu geblieben sind.

Hier zeigt sich überdeutlich, daß Kirchgebäude weit mehr sind als bloße Veranstaltungshallen für rituelle Handlungen. Ihr Nutzen erschöpft sich nicht darin, daß sie Gottesdienstgruppen vor Wind und Wetter schützen. Gelungene Kirchbauten erfüllen eine Vielzahl von Funktionen, nicht nur direkt religiöse. Das hat Martin Luther in seinem Affekt gegen die mittelalterliche Überbewertung heiliger Räume übersehen. Seinen heutigen Nachfolgern aber ist es längst eine Selbstverständlichkeit, daß auch der städtebauliche, kulturhistorische und gesellschaftlich-diakonische Wert von Kirchgebäuden beachtet werden muß. Jeder gelungene Kirchbau ist mehr als nur eine Kirche. Entsprechend schwer tun sie sich mit der Schließung von Kirchen.

Es ist falsch, Kirchgebäude hauptsächlich auf ihre sakramentale Funktion hin zu betrachten. Es genügt nicht aufzulisten, wie viele Gottesdienstbesucher und wie viele Priester es in einer Gegend gibt, um dann auszurechnen, wie viele Kirchgebäude man noch benötigt und bedienen kann. Dies ist jedoch eine Frage, die besonders die katholische Kirche umtreibt. Anders als die evangelische Kirche, die bei weitem nicht allen Theologiestudenten eine Pfarrstelle anbieten kann, leidet die katholische Kirche darunter, daß sie wegen des großen Priestermangels schon längst nicht mehr alle Pfarrstellen besetzen kann. Es fehlt an Nachwuchs. Das führt dazu, daß man schon jetzt nicht genug – und in Zukunft immer weniger – Personal hat, um, salopp gesprochen, die vielen Bühnen zu bespielen. Wenn man aber die Entscheidung darüber, ob eine Kirche bleiben soll oder nicht, nur nach rein gottesdienstlichen Erwägungen fällt und andere – etwa kulturelle, soziale oder städtebauliche – Argumente nicht berücksichtigt, wird man weit mehr Kirchen schließen, als sinnvoll wäre.

Eine nur sakramentale Betrachtung des Problems führt leicht zu Kurzschlüssen, ebenso übrigens wie eine rein ökonomische. Natürlich entlastet jede Kirchenschließung den kirchlichen Haushalt, weil nun die hohen Betriebs- und Bauerhaltungskosten sowie die Rückstellungen nicht mehr zu Buche schlagen. Aber darüber hinaus hatte man anfangs, als die Frage der Kirchenschließung aufkam, noch Hoffnung, die Kirchen könnten mit dem Verkauf ihrer Immobilien richtig Geld verdienen, um ihre Arbeit an anderen Orten langfristig zu sichern. Diese Hoffnung hat sich nicht erfüllt. Denn die »Verwertung« von Kirchgebäuden erweist sich als extrem problematisch. An eine Umnutzung hatte bei Grundsteinlegung niemand gedacht. Was also kann man aus diesen großen, hohen, unfunktionellen und statisch schwierigen Räumen machen? Eine Zwischendecke einziehen und kleine Wohnungen oder Büros einbauen? Das wäre immer sehr teuer und architektonisch heikel. Aber für was läßt sich ein großer Kirchraum nutzen? Soll man hier ein Restaurant oder eine Diskothek einrichten? Das ist zwar in England und Holland schon mehrfach geschehen, stößt aber hierzulande auf einhelligen Widerstand, und zwar interessanterweise nicht nur bei den besonders Kirchentreuen, sondern gerade auch bei den Distanzierten und Kirchenfernen. Sie reagieren häufig überraschend heftig, empört und wütend, wenn sie von einer anstößigen Fremdnutzung erfahren. Damit offenbart sich bei vielen von ihnen eine tiefe, wenn auch normalerweise unsichtbare Verbundenheit mit der Kirche und ein besonderes Empfinden für Pietät, das allerdings zu selten mit einem eigenen Engagement für den Erhalt von Kirchen verbunden ist.

Auch die Kirchenleitungen haben lernen müssen, daß eine Umnutzung, die mit dem ursprünglichen Zweck in gar keinem Verhältnis mehr steht, auf Dauer sehr schädlich ist. Denn beliebige Umrüstungen von Kirchen zu Kneipen, Büros, Sporthallen und Werkstätten schwächen die Erkennbarkeit der Kirche. Die Kirche als Institution lebt von den eindeutigen visuellen Signalen, die gelungene Kirchbauten aussenden. Diese Sichtbarkeit der Kirche ist bedroht, wenn in vielen Kirchgebäuden etwas ganz anderes und Wesensfremdes geschieht. Dadurch verschleudert man die Kraft der eigenen Symbole. Diese Erfahrung hat man insbesondere in Hamburg gemacht. Die Einrichtung eines Szene-Event-Restaurants in einem ehemaligen Kirchgebäude ließ sich nicht durchsetzen. Statt dessen wurden die evangelischen Kirchen, die man aufgeben mußte, sehr sorgfältig in andere Hände übergeben.

Zwei Kirchen gingen in das Eigentum orthodoxer Gemeinden über. In einer wurde eine Grundschule, in einer anderen eine Kindertagesstätte untergebracht, bei anderen wiederum wird diskutiert, ob sie in »Kolumbarien«, also in Bestattungshäuser, umgewandelt werden sollen. Mit all diesen Umnutzungen kann man offenkundig kein großes Geld verdienen. Im Gegenteil, sie erbringen nur geringe Erträge und verlangen statt dessen einen hohen Einsatz an Zeit, Arbeit und Investitionsmitteln. Wegen der Hoffnung auf kurzfristige ökonomische Vorteile also sollte man keine Kirche aufgeben.

Die Regel muß deshalb für die Kirchen lauten, möglichst viele Kirchgebäude zu erhalten. Aber diese Regel kann nur überzeugen, wenn sie Ausnahmen zuläßt. Solche Ausnahmen sind unerläßlich und im übrigen gar nicht zu verhindern. Wer lediglich proklamiert, daß Kirchen um jeden Preis erhalten werden müssen, beraubt sich der Möglichkeit, im Ausnahmefall bei der Schließung einer Kirche mitzubestimmen. Was also benötigt wird, ist eine kleine Theologie der begrenzten Kirchenschließungen. Doch hier haben Katholiken wie Protestanten Defizite. Die katholische Kirche hat eine hohe, aber wenig folgenreiche Theologie des heiligen Raums, und die evangelische Theologie steht immer noch eigentümlich unschlüssig vor den eigenen Sakralbauten. Aber es gibt einige hoffnungsvolle Ansätze.

Der erste Ansatzpunkt ist ethischer Natur: Es gibt nicht nur eine Ethik des Bewahrens, sondern auch eine Ethik des Aufgebens. Resignation kann durchaus eine christliche Tugend sein, nämlich die Fähigkeit, nüchtern die eigene Schwäche einzusehen, sich nicht an vergangene Herrlichkeiten zu klammern, sondern sich auf eine ganz neue, bescheidenere Lage einzustellen. Sicherlich, wenn die Kirchen mit ihren eigenen Sakralbauten achtlos umgehen, senden sie eine fatale

»Gegenbotschaft« (Wolfgang Huber) an die Öffentlichkeit. Aber was für eine Botschaft verbreiten sie, wenn sie starr an wenig genutzten und überzähligen Immobilien festhalten? Was für ein Signal senden sie aus, wenn sie die harten Einschnitte den kommenden Generationen überlassen? Die Kirchen kommen nicht darum herum, sich in der Kunst des verantwortungsvollen Verarmens zu üben. Denn eine ihrer großen Zukunftsaufgaben lautet: Weniger haben und weniger werden, ohne dabei sich selbst und die eigene Botschaft aufzugeben.

Diese Ethik des Aufgebens hat zudem eine spirituelle Seite. Zur Schließung einer Kirche gehört der Abschied. Und dieser ist immer mit starken Empfindungen verbunden: von Empörung bis Ermattung, von Wut bis Trauer. Ihnen in einem öffentlichen Ritus einen angemessenen Ausdruck zu verschaffen und sie zugleich religiös zu verwandeln, ist eine große theologische Herausforderung. Es mag makaber klingen, aber hier leisten die Kirchen etwas ganz Einzigartiges, was keine andere Großinstitution wagen würde: Die Kirchen machen ihre »Standorte« nicht einfach »dicht«, sondern begehen das Ende vor Gott und mit der Gemeinde.

Zur Theologie der Kirchenschließung gehört schließlich eine religiöse Raumästhetik. Vor allem sie muß die Kriterien liefern, nach denen man über die Erhaltung oder Schließung einer Kirche entscheidet. Es gilt, eine ebenso einfache wie schwierige Frage zu beantworten: Welche Kirchgebäude eröffnen eigentlich Zugänge zu räumlichen Gotteserfahrungen – und welche nicht? In welchem Raum entsteht ein Empfinden von Ehrfurcht und wächst eine Ahnung des Heiligen? Wie muß ein sakraler Raum gebaut und eingerichtet sein, damit diejenigen, die ihn besuchen, zur Besinnung kommen, sich für die christliche Botschaft öffnen und ihren Glauben gemeinsam feiern können? Jede Antwort wird stark subjektiv, im tieferen Sinn eine Geschmackssache sein. Nun heißt es, über Geschmack könne man nicht streiten. Doch das ist nicht ganz richtig. Gemeint ist mit dieser alten Wahrheit, daß man Geschmacksstreitigkeiten nicht mit Hilfe einer logisch-objektiven Argumentationskette schlichten kann. Aber man kann schon über unterschiedliche Geschmacksempfindungen streiten und ihre Stimmigkeit überprüfen. Dabei wird man von dem eigenen Gefühl dessen, was schön oder häßlich, ergreifend oder öde ist, nie ganz absehen können. Aber wenn man in der Lage ist, ästhetische und religiöse Fragen in einem größeren historischen Horizont zu betrachten, ist es schon möglich, zu sinnvollen Urteilen zu kommen.

Die Frage danach, welche Kirchgebäude räumliche Gotteserfahrungen eröffnen, stellt sich weniger bei den alten, an ihrem Ort fest verankerten Kirchen, sondern stärker bei den Sakralbauten der vergangenen fünfzig Jahre. Es ist nicht leicht, hier eine eindeutige Bilanz zu ziehen. Man muß anerkennen, daß hier Großes gewagt wurde. Es wurde nach einer modernen Bild- und Raumsprache gesucht, um etwas Uraltes zu gestalten. Ein ganz neuer Schlauch sollte den alten Wein in sich aufnehmen. Das barg schon im Ansatz eine große, aufregende Spannung in sich. Bei den Kirchen der fünfziger Jahre kam noch etwas anderes hinzu. Der Schrecken und die Faszination, die von der nationalsozialistischen Architektur ausgegangen waren, steckten noch vielen in den Knochen. Von diesem »Kolossalismus«, dieser auf Überwältigung angelegten Bauweise wollte man sich absetzen und schuf darum bewußt konzentrierte und klare, strenge und helle Kirchen. Heutigen Betrachtern erscheinen sie als allzu kalt und karg, nüchtern und nackt. Sie sprechen zu wenig das Gefühl an. Doch sei daran erinnert, daß diese architektonische Ausnüchterung anfangs aus guten Gründen gewollt war. Nicht die leicht manipulierbaren Emotionen sollten stimuliert werden, sondern der um Einsicht bemühte Verstand und das Gewissen.

Heute jedoch erscheint manche bauliche Hervorbringung dieser Zeit als Kahlschlagarchitektur und erinnert an die Kirchenrenovierungen, die in der Nachkriegszeit vorgenommen wurden. Es war die Zeit, als man in Altbauwohnungen den Deckenstuck abschlug, die alten Kamine zertrümmerte und Fassadenschmuck sowie Balkone abgehauen wurden. Ebenso ging man in manchen Kirchen zu Werke. Besonders die neugotischen Bauten traf es hart. Prächtig-farbige Innenausmalungen wurden unter kalt-weißen Wurfkalk gelegt, Hochaltare zerschlagen und manches Kunstwerk des 19. Jahrhunderts – darunter wertvolle Bilder, Skulpturen, Kronleuchter und Altarschmuck – aus der Kirche entfernt, bestenfalls auf den Dachboden des Gemeindehauses geschleppt, schlimmstenfalls und keineswegs selten dem Sperrmüll zugeführt. Dieser flächendeckende Bildersturm in evangelischen und katholischen Kirchen ist ein Skandal, dessen Geschichte noch immer nicht geschrieben worden ist.

In den späten sechziger und siebziger Jahren verband sich vor allem im Protestantismus der nüchterne Modernismus mit einer anti-liturgischen Tendenz. Man wollte keine heiligen Räume mehr, die nur dazu da waren, daß ein mit Weihemacht und Amtsautorität ausgestatteter Kultbeamter in ihnen sakramentale Verrichtungen vollführte. Man wollte Begegnungsstätten, in denen eine Gemeinde von Gleichberechtigten zur wechselseitigen Verständigung über religiöse und moralische Zeitfragen zusammenkam. Die Kirchen sollten keine Sonderwelten darstellen, die Schwellenängste auslösen. Herauskamen dabei Gebäude, welche die landläufigen Erwartungen an das, was eine Kirche sein sollte, bewußt und schroff enttäuschten: Gemeindehäuser ohne Schwellen, dafür aber mit einem großen Multifunktionsraum, der irgendwo noch eine »Sakral-Nische« bereithielt. Schon dieses Wort läßt einen schaudern und die Frage stellen, ob solche Anti-Kirchen weiterhin von Nutzen sind. Sie mögen in den siebziger Jahren den guten Sinn besessen haben, ein überaltertes, autoritär verknöchertes Kirchenverständnis aufzubrechen. Doch heute, da es diese kirchliche Autoritätskultur schon lange nicht mehr gibt, haben sie manches von ihrer früheren Ausstrahlung verloren.

Natürlich werden Architekturhistoriker dies ganz anders sehen und den unersetzlichen ästhetischen Wert auch dieser Kirchbauten beschwören. Aber es ist an der Zeit, ganz nüchtern Bilanz zu ziehen. Und wenn man dies tut, kommt man an der Tatsache nicht vorbei, daß nicht wenige Kirchgebäude der Nachkriegszeit in religiös-ästhetischer Hinsicht erfolglos geblieben sind. Das ist kein Urteil, das sich bloß einer flüchtigen Drehung des Zeitgeistes ins Konservative verdankt. Diese Kirchen hatten dreißig, vierzig Jahre Zeit, die Gemeindeglieder und die Stadtteilbevölkerung für sich zu gewinnen. Einigen von ihnen ist dies offenkundig nicht gelungen. Man kann das einfach an den Zahlen der dort vorgenommenen Taufen und Trauungen ablesen. Der zuständige Pastor kann sich bemühen, wie er will, hier werden Brautpaare nicht den Segen für ihre Ehe empfangen und Eltern nicht ihre Kinder taufen lassen wollen. Diese Kirchen werden von der Bevölkerung nicht oder nur selten aufgesucht, weil ihre Räumen eben keine oder nur sehr schwache Impulse für religiös-ästhetische Erfahrungen geben.

Denkmalschützer mögen nun mit vielen guten Gründen die Unwiederbringlichkeit auch der Betonmoderne belegen. Aber sie haben dabei nicht die Menschen im Blick, für die diese Kirchen dasein sollten. Und die meisten dieser Menschen haben kein Interesse an architektonischen Aufbrüchen, zumindest nicht, wenn es um religiöses Erleben geht. Sie suchen eine Kirche, die ihnen ein Gefühl von Heimat und Geborgenheit gibt, die ein Geheimnis zu besitzen scheint, die nach ihren Vorstellungen schön, warm und harmonisch wirkt. Man kann das natürlich als kleinbürgerliche Sehnsucht nach Regression abtun. Aber man darf nicht vergessen, daß viele Menschen, die eine Kirche aufsuchen, Kleinbürger sind. Ein Kirchenarchitekt muß sich diesem Publikum nicht anbiedern, aber er hat die Aufgabe, nicht gegen diese Menschen zu bauen. Es ist manchmal erstaunlich und erschreckend, wie wenig manche Kirchbauten in ihre Nachbarschaft passen. Im Stadtteil steht eine hochmoderne, ästhetisch anspruchsvolle, wenn nicht gar intellektuell anstrengende Kirche. Aber es wohnen dort gar keine Intellektuellen, keine Ästhetizisten, keine Architekten und Architekturhistoriker, die sie zu schätzen wüßten, sondern Arbeiter und Kleinbürger. Soll man es ihnen ernsthaft vorwerfen, daß sie diese Kirchbauten, die man ohne Rücksicht auf ihre religiös-ästhetischen Bedürfnisse gebaut hat, nicht lieben?

Gelungene Kirchen sind immer noch Gebäude, die einem Lebensraum eine Mitte, ein Gesicht und ein Profil geben. An ihnen lassen sich die Geschichte und die Identität eines Dorfes oder einer Stadt ablesen. Einmalig eindrücklich hat dies die Dresdner Frauenkirche gezeigt, deren Wiederaufbau ein echtes, wenn auch gut erklärliches Wunder ist. Natürlich ist solch ein Wunder nicht der Normalfall, aber in kleinerem Maßstab gilt für viele Kirchen dasselbe, was über die Frauenkirche zu sagen ist: Sie sind ein Fokus des vergangenen und gegenwärtigen Lebens ihrer Umgebung. Und sie verweisen dieses Leben auf eine ganz andere Dimension, die Ewigkeit

Gottes. Sie sind ausgegrenzte Zonen des Heiligen, unverzichtbare und unverkäufliche Orte mitten in einer austauschbaren und monetarisierten Welt. Darum haben sie Achtung verdient. Dabei spielt es keine Rolle, ob man sie – katholisch betrachtet – für geweiht hält oder – evangelisch betrachtet – nur ein Empfinden dafür pflegt, daß diese Steine predigen und in ihnen ein Nachhall all der vielen Gebete und Lieder fortwirkt, die in ihnen gesprochen und gesungen wurden. Dieses Empfinden für Pietät mag nach der reinen theologischen Lehre weniger Gewicht haben als das sakramentale Faktum einer Weihe. Aber nicht selten prägt es den Umgang mit Kirchgebäuden stärker, zumal nach katholischem Verständnis die Weihe offenkundig etwas ist, das man je nach Bedarf »anschalten« oder eben »abschalten« kann.

Zugleich aber ist ein nüchternes Nachdenken über die Kirchgebäude nicht nur erlaubt, sondern auch geboten. Es gilt, zwischen gelungenen und nicht gelungenen sowie unverzichtbaren und verzichtbaren Kirchen zu unterscheiden. Eine Mystifizierung von Kirchgebäuden sollte man nicht betreiben. Diese läßt sich bei einem bestimmten Typus von interessierten Fernstehenden beobachten. Sie pochen darauf, daß alle Kirchen erhalten werden, daß man alle vorhält, bis der Zeitpunkt kommt, an dem sie selbst eine von ihnen aufsuchen möchten. Je weiter sie von der Kirche entfernt sind, um so mehr wollen sie, daß es Kirchen gibt, ohne sie tatsächlich gebrauchen zu wollen. Diejenigen aber, welche die Kirchgebäude selbst nutzen, kommen um die Frage nicht mehr herum, welche eine Zukunft haben und welche nicht.

Wie die unverzichtbaren Kirchen zu erhalten sind, ist jedoch nicht allein eine Frage an die Kirchenmitglieder und Kirchenleitungen, sondern an alle Bürger. Hierfür ist immer noch die viel geschmähte Kirchensteuer das effektivste Mittel.

Denn langfristige Bauunterhaltungskosten lassen sich nie über Spenden decken. Daß Deutschland in dieser Beziehung etwa im Vergleich zu Holland – wo man sechzig Prozent der Kirchen schon aufgegeben hat – so gut dasteht, ist das große, historische Verdienst der in der Hauptsache westdeutschen Kirchensteuer. In Ostdeutschland kommt weit weniger durch Kirchensteuern zusammen. Dafür gibt es ein erstaunliches Engagement der Bevölkerung. In nicht wenigen ostdeutschen Dörfern und Städten haben »unheilige Allianzen« aus Pastoren, PDS-Bürgermeistern, heutigen und ehemaligen Dorfbewohnern, ostdeutschen Künstlern und westdeutschen Geschäftsleuten den Erhalt einer Kirche möglich gemacht. Denn ihre Schließung wäre für alle ein Verlust gewesen.

KAPITEL 6

Auf Sendung

Über öffentliche Inszenierungen des Glaubens

DIE U-BAHNEN SIND ÜBERFÜLLT, seit gestern schon. Die Straßen der Innenstadt sind voll, die Kaufhäuser auch, vor allem aber die Kirchen. Ihre Tore sind weit geöffnet, und Heerscharen strömen hinein und heraus. Vom frühen Morgen bis tief in die Nacht. Man hätte gewarnt sein können. Die Zeitungen hatten schon seit langem ein großes christliches Jugendtreffen angekündigt.

Die meisten von denen, die da die Innenstadt beleben, sind nicht von hier. Fremde, junge Leute, die aufgeregt in vielen Sprachen miteinander sprechen. Einige von ihnen scheinen von weither zu kommen, aus anderen, ärmeren Welten. So groß sind ihre Augen, so neugierig schauen sie sich um. Sie wirken wie Touristen aus der Provinz auf Großstadtexkursion. Das sind sie auch, aber nicht nur. Etwas an ihnen unterscheidet sie von denen, die jeden Sommer mit großen Bussen in und durch die Stadt gekarrt werden. Sie wirken fröhlicher, leichter, wacher.

Sie sind höflich, aber sie erlauben sich auch unerhörte Dinge. In lockeren Gruppen setzen sie sich in den Fußgängerpassagen auf den Boden. Damit nicht genug, sie singen sogar. Mit oder ohne Gitarre stimmen sie fromme Lieder an, in aller Öffentlichkeit, ohne sich zu schämen. Im Gegenteil, sie schauen und strahlen, als wollten sie einen einladen, sich neben sie auf den nackten Großstadtboden zu setzen und mit ihnen zu singen. Als ob sie nicht wüßten, daß man nun wirklich anderes zu tun hat, zur Arbeit oder sonst einer wichtigen Verpflichtung eilen muß.

Ihre fromme Fröhlichkeit hat durchaus etwas Bedrängendes. Da sitzt man wie gewöhnlich auf seinem angestammten Platz in der U-Bahn und genießt die stumpfe Routine des ewig gleichen Arbeitsweges. Niemand spricht einen an, jeder bleibt für sich, schaut halbwach aus dem Fenster oder in die Zeitung. Plötzlich gehen die Türen auf, und mit einemmal sind da all die fremden, jungen Leute. Sie reden laut, lachen hell, drängeln sich kichernd durch, quetschen sich unbekümmert auf die Sitzbänke. Es wird eng. Man kann seine Zeitung nicht mehr richtig halten, man kann sich nicht mehr hinter ihr verstecken.

Die stille Übereinkunft, die zwischen den Nutzern des öffentlichen Personennahverkehrs üblicherweise gilt, nämlich daß man untereinander Distanz halten und sich gegenseitig in Ruhe lassen sollte, ist mit einemmal außer Kraft gesetzt. Dabei ist es doch so sinnvoll, Mitfahrenden nicht direkt ins Gesicht zu schauen, sie nicht ohne ernsten Grund anzusprechen, ihnen nicht auf die Pelle zu rükken. So schont man sich, schützt sich gegenseitig, läßt einander einen Rest an Privatheit mitten im öffentlichen Getriebe. Doch davon haben diese fremden, jungen Leute anscheinend noch nichts gehört. In einem bunten Durcheinander aus vielen west- und osteuropäischen Sprachen, deutschen Dialekten und einem universalen Elementarenglisch reden sie aufeinander und auch auf einen selbst ein.

Wie soll man reagieren? Genügt es, höflich zurückzulächeln? Oder muß man sich wirklich auf ein Gespräch einlassen? Doch nun fangen die fremden, jungen Leute auch schon wieder an zu singen. Kann man das wollen, mitten auf dem gewöhnlichen Arbeitsweg mit fremden, jungen Leuten zu singen? Vielleicht ja, vielleicht eher nein. Man möchte schon erwachsen und großstädtisch bleiben. Aber selbst wenn man sich nicht in diese Hochstimmung einschwingen kann und will, ernsthaft böse über die fromm beschwingte Störung mag man auch nicht sein.

Obwohl, die Stadt durchlebt in diesen Tagen tatsächlich eine friedliche Okkupation. Die Mehrheitsverhältnisse sind ins Gegenteil verkehrt. Die Jugendlichen haben die Oberhand. Die Frommen, die sonst nur in Kleingruppen, in heruntergekommenen Teestuben kirchlicher Gemeindehäuser zusammentreffen, erobern den öffentlichen Raum. Sie sind in hellen Scharen gekommen und freuen sich nun an der eigenen Massenhaftigkeit. Nicht nur klammheimlich zeigen sie ihren Stolz darauf, daß sie doch – wider Erwarten und gegen alle Klischees – eine große Menge sind, die zumindest für einige Tage eine Großstadt auf den Kopf stellen und mit einem ungewohnten Geist erfüllen kann. Endlich einmal prägen sie das Stadtbild. In ihrem fröhlich-freundlichen Lachen liegt auch etwas Herausforderndes, die leise spöttische Frage an die erwachsenen Eingeborenen nämlich: Warum seid ihr nur so öde Alltagsmenschen, so stumpfe Berufstätige? Warum stimmt ihr nicht ein in unsere Lieder und teilt unsere himmlische Freude? Was hält euch zurück?

Ach, vieles hält einen und dies aus guten Gründen. Irgendwie hat dieses christlich juvenile Treiben auch etwas Peinliches und fast Penetrantes. Man selbst ist da abgeklärter und möchte es bleiben. Mögen die Gäste nach ihrer Façon selig werden, vereinnahmen lassen möchte man sich von ihnen nicht. Aber ganz so leicht ist es nicht, die eigenen Kreise nicht stören zu lassen. Es kann einen sogar ein wenig neidisch stimmen. Es ist Sommer, hell und warm. Die Stadt ist herrlich und voll von glücklichen Jugendlichen. Keine betrunkenen Fußballfans, keine bettelnden Punks, keine rücksichtslosen Skateboardfahrer. Statt dessen frohgemute und hochgestimmte Christenmädchen und -jungen, die übrigens erstaunlich modisch gekleidet sind. Sie sehen ganz anders aus und treten ganz anders auf als ihre Vorgängergeneration. Man sieht sie noch verschwommen vor sich, die Kirchentagsästhetik der achtziger Jahre: junge Frauen in Sackkleidern, junge Männer im Jesus-Look, viele Haare, wenig Farben, grobe Stoffe, Wolle und Sandalen. Auch das war so eine Mode gewesen.

Diese Mode hat offenkundig ihre Zeit gehabt. Die Jugendlichen, die heute die frohe Botschaft verkünden, kleiden sich bei H & M ein. Sie gehen – wie die Tüten zeigen, die sie mit sich schleppen – nicht nur in die Kirchen, sondern auch in die Kaufhäuser der Innenstadt. Sie sind nicht nur zum Beten, sondern auch zum Shoppen gekommen. Sie tragen aktuelle, bunte, leichte Kleidung, körperbetont, bauchfrei, schick. Die Haare besitzen eine Frisur. Einige Mädchen haben kleine Piercings. Einige Jungen tragen spitze Club-Bärtchen. Alle zeigen eine unverstellte Lust am Leben, freuen sich an der eigenen Ausstrahlung, genießen sich selbst, aber auf eine harmlose Weise.

Für einen Moment zumindest wäre man gern einer von ihnen, wieder jung und grün, nicht so erwachsen und verholzt, nicht so langweilig und unbegeistert. Es läßt einen nicht los. Also weicht man vom üblichen Tagesablauf ab, geht mittags nicht in die Kantine, sondern – mit einer Mischung aus Neugier und Skepsis – in die City, ißt auf dem Weg schnell ein Brötchen und läßt sich dann von der Menge in die große Kirche ziehen. Es dauert ein wenig, bis man bei dem Geschiebe endlich ins Kirchenschiff gelangt und einen Platz findet. Dann aber ist man sehr überrascht. Die sonst so kalte, kahle, leergefegte Kirche ist voll. Aber es herrscht kein Gedränge. Man fühlt sich nicht gequetscht oder bedrückt. So eng es ist, man hat doch das Gefühl, frei atmen zu können. Es ist still. Überall leuchten Kerzen. Nichts geschieht. Es ist lange still. Dann beginnen die vier weißgewandeten Männer, die vorn im Altarraum sitzen, einen einfachen lateinischen Gesang. Alle stimmen ein. Wieder und wieder singen sie die wenigen fremden Worte. Dann wird es von neuem still, lange still. In die große Stille hinein wird ein Gebet gesprochen, in einfachen, altertümlichen Worten. Ein biblischer Text wird gelesen. Wieder Stille. Man schaut sich um. Alle scheinen auf eine sehr entspannte Weise tief konzentriert zu sein. Es ist wie ein kleines Wunder, wie das Spukbild einer erlösten Welt, alles erscheint so schwebend, ruhig und heiter.

Wenn man nur nicht vergessen hätte, das Handy auszuschalten. Mitten in die allgemeine Lautlosigkeit hinein schneidet das Klingeln. Schnell schaltet man es aus und hastet peinlich berührt aus der Kirche. Wenn dieses dumme Mißgeschick nicht gewesen wäre, man wäre wohl länger geblieben. Weit länger, als es an einem normalen Arbeitstag üblich und erlaubt gewesen wäre.

Wie kommt die Kirche in die Öffentlichkeit?

Der christliche Glaube ist ein Geheimnis der Seele. Aber auch dieses Innerste, Intimste und Unaussprechlichste muß regelmäßig gemeinsam gefeiert, öffentlich sichtbar gemacht und der ganzen Gesellschaft zu Gehör gebracht werden. Ursprünglich und über viele Jahrhunderte hindurch war dies die Aufgabe des Gottesdienstes. Er sollte die frohe Botschaft dem einzelnen in die Seele senken und sie zugleich aller Welt kundtun.

Wie dies gelingen konnte, davon gibt einer der größten Romane der deutschen Literatur einen Eindruck. In »Anton Reiser« (geschrieben zwischen 1785 und 1790) erzählt Karl Philipp Moritz den Entwicklungs- und Bildungsweg seines überaus unglückseligen Titelhelden. Einer der wenigen Lichtblicke in seinem jungen Leben waren die Gottesdienste des berühmten Pastors P. Ein Mitlehrbursche hatte Anton so sehr von diesem Prediger vorgeschwärmt, daß er den nächsten Sonntag kaum erwarten konnte.

> »Der Sonntag kam heran. Anton stand früher wie gewöhnlich auf, verrichtete seine Geschäfte und kleidete sich an. Als geläutet wurde, hatte er schon eine Art von angenehmem Vorgefühl dessen, was er nun bald hören werde. Man

ging zur Kirche. Die Straßen, welche nach der B…kirche führten, waren voller Menschen, die stromweise hinzueilten. Als sie herein kamen, konnten sie kaum noch ein Plätzchen der Kanzel gegenüber finden. Alle Bänke, die Gänge und Chöre waren voller Menschen, welche alle einer über den andern wegzusehen strebten. Die Kirche war ein altes gotisches Gebäude mit dicken Pfeilern, die das hohe Gewölbe unterstützten, und ungeheuren langen bogigen Fenstern, deren Scheiben so bemalt waren, daß sie nur ein schwaches Licht durchschimmern ließen.

So war die Kirche schon mit Menschen erfüllt, ehe der Gottesdienst noch begann. Es herrschte eine feierliche Stille. Auf einmal ertönte die vollstimmige Orgel, und der ausbrechende Lobgesang einer solchen Menge von Menschen schien das Gewölbe zu erschüttern. Als der letzte Gesang zu Ende ging, waren aller Augen auf die Kanzel geheftet, und man bezeigte nicht minder Begierde, diesen fast angebeteten Prediger zu sehen, als zu hören.

Endlich trat er hervor, und kniete auf den untersten Stufen der Kanzel, ehe er hinaufstieg. Dann erhob er sich wieder, und nun stand er da vor dem versammelten Volke. Ein Mann noch in der vollen Kraft seiner Jahre – sein Antlitz war bleich, sein Mund schien sich in ein sanftes Lächeln zu verziehen, seine Augen glänzten himmlische Andacht – er predigte schon, wie er da stand, mit seinen Mienen, mit seinen stillgefalteten Händen.

Und nun, als er anhub, welche Stimme, welch ein Ausdruck! – Erst langsam und feierlich, und dann immer schneller und fortströmender: so wie er inniger in seine Materie eindrang, so fing das Feuer der Beredsamkeit in seinen Augen an zu blitzen, aus seiner Brust an zu atmen, und bis in seine äußersten Fingerspitzen Funken zu sprühen. Alles war an ihm in Bewegung; sein Ausdruck durch Mienen, Stellung und Gebärden überschritt alle Regeln der Kunst und war doch natürlich, schön und unwiderstehlich mit sich fortreißend.

Seine Stimme war ein heller Tenor, der bei seiner Höhe eine ungewöhnliche Fülle hatte; es war der Klang eines reinen Metalls, welcher durch alle Nerven vibriert. Er sprach nach Anleitung des Evangeliums gegen Ungerechtigkeit und Unterdrückung, gegen Üppigkeit und Verschwendung; und im höchsten Feuer der Begeisterung redete er zuletzt die üppige und schwelgerische Stadt, deren Einwohner größtenteils in dieser Kirche versammelt waren, mit Namen an; deckte ihre Sünden und Verbrechen auf; erinnerte sie an die Zeiten des Krieges, an die Belagerung der Stadt, an die allgemeine Gefahr zurück, wo die Not alle gleich machte. Anton glaubte einen der Propheten zu hören, der im heiligen Eifer das Volk Israel strafte, und die Stadt Jerusalem wegen ihrer Verbrechen schalt.

Anton ging aus der Kirche nach draußen und sagte kein Wort; aber er dachte von nun an, wo er ging und stand, nichts als an den Pastor P… Von diesem träumte er des Nachts, und sprach von ihm bei Tage; sein Bild, seine Miene, und jede seiner Bewegungen hatten sich in Antons Seele eingeprägt.«

Diese Gottesdienste, die Anton Reiser innigste, nur ihn selbst erfüllende Momente reiner Glückseligkeit schenken, sind zugleich große öffentliche Ereignisse. Fast die gesamte Bevölkerung der Stadt nimmt an ihnen teil, und die ganze Stadt wird vom Prediger angesprochen und angerührt. Diese Gottesdienste sind keine Sonderveranstaltungen für die Frommen und Stillen im Lande. Alle stehen im Bann dieses Predigers.

Alle erwarten sein Erscheinen, alle lassen sich von ihm ergreifen und denken noch lange über seinen Auftritt nach. In der
Tat, es ist ein großer Auftritt, weit mehr als nur eine Wortpre-
digt, ein wahres Gesamtkunstwerk. Dazu gehört der heilige
Raum, die grandiose Musik, das kunstvoll hinausgezögerte
Erscheinen des berühmten Mannes, sein Mienenspiel, seine
Modulation der Stimme und am Ende auch noch – aber eben
nicht allein – der Inhalt der Predigt selbst, das Schelten, Mah-
nen und Trösten. All das, was der christliche Glaube bewirken
kann, die Ehrfurcht vor der Ewigkeit, das Erschrecken über
die eigene Unwürdigkeit, die Sehnsucht nach Erlösung und
die Freude über Gottes Gnade, wird hier nicht nur vom Pastor
mündlich mitgeteilt und von der Gemeinde über die Ohren
aufgenommen und im Gehirn verarbeitet, sondern mit allen
Nerven und Sinnesorganen ergriffen, geschmeckt und ausgekostet.

Nun soll man nicht meinen, früher, in der »guten, alten
Zeit«, sei dies immer so gewesen. Die Regel waren Gottesdienste, die mäßig besucht waren. Und waren sie besser frequen-
tiert, dann meist nur, weil die Geistlichkeit und andere Autoritäten Druck ausgeübt hatten. Auch war früher sicherlich die
eher langweilige, unsinnliche, rein erklärende Predigt der
Normalfall. Außerdem sollte man nicht denken, daß heute, in
der »schlechten, neuen Zeit«, die Kirchen immer leerer würden und niemand mehr in den Gottesdienst ginge. Das ist
ganz offenkundig nicht der Fall. Der Gottesdienstbesuch ist
besser, als die meisten meinen. Aber – und das ist der entscheidende Unterschied – er ist kein öffentliches Ereignis
mehr. Es ist nicht mehr »das ganze Volk«, das hier zusammen-
kommt, sondern nur noch eine mal größere, mal kleinere
Sondergruppe. Und was diese erfährt und erlebt, hat kaum
noch eine gesellschaftliche Bedeutung. Es kommt draußen

nicht vor. Die Medien berichten nicht darüber. Es ist kein Thema für die gesamte Stadt.

Das hat viele Gründe. Die Kirchen befinden sich in derselben Lage wie die öffentlich-rechtlichen Rundfunkanstalten. Früher gab es nur zwei Programme: ARD und ZDF, so wie evangelisch und katholisch. Das ist lange her, angesichts der heutigen Fülle von Freizeitmöglichkeiten und medialen Anbietern drohen die alten, etablierten, staatlich privilegierten Programme ins Hintertreffen zu geraten. Wenn die Kirchen nicht jede öffentliche Sichtbarkeit und Hörbarkeit verlieren wollen, müssen sie mit groß und breit angelegten Ereignissen für Aufmerksamkeit sorgen. Selbst wenn sie sich damit abgefunden haben, daß sie nie wieder die Mehrheit der Bevölkerung in sich vereinen werden, können sie sich nicht darauf beschränken, in geschlossenen Räumen Ritualveranstaltungen für hochreligiöse Neigungsgruppen abzuhalten. Vielmehr müssen sie in regelmäßigen Abständen öffentlich auftreten und sich an alle, gerade auch an die weniger Interessierten und deutlich Distanzierten, wenden. Denn zu ihrem Selbstverständnis gehört die Mission. Und Mission heißt nichts anderes als »Sendung«. Die Kirchen müssen also, wenn sie sich nicht untreu werden wollen, auf Sendung gehen, das heißt, sich selbst und die eigene Botschaft weithin sichtbar und hörbar machen.

Das ist gar nichts Neues, das hat es immer schon gegeben. Aber die Formen und Methoden haben sich verändert. Besonders die katholische Kirche blickt hier auf eine lange und reiche Tradition zurück. Ihre großen Feste, Prozessionen, Wallfahrten und Umzüge verfolgten stets auch den Zweck, die Wundermacht der Kirche und die Schönheit der Volksfrömmigkeit sichtbar auszustellen. Vor allem in den Zeiten der Gegenreformation und des Kulturkampfes waren sie auch als

Machtdemonstrationen angelegt und sollten den Beweis dafür liefern, daß die katholische Kirche immer noch in der Lage war, große Menschenmengen zu mobilisieren und öffentliche Plätze zu besetzen. Aber natürlich waren all diese Prozessionen etwas anderes als bloße religiöse Straßenkämpfe, sondern große Feste, in denen sich die überweltlichen Verheißungen des Glaubens mit dem bunten Treiben weltlicher Freuden unlösbar vermischten.

Dem hatte der Protestantismus lange Zeit nichts Adäquates entgegenzusetzen. Erst in der jüngeren Vergangenheit fand eine Strömung des Protestantismus zu Formen des öffentlichen Auftretens, die für große und erregte Aufmerksamkeit sorgten. Der deutsche Linksprotestantismus der fünfziger, sechziger und siebziger Jahre verband sich eng mit dem damals mächtigen Protestmilieu und ging auf die Straße. Auch hier waren es Prozessionen und Umzüge, welche die eigene Meinungsstärke und Weltanschauungsmacht weithin sichtbar ausstellen sollten. Aber anders als im traditionellen Katholizismus wurden sie nicht wegen kirchlicher Festtage oder zu Ehren von Heiligen veranstaltet, sondern ihr Anlaß war der Protest gegen Regierungsentscheidungen: die Wiederbewaffnung Deutschlands, der Bau von Atomkraftwerken, die Planung von Startbahnverlängerungen, die Aufrüstung der NATO. Natürlich waren dies nie rein protestantische Veranstaltungen. Denn hier versammelten sich viele, höchst unterschiedliche Gruppierungen. Aber der Linksprotestantismus fehlte nie. Oft drückte er dem Geschehen sogar seinen Stempel auf. Pastoren im Talar marschierten vorneweg, christlich geprägte Parolen wie »Ehrfurcht vor dem Leben« oder »Schwerter zu Pflugscharen« zierten Banner und Plakate, Ostermärsche wurden organisiert, christliches Liedgut wie »Sonne der Gerechtigkeit« oder »We shall overcome« wurde zu Gehör gebracht, Gottesdienste wurden vor Kasernen und Großbaustellen gefeiert. Im Hüttendorf im Flörsheimer Wald wurde sogar eine eigene Kirche gebaut, die zum Zentrum des Widerstands gegen die Startbahn West wurde. All diese Aktivitäten führten zu heftigen Debatten innerhalb der Kirche und außerhalb, was nur den durchschlagenden Erfolg dieser Protestveranstaltungen belegte. Der Demonstrationsprotestantismus verstand es, Großereignisse zu schaffen, Massenversammlungen zustande zu bringen sowie Gesinnungskundgebungen so zu inszenieren und medial zu vermitteln, daß die gesamte Öffentlichkeit ihn und seine religiös-moralischen Anliegen wahrnehmen mußte.

Blickt man von heute aus auf diese Phase zurück, ist man immer noch beeindruckt von den großen Mobilisierungserfolgen und den geschickten Medienstrategien dieser protestantischen Strömung. Zugleich aber muß man sich eingestehen, daß diese Zeit vorbei ist. Wie lange liegt das alles zurück, wie sehr hat es sich überlebt! Die Bilder von damals wirken auf den heutigen Betrachter fast schon so fremdartig und exotisch wie Fotos von philippinischen Passionsprozessionen. Die alte Demonstrationskultur hat sich inzwischen friedlich verabschiedet. Mit ihr aber hat der Linksprotestantismus die Voraussetzung für seine frühere Wirksamkeit verloren.

Als im Jahr 2003 plötzlich wieder Hunderttausende auf die Straße gingen, um gegen die amerikanische Invasion im Irak zu demonstrieren, trugen diese Aufmärsche kein protestantisches Profil mehr, sondern, wenn überhaupt, ein katholisches. Weithin sichtbar wehte über allem die Regenbogenflagge mit dem italienischen »Pace«-Logo, ein Zeichen der Verbundenheit mit dem alten Friedenspapst Johannes Paul II.

Kirchliches Event-Management

Die Formen wandeln sich, die Aufgabe bleibt dieselbe. Die Kirchen stehen vor der Herausforderung, sich und die eigene Botschaft einer unkirchlichen Gesellschaft mitzuteilen. Da die alten Formen ihre Schuldigkeit getan haben, müssen neue gesucht und erfunden werden. Hier sind die Kirchen in den vergangenen Jahren keineswegs träge gewesen. Die zeitgemäßen Auftrittsformen, die sie sich erarbeitet haben, folgen nicht mehr der Tradition der Prozessionen und Kirchenfeste, auch nicht mehr dem Modell der Protestkultur, sondern den Methoden der Konsumwirtschaft. Es sind *events*, wie sie die großen Konsumgüterverkäufer auch veranstalten.

Ein *event* ist zunächst einfach nur ein Ereignis, allerdings ein höchst besonderes. Ein Ereignis (im Sinne von *event*) ist ein Erlebnis, das allen, die ihm beiwohnen, einen ganz neuen Zugang zu etwas – in diesem Fall zur Kirche – eröffnet. Es soll dem Besucher unvergeßlich sein, ihn emotional ansprechen und ihm zugleich Sachinformationen vermitteln sowie ihn in ein direktes Gespräch hineinziehen. Die normalen kirchlichen Veranstaltungen wie Gottesdienste, Gemeindefeste, Lichtbildervorträge oder Bibelgesprächskreise sind offensichtlich keine Ereignisse in diesem Sinne. Denn sie sprechen vor allem diejenigen an, die sowieso dazugehören. Sie sind nichts Besonderes. Das Besondere aber, welches das Eigene weithin sichtbar machen soll, bedarf einer besonderen Planung und Durchführung. Ein *event* soll eine außergewöhnliche Aktion sein, ein einmaliges Programm bieten, am besten an einem ungewöhnlichen Ort und mit prominenten Protagonisten. Es soll erstaunlich wirken, gängigen Vorstellungen widersprechen und Aufmerksamkeit erregen. Es soll einen Glanz entwickeln und ausstrahlen. Also muß es hochwertig und professionell gestaltet sein. Und es muß schöne, bunte, eindrückliche Bilder liefern, damit Fernsehen und Zeitungen darüber berichten können. Denn die Vor- und Nachberichterstattung in den Medien ist fast noch wichtiger als die Durchführung des *events* selbst.

Manche der kirchlichen *events* gab es schon längst, bevor das englische Wort dafür seine Karriere in Deutschland begann. Der Motorradgottesdienst, zu dem sich alljährlich in und vor dem Hamburger Michel fast 40 000 Menschen versammeln, blickt auf eine zwanzigjährige Geschichte zurück. Aufgrund seines großen Erfolgs ist eine Reihe von besonderen Gottesdiensten veranstaltet worden, die sich an ein bestimmtes Zielpublikum richten: an Segler und Wanderer, Urlauber und Fußballfans, Camper und Frischverliebte. Manche der kirchlichen *events* nutzen die eigenen Räumlichkeiten, wie die vielerorts angebotene »Nacht der Kirchen«: An einem Abend öffnen alle Kirchen einer Stadt ihre Tore und bieten ein buntes kulturelles und geistliches Programm. Andere *events* suchen sich nichtkirchliche Orte, wie Flughäfen und Campingplätze. Einige versuchen eigene Termine und Themen zu setzen. Andere klinken sich bei säkularen *events* ein, wie einer Fußballweltmeisterschaft, einer Weltausstellung, einer Bundesgartenschau, dem Beginn der Sommerferien oder dem Valentinstag.

Der Versuch, kirchliche *events* zu schaffen, muß mit mancherlei Widerständen rechnen, vor allem und zunächst innerhalb der Kirche selbst. Denn die Übernahme einer Methode aus der Konsumwirtschaft löst hier besonders starke Zweifel und Sorgen aus. Es gibt in beiden Kirchen einen tiefsitzenden kapitalismuskritischen Reflex, der auf alles, was mit Werbung und Marketing zu tun hat, mit sofortiger Abwehr reagiert. Dieser Reflex hat sein gutes Recht. Er wird aber dort zum Pro-

blem, wo er alle Ansätze einer modernen Volksmission blok-
kiert und verhindert, daß die Kirchen auf Sendung gehen.
Der Wunsch, erfolgreich zu sein und viele Menschen anzusprechen, ist in den Kirchen – bei den Pastoren und Ehrenamtlichen – weit weniger ausgeprägt, als man meinen
möchte. Und es gibt so viele Gründe, dagegen zu sein. *Events*
setzen voraus, daß man Erfolg haben will. Aber Erfolg ist ein
für die Kirche ambivalentes Wort, weil sich das Gelingen
kirchlicher Arbeit kaum mit den Erfolgsmaßstäben der Wirtschaft messen läßt. *Events* brauchen eine hübsche, attraktive
Oberfläche. Das widerstreitet dem kirchlichen Bemühen, vor
allem Tiefes und Wesentliches zum Ausdruck zu bringen.
Events verlangen Professionalität, wo doch kirchliche Gemeindearbeit darauf aus ist, auch Ehrenamtliche zur Entfaltung kommen zu lassen. *Events* zwingen dazu, sich an genau
definierte Zielgruppen zu wenden. Aber das widerspricht
dem kirchlichen Bestreben, immer alle gleichermaßen anzusprechen. Schließlich nötigen *events* die Kirche dazu, sich auf
die Bedürfnisse dieser Zielgruppen zu konzentrieren. Das
aber läßt das Bedenken laut werden, ob man nicht dadurch
die eigenen Inhalte verdunkelt und sich verkauft.

Keines dieser kirchlichen Argumente gegen kirchliche
events ist ganz von der Hand zu weisen. Und inzwischen werden sie nicht nur von Pfarrern und Mitgliedern der Kerngemeinden vorgetragen, sondern auch von Feuilletonisten. Wer
sich exponiert, läuft bekanntlich auch Gefahr, sich zu blamie-
ren. Und wer öffentliches Aufsehen sucht, muß sich auf Spott
gefaßt machen. Fast ebenso lange wie es kirchliche *events* gibt,
erscheinen regelmäßig Glossen in den Feuilletons, die sich
über sie lustig machen. In der Tat, die Peinlichkeitsgefahr ist
groß. Wo die Kirchen nicht mehr bei sich und ihrer traditionellen Sache bleiben, sondern sich auf den Freizeitmarkt

begeben, können sie leicht unglaubwürdig wirken. Besonders kirchenferne Feuilletonisten haben ein feines Gespür dafür, wo die Kirchen sich ihrem Publikum anbiedern, ihre Botschaft verflachen und ihre Form verlieren. Höhnisch spießen sie Entgleisungen auf wie einen »Lappen-Gottesdienst« für Führerscheinneulinge auf einem Park-and-Ride-Parkplatz auf oder Techno-Nächte in alten Kirchen oder Haustiergottesdienste, die im allgemeinen Gebelle und Gemaunze untergehen; oder sie machen sich über Pastoren lustig, die vor dem Altar eine Torwand aufstellen, die sich im Familiengottesdienst wie Fernsehmoderatoren geben oder nur noch in Jugendslang sprechen und das Vaterunser als Rap darbieten. In der Tat, es lassen sich leicht Beispiele dafür finden, wie Pastoren auf der Jagd nach neuer Kundschaft die eigene Botschaft und ihre Würde aus den Augen verlieren. Kirchliche *events* stehen immer in dieser Gefahr, der zum Beispiel die australische Bibelgesellschaft erlegen ist, als sie vor kurzem eine SMS-Bibel herausbrachte (http://www.biblesociety.com.au/smsbible), in der die alte Heilige Schrift zu einem Rumpfgemurmel zusammengedampft war.

Andererseits aber ist solcherlei Feuilletonkritik an kirchlichen Marketingmaßnahmen auch ein Zeichen für deren Erfolg. Denn sie zeigt, daß diese Maßnahmen wahrgenommen werden. Über ganz normale Sonntagsgottesdienste, von denen dem Vernehmen nach ja auch gelegentlich der eine oder andere mißlingen soll, wird in der Öffentlichkeit nicht diskutiert. Über sie werden keine spöttischen Glossen geschrieben. Denn wer nimmt sie wahr? Wer erfährt in den Medien etwas über sie? Und wer überzeugt eine Redaktion davon, daß ein Text über sie gerechtfertigt ist? Das ist doch das Problem des gewöhnlichen Gottesdienstes, daß man über ihn nicht lästert, weil er eben kein öffentliches Thema mehr ist.

Und dies ist der Grund für kirchliches *event*-Mangement, das allerdings keineswegs nur peinliche Flops produziert. Es ist ja kein Selbstzweck, wenn Pastoren Gottesdienste in anderer Form und an anderen Orten wie zum Beispiel bei Stadtteilfesten feiern, sondern weil es ihnen damit gelingt, viele Menschen anzuziehen und anzusprechen. Diese Gottesdienste entsprechen offenkundig nicht mehr dem herkömmlichen liturgischen Modell. Sie folgen in vielen Teilen einer Fernsehästhetik. Das läßt natürlich bildungsbürgerliche Feuilletonisten die Nase rümpfen. Aber man muß schlicht feststellen, daß für die Mehrheit der Bevölkerung das Fernsehen das kulturelle Leitmedium darstellt. Die Kirche muß sich zu dieser Tatsache verhalten und Wege finden, wie sie auch diejenigen erreicht, die keine Bücher lesen und keine klassische Musik hören. Diese Menschen empfinden die alten liturgischen Formen als fremdartig, unverständlich, düster und beengend. Sie wollen lieber Gospel und Schlager hören, auch einmal klatschen und lachen dürfen und von einem entspannt wirkenden Pastor Lebenshilfe empfangen. Auch diese Menschen haben legitime religiöse Bedürfnisse, deren Erfüllung die selbstverständliche Aufgabe der Kirchen ist. Nur diejenigen Kirchenleute, die meinen, sich in elitärer Massenverachtung – bekanntermaßen die Erbsünde linker wie rechter Intellektueller – üben zu müssen, werden an ihnen und ihren Bedürfnissen achtlos vorbeigehen. Alle anderen werden nüchtern eingestehen, daß der traditionelle Gottesdienst schon hauptsächlich noch in bürgerlichen Stadtteilen angenommen und gelebt wird. In anderen Vierteln hat er viel von seiner früheren Bedeutung verloren, wenn es den Pastoren nicht gelungen ist, andere Formen zu finden und zu pflegen, etwa die oft belächelten und dennoch sehr beliebten Familiengottesdienste. Diese neuen Gottesdienstformen haben fast notwendigerweise den Charakter von »Unterhaltung« – hoffentlich jedoch von Unterhaltung in einem doppelten Sinn, nämlich als erfrischende Erheiterung und als offenes Gespräch, nicht aber im Sinne von bloßer »Zerstreuung«. Denn wenn der Gottesdienst eine Aufgabe hat, dann ist es doch die, das innere Leben der Besucher zu sammeln und anzuregen, es zu konzentrieren und zu stimulieren.

Aber gegen eine gewisse Leichtigkeit dürfte niemand etwas einzuwenden haben. Gerade die Kirchendistanzierten haben häufig ein seltsam archaisches Bild von der Kirche. Je weiter sie von ihr entfernt sind, um so strenger und dunkler, bitterer und härter erscheint ihnen die Kirche. Um sie aus der Reserve zu locken, bedarf es meist nur kleiner Lockerungsübungen, die dann und wann zu einer neuen Auseinandersetzung mit der Kirche und dem christlichen Glauben führen. Dafür bieten die Luther-Bonbons ein gutes Beispiel, die die evangelischen Kirchen im vergangenen Jahr am Reformationstag verteilt haben. Die Pastoren und Bischöfe waren es leid, nur zuzusehen, wie das amerikanische Halloween den deutschen Reformationstag immer mehr in den Hintergrund drängt. Sie waren es aber auch leid, im ewig gleichen Klageton über den amerikanischen Konsum- und Kulturimperialismus und den Untergang des christlichen Abendlands zu jammern. Da war es ein hübscher Einfall, am 31. Oktober in den Innenstädten Luther-Bonbons unter die Menschen zu bringen, um auf das eigentliche Thema dieses Tages aufmerksam zu machen. Der Lutherbonbon war als harmloses *gimmick* und schmackhafter *give-away* ein gutes Kommunikationsmedium für ein ernsthaftes Anliegen, das vor allem deshalb funktionierte, weil es dem altbekannten lutherischen Bierernst zuwiderlief.

Das Leichte ist bekanntlich das Schwerste. Wer es versucht, muß auf einem Seil tanzen. Wer sich der Sicherheit begibt, welche der traditionelle Gottesdienst, die alte liturgische

Etikette und das kirchliche Herkommen schenken, muß ein fein eingestelltes Formbewußtsein und Stilempfinden besitzen und präzise das Heitere vom Albernen, das Freie vom Lockeren, das Ansprechende vom Anbiedernden, das Einfache vom Simplen und das Moderne vom Modischen zu unterscheiden wissen. Er braucht dafür nicht zuletzt eine solide theologische Bildung. Denn nur derjenige, der sein theologisches Thema durchdrungen hat, kann es elementarisieren, ohne es zu banalisieren.

Wie mißt man nun den Erfolg eines kirchlichen *events*? Als gelungen kann es nicht schon dann gelten, wenn es sich auf dem Marktplatz öffentlicher Freizeitangebote behauptet. Vielmehr hat sich die Mühe erst dann gelohnt, wenn es mitten in diesem lauten Getriebe für einen Moment der Stille sorgt. Das vielleicht beste Beispiel hierfür war der Christus-Pavillon auf der Weltausstellung in Hannover (2000). Er fand großen Zuspruch und allgemeine Anerkennung, gerade weil er in der dröhnend um eine leere Mitte herumwirbelnden Expo einen eigenen Akzent setzte: ein moderner, schlichter und dennoch eindrücklicher Bau, in dem eigentlich nichts Besonderes geschah, nur – ganz klassisch und unaufgeregt – Stundengebete, Gesänge, Lesungen und Schweigen. Auf dem Jahrmarkt globaler Aufgeregtheiten präsentierte der Christus-Pavillon die Sensation des Normalen. Für die abgehetzten und dauerbeschallten Expo-Besucher war er ein Hafen der Ruhe, der ihnen einen Augenblick des Ausatmens, der Einkehr mitten in der Zerstreuung bot. Er stand in der Mitte einer Welt-Kirmes und zugleich daneben. Er war ein Stück Gegenwelt und dennoch auf seine eigene Weise ebenfalls ein *event*, Teil eines säkularen Konsumereignisses, und dies aus gutem Grund. Denn was nützt die erhabenste Gegenwelt, wenn man ihr nicht begegnet?

Taizé oder der Erfolg der Erfolglosen

Besonders eindrückliche *events* sind die eingangs erwähnten großen kirchlichen Jugendtreffen. Ihnen gelingt es, ein ganz anderes Bild von der Kirche in die Öffentlichkeit zu senden. Dadurch erzielen sie eine doppelte Wirkung: Den Kirchenfernen zeigen sie, daß Christentum nicht nur eine Sache für die Mühseligen und Beladenen, die Hinterwäldler und Abgehängten ist, sondern eine Herzensangelegenheit der nächsten Generation. Den Kirchentreuen zeigen sie, daß ihr Glaube nicht nur sie selbst, sondern viele, sehr viele in der eigenen Heimat und weit darüber hinaus in der ganzen weiten Welt erfüllt und bewegt. Das Christentum ist, selbst zweitausend Jahre nach seiner Stiftung, eine junge Weltreligion. Das ist in der Tat für Nichtchristen wie für Christen gleichermaßen eine überraschende Botschaft.

Diese Botschaft zu vermitteln, ist dem Evangelischen Kirchentag in der jüngsten Vergangenheit erstaunlich gut gelungen. Dabei hatten manche ihn schon für ein Auslaufmodell gehalten. Seine beste Zeit schien er gehabt zu haben, als charismatische Männer und Frauen große, aufrüttelnde Reden über politische Schicksalsfragen hielten. Viele Menschen lauschten ihren Bibelauslegungen, empörten sich mit ihnen über die Ungerechtigkeit dieser Welt, träumten mit ihnen von einem Reich göttlichen Friedens und begeisterten sich mit ihnen über die eigene Überzeugungskraft. Diese charismatischen Prediger und Predigerinnen gibt es offenkundig nicht mehr. Sie haben auch keine Nachfolger gefunden. Letzteres ist nicht einfach einer mangelnden kirchlichen Nachwuchsförderung anzulasten, sondern hat tiefer gehende Gründe. Die Gegenwart scheint solcher Prophetinnen und Propheten nicht zu bedürfen, sie aber auch nicht hervorzubringen. Wer heute einen Kirchentag besucht, begegnet einer Veranstaltungskultur, die weitgehend umgestellt worden ist: von Protest auf *event*, von Diskussion auf Erlebnis, von Reflexion auf Erfahrung. Ältere beklagen, daß die Inhalte in den Hintergrund getreten sind. Aber dies hat den Vorteil, daß der früher gelegentlich anzutreffende Gesinnungsdruck einer heiteren Atmosphäre gewichen ist.

Man sagt, daß die Gegenwart eine Zeit ohne Köpfe sei. In der Tat, es fehlen die großen Leitfiguren, die wortmächtigen Propheten und Redner. Aber das muß nicht bedeuten, daß die Gegenwart eine Zeit ohne Sinn und Verstand wäre. Das Suchen nach Sinn geschieht nur auf eine andere Weise: weniger durch Reden und Diskutieren als durch Erleben und Erfahren. Man will den christlichen Glauben nicht mehr erklärt bekommen, sondern ihn selbst spüren, und dies nicht griesgrämig, sondern mit Freude. Niemand wird behaupten wollen, daß dies ein unberechtigtes Bedürfnis wäre. Die Kirchentagsplaner jedenfalls tragen ihm Rechnung und organisieren nicht mehr Gesinnungsschulungen, sondern Glaubensfeste.

Das erstaunlichste Glaubensfest der letzten Zeit aber war der katholische Weltjugendtag im Sommer 2005, der seine Fortsetzung im bewegt gefeierten Heimatbesuch des Papstes ein Jahr später finden sollte. In Köln war damals eine überwältigende Menge fröhlich gestimmter Jugendlicher aus aller Welt zusammengekommen, um dem neuen Papst zu begegnen. Das ergab einen seltsamen Kontrast von Jugendkultur und Amtskirche, Sakro-Pop und scholastischer Theologie, Party und Predigt. Aber es funktionierte. Begeistert folgten die Jugendlichen der geschickten Inszenierung, begrüßten frenetisch den frisch gewählten Superstar Benedetto, hörten geduldig seine gar nicht auf Jugendlichkeit abgestellte Lehrpredigt und feierten unter ihm große Gottesdienste.

Befremdet mußten ältere und distanziertere Medienkonsumenten zur Kenntnis nehmen, daß Jugendliche plötzlich einem Papst zujubelten. War das nicht ein Rückfall in längst überwundene autoritätsfixierte Zeiten? Waren diese Jungen und Mädchen etwa einem klerikalen Personenkult verfallen? Natürlich standen hinter dem Weltjugendtag dezidiert kirchenpolitische Absichten. Ja, er besaß eine unübersehbare gegenreformatorische Spitze. Das konnte man schon daran erkennen, daß den Besuchern – mitten im Stammland der Reformation – ein Ablaß versprochen wurde. In seiner ganzen Macht und Pracht sollte das Papstamt gefeiert werden. Doch ist sehr fraglich, ob sich die jugendlichen Besucher groß darum geschert haben. Ihre Begeisterung für den neuen Papst folgte nicht dem katholischen Amtsverständnis, sondern dem Starmechanismus der Unterhaltungsbranche. Die Inszenierung kirchlicher Autorität haben sie nicht als autoritär erlebt, sondern als das, was sie von ihrem täglichen Popkonsum her kennen, nämlich als die Begegnung mit einem Prominenten, als *event* mit Starauftritt.

Der entscheidende Unterschied besteht natürlich darin, daß dieser Prominente nicht für ein käuflich zu erwerbendes Produkt steht, sondern für unveräußerliche Prinzipien. Gerade in dieser Hinsicht bot der Papst etwas, das die meisten Jugendlichen bei ihren zahnlosen Eltern und wehrlosen Lehrern vermissen dürften: das entschiedene Eintreten für eine Sache, die eindeutige Unterscheidung von Gut und Böse, das unbekümmerte Bekenntnis zum eigenen Glauben. Gerade Pubertierende brauchen Leitfiguren. Sie sind selbst auf der Suche, darum verlangen sie nach Älteren, die etwas gefunden haben. Es verwirrt sie, wenn die Erwachsenen genau wie sie immer noch auf der Suche sind. Da erscheint der Papst wie die Verheißung, daß man tatsächlichen einen Grund und ein

Ziel für das eigene Leben finden kann. Daß die jugendlichen Besucher ihm entgegengeströmt sind und zugehört haben, zeigt, daß gerade der konservative, kompromißlose Papst ein tiefes Bedürfnis bei ihnen entdeckt und befriedigt hat. Dennoch dürften nur die wenigsten seine Nachfolge in Gehorsam und Unterwerfung angetreten sein. Die meisten werden seine Ermahnungen und Lehren – ganz liberal – als Angebot, Anregung und Anstoß zum eigenen Nachdenken gehört haben. Darum dürfte der Erfolg des katholischen Weltjugendtages nicht wirklich den Absichten seiner Ausrichter entsprochen haben.

Blickt man von heute aus auf den Weltjugendtag zurück, wird ein Grundproblem des kirchlichen *event*-Managements deutlich, die Gefahr nämlich, daß das außeralltägliche Erlebnis nicht in den kirchlichen Alltag hineinführt, sondern sich an dessen Stelle setzt. Mit großem organisatorischen Aufwand und viel Geld wurde ein Großereignis gefeiert. Doch heute fehlen die Mittel, um die normale Gemeindearbeit aufrechtzuerhalten. Für mehrere Millionen wurde vor gut einem Jahr der »Marienhügel« aufgeschüttet, der nur wenige Tage und Nächte lang genutzt wurde. Und im selben Jahr erklären die Bistümer in Nordrhein-Westfalen, daß sie einen erheblichen Teil ihrer Kirchgebäude schließen werden.

Große Jugendversammlungen sind eines der besten Instrumente, um den christlichen Glauben mitten in einer säkularisierten Gesellschaft öffentlich in Szene zu setzen. Das ist eine schon recht alte Einsicht. Nachhaltiger aber als katholische Weltjugendtage und konzentrierter als evangelische Kirchentage wirken die europäischen Jugendtreffen einer kleinen Gemeinschaft, welche die letzte bedeutende Frömmigkeitsbewegung geschaffen hat, ohne vorher bei Marketing-Experten und Werbestrategen in die Lehre gegangen zu sein. In der Abgeschiedenheit eines kleinen Dorfes im Burgund ist vor einem halben Jahrhundert etwas herangewachsen, das noch heute Jugendliche anzieht und zum Glauben lockt.

Der Schweizer Roger Schutz, ein reformierter Protestant, war 1940 nach Taizé gekommen. Nach den Kriegswirren konnte er hier seinen Lebenstraum verwirklichen: Er gründete eine ökumenische Kommunität. Gemeinsam mit einem Dutzend Gleichgesinnter verpflichtete er sich zu einem Leben in Gütergemeinschaft, Ehelosigkeit und Gehorsam. Doch seine Gemeinschaft sollte sich deutlich vom klassischen Mönchstum unterscheiden, von dem das monumentale Benediktinerkloster im benachbarten Cluny zeugt. In Taizé pflegt man eine Atmosphäre der Freiheit und ökumenischen Weite. Man ist nicht Teil einer mächtigen Kirche. Alles Amtskirchliche und Institutionelle, Prächtige und Gravitätische hält man fern. Man lebt einfach zusammen. Den Mittelpunkt bilden die drei täglichen Gottesdienste in einer schmucklosen Betonkirche. Und man lebt für andere, vor allem für die vielen Jugendlichen, die seit den fünfziger Jahren nach Taizé kommen, um dort – in großen Zelten untergebracht – zu beten und zu singen.

Am deutlichsten zeigen die Lieder aus Taizé den Geist, der hier weht. Es sind schlichte und kurze Gesänge. Sie zeichnen sich durch eine verhaltene Melodik, einen ruhigen Rhythmus und lateinische Texte aus. Dadurch gewinnen sie eine archaische Anmutung. Aber sie lassen sich leicht singen. Beim ersten Hinhören erinnern sie an gregorianische Gesänge, welche jedoch viel strenger, komplexer und anspruchsvoller sind. Das wollen die Lieder von Taizé gar nicht sein. Sie sind keine Kunststücke, sondern dienen nur dem einen Zweck: In eine spirituelle Stimmung zu führen. Deshalb soll sie jeder auf Anhieb verstehen und mitsingen können. Musikalische Niedrigschwelligkeit ist Programm. Zugleich aber sollen sie die Hörenden und Singenden in eine andere Welt entführen. Deshalb wecken sie Assoziationen an das ferne Mittelalter. Sie wollen einen archaischen, dunklen und warmen Klangraum eröffnen und unterscheiden sich deshalb bewußt – und wohltuend – vom üblichen Sakro-Pop, der ganz von einer flüchtigen Gegenwärtigkeit lebt. Die Lieder von Taizé stehen für eine Frömmigkeit, die auf ganz eigene Weise Modernes und Traditionelles verbindet.

Altertümlich erscheint die Konzentration auf das Beten. In Taizé wird keine Unterhaltung geboten. Hier versenkt man sich ins Gebet. Dies aber geschieht auf eine Art, die heutigen Jugendlichen angemessen ist. Man sitzt nicht auf harten Bänken, sondern auf dem Boden. Die Kirche ist dunkel, nur von warmem Kerzenlicht ein wenig erhellt. Es werden keine langen Predigten gehalten. Die intellektuelle Auseinandersetzung spielt keine Rolle. Einer besonderen Theologie bedarf man in Taizé nicht. Man begnügt sich mit einer gewissen Traditionstreue, die aber kein eigenes Thema ist, sondern nur der Rahmen für das Vollziehen der eigenen Frömmigkeit. Es soll nicht über etwas nachgedacht, sondern etwas gemeinsam erlebt werden, und zwar in einer Atmosphäre, die von Wohligkeit ebenso geprägt ist wie von Ernsthaftigkeit. Wieder und wieder singt man die angenehm einförmigen Verse, bis man in einen Zustand schwebender Ruhe gerät.

Die Kommunität von Taizé hat als Senfkorn begonnen und ist es geblieben. Inzwischen gehören ihr etwa einhundert Brüder aus 25 Ländern und vielen Konfessionen an. Als Institution ist sie also noch immer klein und schlank, aber ihre Frömmigkeit hat in Europa tiefe Spuren hinterlassen. Das zeigt sich besonders bei den Jugendtreffen, welche die Gemeinschaft in regelmäßigen Abständen veranstaltet. Es ist erstaunlich, wie es ihr gelingt, den besonderen Geist von Taizé mitten in den Metropolen Europas wehen zu lassen. Was ist das Erfolgsgeheimnis von Taizé? Wahrscheinlich liegt sein spiritueller Charme in einer frommen Absichtslosigkeit. Zwar ist die Kommunität in organisatorischen Dingen durchaus geschickt und weiß das eigene Anliegen gut zu vermitteln. Aber der äußere Erfolg wird nicht direkt gesucht. Die Frage nach öffentlicher Wirkung steht nicht an erster Stelle. Das Ziel ist und bleibt das eigene Frömmigkeitsanliegen. Dieses Anliegen ist so alt wie das Christentum selbst: die Sehnsucht nach einer Begegnung mit Gott, die Suche nach einer anhaltenden seelischen Erfüllung, die Frage nach einem guten, einfachen Leben und einer unverfälschten Frömmigkeit. Die Leistung von Taizé besteht darin, dieses Anliegen seinen jugendlichen Besuchern ernsthaft ans Herz zu legen und ihm eine schöne, einladende Form zu geben.

Der Erfolg der Kommunität von Taizé hing aber nicht zuletzt an der Persönlichkeit ihres Gründers. Frère Roger Schutz besaß ein Charisma der Stille. In weiße Gewänder gekleidet, strahlte er die Konzentration eines mönchischen Lebens aus, ohne weltfeindlich zu wirken. Er schien ganz für ein einziges, aber unerschöpfliches Thema zu leben. Seinem sanften, ernsten Gesicht meinte man die Würde, den unendlichen Wert des alten, uralten Christentums ablesen zu können. Er schien in sich und seinem Glauben zu ruhen. Von der Verbiesterung, der man bei älteren, konservativen Kirchenmännern gelegentlich begegnete, konnte man bei ihm keine Spur finden. Es war, als hätte er es gar nicht nötig, die glaubensferne Gegenwart mit Scheltreden zu überziehen. Er war durchaus eine Leitfigur, dies aber nur durch die Strahlkraft seiner Frömmigkeit. Er stellte etwas sehr Seltenes dar: eine Autorität ohne Macht. Darin war er eine Gegenfigur zum Papst. Aber auch vom Dalai Lama, einer vergleichbar sanften Autoritätsperson, unterschied er sich. Er lächelte nur selten, schrieb keine Ratgeberbücher über die Kraft des positiven Denkens – er war also schlicht weniger medientauglich. Im vergangenen Jahr wurde er während eines Abendgebets in der Kirche von Taizé von einer geisteskranken Frau ermordet.

Trauer-*Events*

Ein Sonderfall kirchlichen Wirkens in der Öffentlichkeit hat in den vergangenen Jahren erheblich an Bedeutung gewonnen. Ihn als *event* zu bezeichnen, klingt natürlich zynisch und ist in einer entscheidenden Hinsicht auch falsch. In anderen wichtigen Aspekten jedoch läßt sich dieser Sonderfall durchaus in eine Reihe mit anderen kirchlichen Ereignissen stellen. Gemeint ist die öffentliche Seelsorge nach Katastrophen. Von den normalen *events* unterscheidet sie sich dadurch, daß sie das glatte Gegenteil von Unterhaltung darstellt und selbstverständlich auch nicht von der Kirche vorausgeplant wird. Mit den normalen *events* verbindet sie aber, daß sie für einen sehr intensiv erlebten Moment große Teile der Bevölkerung zu den Kirchen führt. Sie eröffnet Kirchenvertretern die Chance, in den Medien zur besten Sendezeit, auf überfüllten Plätzen und in voll besetzten Kirchen sehr vielen Menschen in die Seele zu sprechen und sie in gemeinsamen Ritualhandlungen vor das Ewige und Heilige zu führen.

Dies ist ein durchaus neues Phänomen. Wann es genau begonnen hat, ist schwer zu sagen. Besonders augenfällig zeigte es sich nach den Terroranschlägen vom 11. September 2001. Die Nachrichten von den Terrorangriffen auf New York und Washington hatten auch die Deutschen erschüttert. Die

Bilder der explodierenden Flugzeuge, der einstürzenden Hochhäuser und panisch fliehenden Menschen hatten den Fernsehzuschauern hierzulande einen Schock versetzt. Viele wußten nicht, wohin mit diesen Bildern. Man hatte das Bedürfnis, seinem Erschrecken, seiner Trauer und seinem Mitgefühl Ausdruck zu verleihen, und zwar auf religiöse Weise. Eine bloße Solidaritätsdemonstration hätte nicht genügt. Darum strömten viele Menschen in die geöffneten Kirchen, entzündeten dort Kerzen für die Opfer, sprachen stille Gebete, schrieben sich in Fürbittenbücher ein und nahmen an den ungezählten Gedenkgottesdiensten teil. Die Medien bemerkten dieses Bedürfnis nach religiöser Orientierung sehr schnell und brachten in eiliger Folge Interviews, Gastkolumnen und Stellungnahmen kirchlicher Repräsentanten. Auch die Regierenden gaben ihre Distanz zur Kirche auf und beteiligten hohe Kirchenführer an den großen öffentlichen Trauerkundgebungen. Im Moment der Not schien den Politikern deutlich geworden zu sein, daß das Gemeinwesen einen Zuspruch brauchte, den sie selbst nicht geben können. Dasselbe wiederholte sich nach dem 11. September bei einer ganzen Reihe von großen und kleinen Katastrophen. Man denke nur an den Amoklauf in der Erfurter Gutenbergschule 2002 oder an die Tsunami-Katastrophe im Indischen Ozean an Weihnachten 2004.

Die öffentliche Seelsorge, die nach solchen Katastrophen einsetzt, zeigt, daß der Programmbegriff »Volkskirche« zumindest in Augenblicken der Erschütterung tatsächlich zu halten vermag, was er verspricht. Sie macht deutlich, daß die Volkskirche etwas leistet, das sonst niemand tun kann oder will. Die christlichen Kirchen verfügen über einen Schatz an biblischen Worten und Geschichten, die allein der Größe des Grauens gerecht werden. Sie besitzen in ihrer theologischen

Tradition zwar keine fertigen Antworten auf die abgründigen Fragen, welche die Katastrophen auslösen, aber zumindest doch Denkformen, wie mit ihnen umzugehen ist. Und die christlichen Kirchen haben Rituale, in denen alle gemeinsam ihre Trauer ausdrücken, Bestärkung suchen und neue Lebenshoffnung finden können. So helfen sie, die schreckensstarre Sprachlosigkeit zu überwinden. Es ist zwar überraschend, aber eben kein Zufall, daß selbst im weitgehend entkirchlichten Ostdeutschland bei Unglücksfällen – wie der Entführung deutscher Staatsangehöriger im Irak – in Kirchen Mahnwachen abgehalten werden und nicht Politiker oder Prominente, alte sozialistische Kader oder neue esoterische Gurus, auch nicht Künstler, sondern eben Pastoren das Wort führen. Es scheint keine anderen, besseren Orte und Akteure für die öffentliche Seelsorge zu geben.

Es dürfte außer Frage stehen, daß diese Art von Katastrophenhilfe für die Gesellschaft sinnvoll ist und dem kirchlichen Auftrag entspricht. Dennoch hat sie ihre ganz eigenen Tücken. Zum einen kann ein ungeheurer Menschenzustrom und eine überraschende Nachfrage durch die Medien bei Kirchenvertretern durchaus narzißtische Gefühle aufkommen lassen. Auch Bischöfe und Pastoren sind Menschen, das heißt ebenso wie alle anderen darauf aus, gebraucht, geliebt und gehört zu werden, also immer in der Gefahr, der Eitelkeit zu erliegen. Es bedarf deshalb einer nicht unerheblichen Nüchternheit und Selbstdistanz, um nicht zum Katastrophengewinnler zu werden.

Daneben gibt es noch ein inhaltliches Problem. Die genannten Beispiele – 11. September, Erfurter Amoklauf, Tsunami – sprechen für sich. Aber es gibt auch Traueranlässe, deren Gewicht nicht eindeutig zu bestimmen ist. Denn manche Trauer-*event*s folgen der keineswegs immer einleuchtenden Logik der Medien. Nicht jedes große Unglück ist eine Katastrophe, jedenfalls nicht im Sinne der Medien, das heißt vor allem des Fernsehens. Damit es eine Katastrophe wird, muß es Bilder liefern, eindrückliche Bilder. Was von den Fernsehkameras unbeobachtet gelitten wird, löst andernorts kein Mitleiden aus. Hilfreich ist es natürlich auch, wenn die Medienkonsumenten eigene Erfahrungen mit dem Unglücksort verbinden, zum Beispiel einen schönen Urlaub. So ist es häufig dem Zufall überlassen, welcher afrikanischen Hungersnot, welchem asiatischen Erdbeben und welchem mittelamerikanischen Hurrikan hierzulande besondere Anteilnahme zukommt. Daß die Trauer zum *event* wird, ist nicht selten nur das Ergebnis künstlich erzeugter und erhitzter Erregungskonjunkturen, also beliebig und ungerecht.

Auch bleibt die Verbindung, die durch die Trauer-*events* zwischen Leidenden und Mitleidenden gestiftet wird, eine sehr prekäre. Oft ist sie durch eine merkwürdige Mischung aus Abstraktheit und Sentimentalität gekennzeichnet. Das christliche Mitleid ist seinem ursprünglichen Sinn Teil einer Nah-Ethik. Jesus empfand Mitleid mit den Kranken, die ihm direkt begegneten. Ihr Schicksal »jammerte« ihn. Ihnen wandte er sich unmittelbar zu, sprach mit ihnen, berührte sie, heilte sie. Was es jenseits von Galiläa für menschliches Leid gab, hatte er nicht im Blick. Heute aber, da Katastrophenbilder aus den entferntesten Weltteilen ins eigene Wohnzimmer gesendet werden, erweitert sich das zunächst auf einen eng begrenzten Nahbereich beschränkte Mitleidsgefühl zu einer globalen Fern-Ethik. Das hat sein gutes Recht. Zugleich aber führt dies leicht in die Überforderung. Auch Mitleid ist eine begrenzte Ressource. Die meisten Medienkonsumenten schützen sich vor der Überforderung durch fremdes Leiden dadurch, daß sie sehr kurz, dafür aber sehr sentimental Anteil nehmen. Für einen Augenblick zerfließen sie vor Mitleid, für einen Augenblick raffen sie sich zu Taten der Barmherzigkeit auf. Aber es bleibt ein oberflächlicher Reiz und eine flüchtige Reaktion ohne tiefere Sachkenntnis und ohne dauerhaftes Engagement.

Trauer-*events* sind schließlich stets in der Gefahr, ins Unernste zu kippen. Zwei Fälle haben dies überdeutlich gezeigt. Der Tod von Prinzessin Diana sorgte weltweit für Bestürzung. Die Trauerfeier, die für sie am 6. September 1997 in der Londoner Westminster Abbey zelebriert wurde, dürfte gemeinsam mit der Trauermesse für Papst Johannes Paul II. der Gottesdienst mit der höchsten Einschaltquote der Menschheitsgeschichte gewesen sein. Sicherlich, das Leben von Prinzessin Diana bot eine selten faszinierende Mischung. Man konnte sie bewundern und bedauern. Sie war ein Popikone und zugleich eine armselig ungeliebte, hintergangene Ehefrau. Dennoch, die Trauer sprengte jedes Maß, und der Gottesdienst wurde ein sentimentales Seelenbad für Millionen.

Vollends absurd wurde es – mehrere Etagen tiefer in der Prominentenwelt –, als Rudolph Moshammer im Januar 2005 ermordet wurde. Weniger ein Modeschöpfer als ein Stilclown, war er durch seine mediale Allgegenwart vielen Menschen bekannt und nicht wenigen sogar ans Herz gewachsen. Auch wenn manchem unklar blieb, was sein Verein für Obdachlose wirklich bewegte, galt er als Wohltäter. Sein Tod entsetzte viele. Doch war die große öffentliche Trauer angemessen? Viele Münchner ließen sich jedenfalls nicht davon abhalten, durch die Straßen der Stadt zu ziehen und einen großen Trauergottesdienst mitzufeiern, der von evangelischen Geistlichen verantwortet wurde und um den anschließend kircheninternein heftiger Streit entbrannte. Betrachtet man diese beiden Fälle mit einer gewissen Nüchternheit, fällt ein

Mißverhältnis auf. Vor allem in den Großstädten läßt sich beobachten, daß immer mehr Menschen allein sterben und anonym bestattet werden. Sie werden nicht betrauert, ihr Tod wird nicht begangen. Für sie wird keine Trauerfeier ausgerichtet, weil sie keine Verwandten und Freunde haben, weil das Geld fehlt oder das Interesse. Wie paßt damit zusammen, daß bei einigen wenigen, medial aufbereiteten und aufgeheizten Anlässen so außerordentlich getrauert wird? Die Vermutung liegt nahe, daß manche Trauer-*events* den Ersatz für das ansonsten unterbliebene private Trauern darstellen. Der Tod wird in der modernen Gesellschaft nicht einfach verdrängt, wie gern gesagt wird. Die moderne Gesellschaft leidet nicht an einer – ebenfalls häufig behaupteten – Unfähigkeit zu trauern. Es ist wohl eher so, daß die Trauer aus dem eigenen Nah-Bereich in den medial vermittelten Fern-Bereich ausgelagert zu werden droht.

Darin aber zeigt sich ein grundsätzliches Problem. Ein *event* ist ein Instrument. Es rechtfertigt sich als Mittel zum Zweck. Seine Aufgabe besteht darin, öffentliche Aufmerksamkeit für die Kirche zu schaffen und neue Zugänge zu ihr zu eröffnen. Aber gerade wenn es erfolgreich ist, droht es, an die Stelle der Sache selbst zu treten. Dann aber zerstört es die notwendige Balance zwischen dem Besonderen und dem Allgemeinen, dem Sensationellen und dem Alltäglichen. Es führt nicht zu einem (ganz zu Recht) unspektakulären Gemeindeleben, sondern genügt sich selbst: ein außergewöhnlicher Reiz, aber flüchtig, ein blendender Augenblick, doch folgenlos.

Das religiöse Leben lebt von der Spannung zwischen zwei Polen. Einerseits ist es auf das schlechthin Außeralltägliche ausgerichtet. Es ist die große Ausnahme, die absolute Unterbrechung des Normalen. Andererseits ist das religiöse Leben auf Dauer angelegt. Es braucht Rituale, und diese funktionieren nur, wenn sie über lange Zeiträume wiederholt eingeübt und regelmäßig vollzogen werden. Religion hat also ebensoviel mit Abwechslung wie mit Gewohnheit zu tun. Die lebensnotwendige Spannung zwischen diesen Polen wird gestört, wo das *event* für sich bleibt und zu nichts hinführt.

Doch ob etwas aus einem *event* folgt, liegt im letzten nicht in der Hand kirchlicher Marketing-Experten, sondern hängt von der Entscheidung der *event*-Besucher ab. Den entscheidenden Schritt müssen sie selbst tun. Sie müssen sich selbst fragen, ob sie nur ein besonderes kirchliches Angebot wahrnehmen wollen oder ob der christliche Glaube Teil ihres eigenen Lebens werden soll. Liegt ihnen letzteres wirklich am Herzen, dann müssen sie die Rolle des Konsumenten verlassen und selbst aktiv werden. Zum Beispiel dadurch, daß sie sich auf die Suche nach einer Gemeinde, einem Pastor, einer Gottesdienstform machen, mit deren Hilfe sie das, was sie ersehnen und erfahren, auch sichtbar und gemeinsam mit anderen ausleben, daß sie also ihren Glauben in einer Gemeinde feiern. Diese Entscheidung kann ihnen niemand abnehmen. Ein gelungenes, öffentlich wahrgenommenes und gut besuchtes Kirchenereignis kann ihnen jedoch zumindest zeigen, daß sie nicht merkwürdig und sonderbar sind, nur weil sie religiöse Gefühle haben und diese auch ausdrücken möchten. Im Gegenteil, hier können sie Geschmack daran finden, wie schön es ist, wenn viele ihren Glauben miteinander teilen. Das ist gar nicht peinlich, sondern nur das höchst erfreuliche Erleben christlicher Gemeinschaft.

KAPITEL 7

Das gute Leben

Über die religiöse Dimension der Moral

ES GIBT GESPRÄCHE, die einen unversehens an eine Grenze bringen. Sie verlaufen zunächst wie das übliche Gerede. Aber dann kommt, plötzlich und ungewollt, ein Moment, der echte, ernste Fragen bringt. Eben noch saßen alle müde und entspannt zusammen, eingehüllt vom Halbdunkel einer späten Stunde, keiner so ganz bei der Sache. Man ließ sich treiben. Auf einmal aber nahm das Gespräch Fahrt auf. Als wäre man in eine Stromschnelle geraten. Mit einem Mal war da ein Strudel, ein Sog. Alle wurden mitgerissen. Etwas Fremdes stand nun im Raum: eine Frage, ein Problem, ein Streit. Niemand kann sagen, wie es dazu kommen konnte. Aber jetzt ist es da und fordert sein Recht. Es ist schon spät. Doch alle sind hellwach, und es wird dauern, bis sie wieder müde sind.

Zum Beispiel: An diesem Abend muß man mit vier Kollegen länger im Büro bleiben. Diese eine Sache war noch zu erledigen. Alles hing von einem Fax ab, das noch kommen und gleich bearbeitet werden sollte. Aber es konnte noch dauern. Man ließ sich Pizzas kommen, setzte sich, das Faxgerät in Hörweite, zusammen und fing an zu plaudern. Wären es nur Männer gewesen, hätte man über Fußball geredet oder Autos oder Rotwein. Doch es waren auch zwei Frauen dabei. Man nahm statt dessen die abwesenden Kollegen durch. Richtig interessant war das nicht. Aber immerhin erlebte man die Anwesenden auf neue Weise. Der junge Kollege erwies sich als amüsant. Bisher hatte er sich stets zurückgehalten, jetzt sorgte er für Gelächter.

Die ältere Kollegin hatte ein paar Flaschen Wein aufgetan und aufgetischt. Man selbst nahm sich eine Auszeit, kaute, nippte am Glas und schaute zum Fenster hinaus, ließ die anderen reden. Ein ausgedehnter Augenblick erholsamer Langeweile. Doch plötzlich brachte einen etwas ins Gespräch zurück. Da war ein anderer Ton, eine Spannung im Raum. Man hatte nur so viel mitbekommen, daß es um eine Kollegin ging, die sich in die Mutterschaft verabschiedet hatte. Der junge Kollege hatte – angestachelt durch die bisherigen Lacher – gemeint, einen Scherz auf ihre Kosten machen zu müssen.

Erregt fuhr ihn die jüngere Kollegin an. Was er sich denken würde! Wie er sich erlauben könne, so zynisch über die Schwangerschaft einer Kollegin zu sprechen! Der junge Mann verstummte wie ein erschrockener Bub. Doch die junge Kollegin kam nun erst richtig in Fahrt. Aus dem Stegreif hielt sie allen, ob sie es hören wollten oder nicht, eine rasante Predigt über den Wert der Familie und die Würde der Mutterschaft: Die Schwangerschaft sei etwas Heiliges und Kinder seien die größten Geschenke Gottes. Hatte man richtig gehört? Solche Wörter waren in diesem Büro für gewöhnlich nicht zu hören. Und von dieser jungen Frau hätte man sie am wenigsten erwartet. Sie trat normalerweise so abgeklärt und urban auf. Aber anscheinend hatte sie nur auf eine dumme Provokation gewartet, um endlich einmal loszulegen und das Innerste nach außen zu kehren. Vielleicht hätte man ihren griechischen Namen ernster nehmen und das große Kreuz um ihren Hals nicht als bloßes Accessoire einstufen sollen. Aber was sie sagte, war nicht einfach ein reaktionäres Statement. Sie blieb die selbstbewußte, junge Großstädterin, die sie war. Sie rief kein »Zurück an den Herd!«, aber sie forderte Respekt für ihre religiösen Prinzipien.

Alle waren perplex. Unsympathisch war diese leidenschaftliche Spontanpredigt nicht. Dieses Bekenntnis war stark. Man selbst spürte zwar keine vergleichbare Gewißheitskraft, aber man gönnte sie der jungen Frau. Ganz unrecht hatte sie ja nicht. Sicher, man selbst hätte es so nicht gesagt. Aber besser als die lose Lästerei über die schwangere Kollegin war es allemal. Nur der Seitenblick zur älteren, alleinstehenden Kollegin beunruhigte einen. Um ihre Mundwinkel legte sich eine gewisse Strenge.

Jetzt richtete sich der Kollege im mittleren Alter auf, der bisher zum Glück stillgeblieben war. Ein steifer Kerl, auf eine aggressive Weise konservativ, gern bereit zu einer verletzenden Bemerkung. Er brachte sich in Positur und begann erst leise und dann mit zunehmender Lautstärke über Familienwerte zu sprechen, über die hohe Scheidungs- und die niedrige Fortpflanzungsrate der Deutschen sowie über das Problem der vielen Abtreibungen. Die ältere Kollegin nahm einen langen Schluck aus ihrem Weinglas. Ihre Lippen hatten sich zu zwei scharfen Linien verhärtet. Ein Satz noch, und sie würde ihm ordentlich Bescheid geben.

Ungemütlich war es geworden. Es drohte eine ernsthafte Störung des spätabendlichen Betriebsfriedens. Wie sollte man reagieren? Sollte man wirklich über Sexualethik und Abtreibung diskutieren, in Pro und Contra, wie damals im schulischen Ethikunterricht? Zu lächerlich. Sollte man mit einem eigenen Bekenntnis dazwischengehen? Zu persönlich. Und überhaupt, wozu hätte man sich bekennen können? Man spürte doch hier – wie bei fast allen großen Lebensfragen – eine große Unschlüssigkeit in sich. Da fing das Faxgerät an zu schnurren. So ein Glück, das Gespräch brach ab, die Arbeit wurde endlich wieder aufgenommen.

Die Welt religiöser Konflikte

Wer versucht, ein gutes Leben zu führen, sieht sich vor unendlich viele Gewissensfragen gestellt. Aber er ist nicht nur genötigt, diese persönlichen Fragen für sich selbst zu klären.

Denn wenn er über seinen eigenen Lebensbereich hinausschaut, wird er bemerken, daß sie in einem weiten, weltweiten Kontext stehen. Wie soll ich leben? Wie kann ich wahrhaft glücklich sein? Wie kann ich glücklich sein, ohne anderen zu schaden? Wie erkenne ich den genauen Unterschied zwischen Gut und Böse? All diese Fragen lassen sich nicht allein im stillen Kämmerlein der eigenen Innerlichkeit klären. Denn sie sind immer auch der Gegenstand einer aufgeregten und aufregenden öffentlichen Auseinandersetzung – in der deutschen Gesellschaft ebenso wie auf dem gesamten Erdball. Und für hier wie dort gilt, daß diese Fragen immer auch eine religiöse Dimension besitzen. Ja, diese religiöse Dimension ist es, die der moralischen Auseinandersetzung erst ihre eigentümliche Tiefe, ihre Dringlichkeit, aber auch ihre Schärfe gibt. Denn fast alle großen Konflikte besitzen eine Glaubenswurzel. Man versteht die Reichweite und Abgründigkeit aktueller Auseinandersetzungen also erst, wenn man ihren religiösen Aspekt in den Blick nimmt.

Die Welt religiöser Konflikte ist ein weites Feld. In globaler Perspektive findet ein Kampf der Kulturen statt. Sicherlich, Weltpolitik dreht sich zunächst um Macht, Rohstoffe und Absatzmärkte. Aber sie ist immer auch mehr als das kühle Verfolgen eigener Interessen. Anders wären beispielsweise die wechselseitigen Gefühle von Angst und Haß nicht zu verstehen, die das Verhältnis des Westens zum Nahen Osten vergiften. Verständlich wird die irrationale Wucht dieses Kampfes nur, wenn man seinen religiösen Kern untersucht. Hier prallen gegensätzliche Lebenspositionen aufeinander. Welcher Wert oder Unwert der Modernisierung zugemessen wird, ob man die Emanzipation von Autoritäten höher achtet oder die Ehrfurcht vor Traditionen, folgt aus religiösen Grundanschauungen. Welche Gewalt sie haben können, zeigt der Islamismus, aber auch der nordamerikanische Fundamentalismus.

Auch in europäischer Perspektive äußert sich die Virulenz religiöser Prägungen. Und dies schon bei der Frage, was Europa eigentlich ist. Da Europa kein eigenständiger Kontinent ist, muß man es kulturell definieren. Definieren heißt abgrenzen. Die kulturellen Grenzen Europas sind offenkundig auch religiös bestimmt. Die europäische Religionskultur ist jedoch kein Monolith, sondern von vielfältigen Grenzen und Brüchen durchzogen. Da ist zunächst die spannungsvolle Unterscheidung von Staat und Religion. Sie setzte schon im Mittelalter ein, als Papst und Kaiser miteinander rangen und die weltliche Macht in Canossa den Zugriff auf die geistliche Welt verlor. Die Differenzierung zwischen beiden Sphären wurde durch Luthers Lehre von den zwei Reichen vertieft und von der Aufklärung zum Grundprinzip einer modernen Staats- und Kirchenauffassung erhoben. Der zweite Bruch ist derjenige zwischen Katholizismus und Protestantismus. Er belegt, daß das Christentum selbst keine Einheit darstellt, sondern eine Fülle von gegenläufigen Möglichkeiten enthält. Der dritte Bruch ist derjenige zwischen Christentum und Aufklärung. Ebenso wie das Christentum keine Einheit ist, so stellt sich auch die Aufklärung nicht als religionsfeindlicher Block dar. Manche Aufklärungstraditionen geben sich – wie in Frankreich – schroff kirchenfeindlich, andere aber – wie in Deutschland – erstaunlich christentumsfreundlich. Europa besitzt also keine geschlossene religiöse Identität, sondern ist ein Spannungsfeld. Und aus diesen Spannungen erwächst seine besondere Vitalität und Kreativität.

Wie weit also reicht Europa? Die Antwort kann nur lauten: So weit die Spannungen zwischen Staat und Kirche, zwischen Protestantismus und Katholizismus, zwischen Christentum und Aufklärung, zwischen Herkunftsreligion und Moderne reichen. Europa hat seine Grenze dort, wo diese Spannungen aufhören. Das ist in der Türkei der Fall, wo zum einen von unten her ein konservativer und nur zum Teil fundamentalistischer Volkslam das Leben prägt und wo zum anderen von oben her eine laizistische Religionspolitik dekretiert wurde. Eine fruchtbare Spannung zwischen Religion und Moderne kann sich hier nur schwer entfalten.

Eine Hürde liegt übrigens nicht nur zwischen Europa und der muslimischen Welt, sondern auch zwischen Westeuropa und dem Kulturraum des orthodoxen Christentums. Denn letzteres besitzt – anders als Katholizismus und Protestantismus – keinen eigenen Zugang zu europäischen Freiheitsprinzipien und zum Gedanken der geistlich-weltlichen Gewaltenteilung. Das zeigt zum Beispiel der verzweifelte Kampf orthodoxer Kirchenführer in Rußland gegen westeuropäische Liberalität und ihre Anlehnung an die in ihrem Land inzwischen etablierte Putin-Diktatur.

Aus deutscher Perspektive läßt sich schließlich ebenfalls nicht übersehen, wie sehr gesellschaftliche Konflikte religiös imprägniert sind. Öffentlich sichtbar wird dies zumeist leider bei Geisterdebatten über Kopftücher und Kruzifixe. Viel interessanter sind andere Diskussionen, zum Beispiel diejenigen über den Anfang und das Ende des Lebens, Genforschung und Abtreibung, Sterbehilfe und Euthanasie. Über diese Fragen läßt sich nicht reden, ohne daß die eigene Art, wie man das Leben im ganzen anschaut, zum Tragen käme. Unterhalb solch prinzipieller Streitgespräche spielen religiöse Prägungen etwa bei der Frage eine Rolle, was die eigene Nation ausmacht. Europäische Integration und vermehrte Zuwanderung zwingen dazu, die einstmals tabuierte Frage nach der Heimat offen zu stellen. Die Antwort fällt schwer. Deutlich ist aber, daß sie ohne religiöse Elemente nicht auskommt. Denn Heimat meint nicht nur ein örtliches Verwurzeltsein. Ohne einen wie immer gearteten gemeinsamen »Glauben« läßt sich die Bindungskraft von Beheimatungsgefühlen nicht erklären. Und diese sind die Voraussetzung für Bürgergesinnung, ehrenamtliches Engagement und nachbarschaftliche Verantwortung. Die Suche nach einem solchen Zugehörigkeitsgrund muß nicht zum reflexartigen Ausschluß anderer führen. Im Gegenteil, das Zugehen auf Randgruppen, das Willkommenheißen von Zugewanderten ist nur dann ernsthaft, wenn es von einer Vorstellung davon begleitet ist, woran man sie teilhaben lassen will.

Die Religion hat in Deutschland keine Macht. Staatliche Instanzen betreiben keine Religionspolitik, und die Kirchen greifen nicht wirksam ins politische Tagesgeschäft ein. Einige Politiker mögen ein Glaubensleben pflegen, doch wirkt sich dies kaum jemals unmittelbar auf ihr Handeln aus. Anders als im *Oval Office* wird im Bundeskanzleramt vor und nach folgenreichen Entscheidungen nicht gebetet. Das hat sein Gutes. Staatliche Machtpolitik wird nicht religiös verbrämt, und einzelne Religionsgruppen können sich keinen übermäßigen politischen Einfluß verschaffen. Dennoch, die Religion bestimmt auch in Deutschland viele Grundlagendebatten. Deshalb ist es unerläßlich, die religiösen Prägungen der eigenen Kultur zu kennen. Und nicht nur dies. Man muß auch selbst Stellung beziehen. Denn als Bürger ist man kein distanzierter Beobachter, sondern Teil der Konflikte, aus denen das gesellschaftliche Leben besteht.

Für viele Zeitgenossen liegt das Hauptproblem der Gegenwart nicht darin, daß es eine solche Fülle von Konflikten gibt. Sie belastet etwas ganz anderes, nämlich der Umstand, daß es so schwer ist, eine eigene Position zu gewinnen. So viele Krisen und Konflikte bedrängen sie. Aber wo stehen sie selbst? Wofür stehen sie ein?

Früher gab es übersichtliche Frontverläufe. Man konnte sich rechts oder links einfädeln, die Welt von gestern verteidigen oder für die Welt von morgen streiten. Doch räumliche Zuordnungen wie »rechts« oder »links« bieten keine Orientierung mehr. Die totalitären Systeme sind gescheitert. Ihre Reste liegen auf dem Müllhaufen der Geschichte. Auch die alte Autoritätskultur ist dahin, ihre vielen Bastilles sind geschliffen. Damit ist nicht gesagt, daß es keine Unterdrückungsmächte mehr gibt, aber sie sind abstrakter. Man hat zu ihnen keinen direkten Kontakt. Man kann mit ihnen nicht kämpfen wie mit den alten Ordnungshütern: den strengen Vätern und starken Müttern, den harten Lehrern und düsteren Pastoren, den patriarchalischen Firmenbossen und gravitätischen Würdenträgern. Die alten Herrschaften sind von flachen, elastischen Hierarchien abgelöst worden, die jeden Protest ins Leere laufen lassen. Der offenen Gesellschaft sind gewissermaßen ihre Feinde abhanden gekommen. Sie hat gesiegt, doch fällt es ihr schwer, diesen Sieg zu genießen. Denn was soll ihr jetzt Kontur verleihen? Eine Gesellschaft, die sich nicht mehr abgrenzen kann, droht sich in der eigenen Offenheit zu verlieren.

Die offene Gesellschaft hat ihren Bürgern eine einmalige Freiheitsfülle beschert, wenngleich es erhebliche Einschränkungen wirtschaftlicher Art gibt. Die elementaren Lebensentscheidungen können die meisten nach eigenem Gutdünken fällen. Sie können Beruf, Wohnort, Lebensform und Familienart wählen, die sie für sich am besten finden. Ob ihr Lebensplan aufgeht, hängt von wirtschaftlichen Umständen und anderen Zufällen ab. Aber immerhin, sie können die Perspektive, die ihr Leben haben soll, selbst wählen. Doch nach welchen Kriterien sollten sie dies tun? Wie findet man zu einem guten Denken, das einen in ein gutes Leben führt?

Vieles ist heute möglich, mehr als manchem lieb ist. Am vorläufigen Ende eines langen Marschs der Emanzipation angekommen, fragt man sich ratlos und ein wenig erschöpft: Was jetzt? Ein Unbehagen meldet sich. Man ist liberal, es bleibt einem nichts anderes übrig. Aber was heißt schon »liberal«? Loriots berühmter Sketch kommt einem in den Sinn: »Im liberalen Sinne heißt liberal nicht nur liberal …« Wie schwer es ist, dieses Wort zu füllen. Als man es noch durch Abgrenzung von Gegnern definieren konnte, hatte man eine ganz andere Selbstgewißheit besessen.

Fast könnte man die Lust an der Freiheit verlieren. Sie scheint so leer und lose zu sein. Für viele ist sie nur ein anderes Wort für Unverbindlichkeit und Haltlosigkeit. Aber man besitzt noch ein Restempfinden dafür, daß auch in der offenen Gesellschaft nicht alles egal ist. Auch einem emanzipierten Menschen müßte es um etwas gehen, das den engen Rahmen des eigenen Nutzens und seines Wohlbefindens überstiege. Doch was sollte dieses »etwas« sein? Es müßte Allgemeingültigkeit besitzen, unveräußerlich und nicht verhandelbar sein. Aber heutzutage gilt nichts einfach so.

Man ist verunsichert. Wie unvorbereitet und scheinbar hilflos man beispielsweise der Bedrohung durch den terroristischen Islamismus gegenübersteht. Man hat ihm kaum etwas entgegenzusetzen. Nicht, daß dieser neue Totalitarismus einen anziehen würde. Dem Kommunismus und dem Faschismus war es als europäischen Eigengewächsen gelungen, breite Massen und viele Intellektuelle unter dem Banner der Unfreiheit zu versammeln. Das wird der Islamismus nicht schaffen, dafür ist er zu fremdartig. Aber er provoziert auch keine eindeutigen Gegenreaktionen. Endlich hat die offene

Gesellschaft wieder einen Gegner. Aber seltsam, sie sucht nicht die Auseinandersetzung. Sicherlich, Polizei und Geheimdienst ergreifen mancherlei Maßnahmen. Aber geistig geht man nicht in den Zweikampf. Die offene Gesellschaft erweckt den Eindruck, als wiche sie vor der islamistischen Wut zurück, als traute sie sich nicht mehr als einen halbherzigen Widerspruch zu. So lange hatte sie vom ewigen Frieden geträumt, bis sie sich nicht mehr vorstellen konnte, überhaupt Feinde zu haben.

Täuscht es, oder empfinden einige nicht fast so etwas wie Neid auf die Islamisten? Diese Feinde besitzen eine solche Selbstgewißheit. Nicht, daß man selbst das Bedürfnis hätte, Flaggen anderer Länder zu verbrennen, vor Botschaften zu randalieren oder gar andere Menschen mit sich in die Luft zu sprengen. Aber daß man selbst keine Gefühle – religiöser oder anderer Natur – in sich verspürt, die so stark wären, daß ihre Verletzung einen aufbringen würde, läßt einen schon nachdenklich werden. Wenn nach einem Wort Carl Schmitts der Feind »die eigene Frage als Gestalt« ist, stellt der Islamist für den Bürger der offenen Gesellschaft eine echte Anfechtung dar. Man verfügt über so viele Güter, aber besitzt man auch ein höchstes Gut? Und was sollte das sein: das Grundgesetz etwa oder die soziale Marktwirtschaft, die klassische Kunst oder die Popkultur, die Familie oder der Verein, das Auto oder der Urlaub?

Die Sehnsucht nach Entlastung

Es ist alles andere als leicht, sich im Gewühl gegenwärtiger Moral- und Glaubenskämpfe zurechtzufinden und eine eigene Position zu beziehen. Von außen drängen so viele Meinungen und Behauptungen an einen heran, aber im Inneren gibt es so viele Fragen und solch eine Unklarheit. Was läge näher, als nach einem äußeren Orientierungspunkt Ausschau zu halten, nach einem Vorbild, dem man einfach nur folgen müßte? Wer mit sich selbst unzufrieden ist, sucht häufig einen festen äußeren Bezugspunkt. Wer die eigene Freiheit als schwere Bürde empfindet, wünscht sich Erleichterung. Je mehr die eigene Unsicherheit stört, um so eher findet man Geschmack an jemandem, der mit dem Anspruch auf Unfehlbarkeit daherkommt. Die Konjunktur, die Johannes Paul II. und Benedikt XVI. in der deutschen Öffentlichkeit genossen haben und weiterhin genießen, ist so erstaunlich wie erklärlich. Als imposante Gestalt mit unerschütterlichen Prinzipien repräsentiert der Papst ein Stück Gegenwelt und bietet einen Kontrast zur eigenen Verwirrtheit. Dazu bedient er sich der modernen Medien sowie des Zaubers der katholischen Tradition. Das hat seinen Reiz – nicht nur ästhetisch, sondern auch ethisch.

Es macht nichts, wenn man selbst anderer Meinung ist und bleibt. Man läßt sich von der päpstlichen Entschiedenheit dennoch gern beeindrucken. Denn man kann diese autoritären Bescheide in aller Freiheit konsumieren. Päpstliche Erklärungen gegen diese Zeiterscheinung oder für jene alte Sitte sind ohne Macht. Sie zwingen zu nichts. Die Sorge, der zwischenzeitliche Papst-*hype* könnte die Errungenschaften der Aufklärung bedrohen und eine neue Autoritätskultur befördern, ist also ganz unbegründet. Päpstliche Moralpredigten stellen nur eine mögliche Alternative vor. Indem sie dies aber tun, regen sie zum Nachdenken über Gut und Böse an. Die säkulare Gesellschaft scheint solch einen Gegenpol zu brauchen, weil nur er ihrer Freizügigkeit eine ethische Festigkeit gegenüberstellt. Sie kommt von der christlichen Religion nicht los, denn sie braucht diesen Kontrast, um sich selbst zu orientieren. Die offene Gesellschaft muß das alte Christentum – repräsentiert durch den Papst – nicht mehr als ihren Feind betrachten, denn es stellt eine unverzichtbare Ergänzung dar.

Allerdings birgt der aktuelle Bedeutungsaufschwung des Christentums im allgemeinen und des Papsttums im besonderen seine eigenen Schwierigkeiten, und zwar sowohl für die katholische Kirche wie für die Bürger der offenen Gesellschaft. Das zeigt sich nirgends so deutlich wie bei der katholischen Sexualkunde. Auch hier hat die Hartnäckigkeit, mit der längst verwehte Auffassungen verkündet werden, etwas Beeindruckendes. Es ist selbst für durchliberalisierte Zeitgenossen imponierend, wie die katholische Kirche keinen Fußbreit zurückzuweichen scheint. Doch was nützt es? Päpstliche Proteste gegen die freie Liebe dürften wenig enthalten, was denen, die nach einer Klärung ihres Liebeslebens suchen, von Nutzen wäre. Deshalb bleiben sie praktisch folgenlos. Die Ächtung des vor- und außerehelichen Geschlechtsverkehrs, der Empfängnisverhütung, der Abtreibung, der Scheidung sowie der gleichgeschlechtlichen Liebe wird nicht einmal mehr in Polen oder Irland befolgt, von Italien oder Spanien ganz zu schweigen. Die moderne Deregulierung der Liebe läßt sich nicht zurücknehmen. Die moralische Gegenwelt, die rhetorisch breit ausgemalt wird, bleibt in dieser Frage wie ein Bild von einem anderen Stern.

Dieser Eindruck verstärkt sich, wenn man den historischen Hintergrund der päpstlichen Erklärungen der Liebe bedenkt. Wenn ein Papst heute das Hohelied der Ehe singt, vollzieht er eine deutliche, wenn auch unausgesprochene Modernisierung der katholischen Sexualmoral. Denn die antiken, mittelalterlichen und frühneuzeitlichen Traditionen sahen nicht in der Ehe, sondern im zölibatären Leben die eigentliche Bestimmung des Gläubigen. Als moralisch gut im Vollsinne galt die Abschaltung der Sexualität. Die Ehe wurde bloß als ein Zugeständnis verstanden, das Gott den Schwachen gemacht hatte. Ihnen wurde die Ehe gestattet, als eine Art Kanal, innerhalb dessen sie ihre Triebe ausleben und dabei für die Fortpflanzung der Menschheit sorgen konnten. Am Anfang der langen Geschichte katholischer Sexualmoral stand also das Ideal der Jungfräulichkeit und -männlichkeit. Inzwischen ist dieses asketische Motiv zurückgedrängt worden, aber ganz hat es seine Bestimmungsmacht nicht verloren.

Aus dem Einwand, daß die traditionell katholische Sexualmoral überholt und weitgehend wirkungslos ist, folgt natürlich nicht, daß die erotische Liebe keiner ethischen Orientierung bedürfte. Im Gegenteil, wenn man wahrnimmt, wie sehr sie zunehmend einer Ökonomisierung unterworfen wird – man denke an die in jedem zweiten Videoclip zu beobachtende Gleichschaltung von Popkultur und Pornographie –, oder wenn man berücksichtigt, wie sehr die mediale Verbreitung erotischer Klischees das Liebeserleben verarmen läßt oder wie die Flexibilisierung der Lebenswelt langfristige Beziehungen untergräbt, wird man eher zu der Auffassung gelangen, daß eine ethische Befreiung von der sexuellen Befreiung nötig wäre. Nur das würde Frauen und Männer zu einer ebenso zwanglosen wie vertrauensvollen Liebe befähigen. Doch rigide Vorhaltungen älterer, eheloser Kleriker dürften dafür kaum das probate Mittel sein.

Dem neuen Papst Benedikt XVI. ist die innere Problematik einer massenmedial verkündeten, autoritären Verbotsmoral nicht unbekannt. Er hat sich daher seit Beginn seiner Amtszeit darum bemüht, die Akzente anders zu setzen. In sei-

221

nen ersten Predigten, vor allem aber in seiner ersten Enzyklika hat er versucht, den positiven Grundgedanken des Christentums allein für sich vorzustellen, also allein über die Liebe zu sprechen, ohne sofort reflexartig gegen den bösen »Zeitgeist« verbal zu Felde zu ziehen. Diese Konzentration auf den positiven Kern des christlichen Glaubens dürfte in der Tat der Schlüssel zu einer echten ethischen Orientierung sein. Allerdings muß man wissen, daß diese Konzentration auf das Wesentliche sich in der modernen Mediengesellschaft sehr viel schwerer vermitteln läßt als eindeutige Entrüstungen gegen dieses oder jenes. Letztere reizen zu polemischen Debatten und skandalartigen Kulturschaukämpfen, die von der Öffentlichkeit gern konsumiert werden. Ersteres jedoch verlangt eine Atmosphäre von ruhiger Nachdenklichkeit und ernsthafter Selbstbefragung. Eine solche Atmosphäre zu schaffen, in welcher der christliche Liebesgedanke sich in seiner Größe und Dringlichkeit selbst entfalten kann, muß das gemeinsame Anliegen von Christen aller Konfessionen und Kirchen ein. Es wird aber eine Frage bleiben, ob es Benedikt XVI. gelingen wird, den inneren Widerspruch zu überwinden, der zwischen seinem leisen Werben für den christlichen Liebesgedanken und seiner groben Polemik gegen die »Diktatur des Relativismus« und den libertären »Zeitgeist« liegt. Es bleibt zu hoffen, daß er dauerhaft der Versuchung widersteht, auf die alte Ratzinger-Linie zurückzuschwenken und die Größe des alten christlichen Liebesgedankens dadurch beweisen zu wollen, daß er die Gegenwart der offenen Gesellschaft verleumdet.

Vielen Medienkonsumenten scheint es aber zu genügen, wenn ihnen moralische Eindeutigkeit symbolisch vorgeführt wird. Befriedigt dies doch ein verbreitetes Bedürfnis nach klaren Ansagen. Dieses entsteht fast zwangsläufig in einer of-

fenen Gesellschaft. Derjenige, den die eigene Freiheit überfordert, sucht Entlastung. Und Entlastung verspricht zum
Beispiel die Gestalt eines Papstes, der unfehlbare Ge- und Verbote erläßt. Er wirkt wie ein Leuchtturm, der festverwurzelt
und sturmerprobt mit seinem hellen Licht verirrten Schiffen
den Weg weist. Doch diese Metapher hat ihre Schwächen.
Denn Leuchttürme sind starre und ferne Gebäude. Nur für
eine kurze Zeit orientiert der Seemann sich an ihnen. Dann
fährt er vorbei, läßt sie hinter sich und geht anderswo vor
Anker.

So verständlich die Sehnsucht nach Entlastung sein mag,
die Bürger einer offenen Gesellschaft können ihre Lebensfragen nur in individuellen Gewissensentscheidungen selbst
beantworten. Aus der Verantwortung für das eigene Leben
kann man sich selbst nicht entlassen. Moralität läßt sich nicht
delegieren. Es gibt in der Moral einen fest eingebauten Ko-
pierschutz. Man muß das Programm des eigenen Lebens
selbst schreiben. Denn man ist der einzige, der es benutzen
wird und verantworten muß. Aber man kann bei der Erstel-
lung dieses Programms zum Glück auf fremde Hilfe und auf
von anderen gewonnene Erfahrungen zurückgreifen. Auch
wer einem inneren Kompaß folgt, tut gut daran, von Zeit zu
Zeit Ausschau nach den alten Leuchttürmen zu halten. Denn
sie können ihm bei der Groborientierung helfen. Die Fein-
justierung jedoch werden sie ihm nicht abnehmen. Am besten
wäre es also, man würde beides miteinander verbinden: die
Auseinandersetzung mit überzeugenden Vertretern einer starken religiösen Moral und die eigene Gewissensfreiheit. Wenn
dies gelänge, bliebe die religiöse Gegenwelt des Guten keine
lebensferne und folgenlose Projektion, sondern würde zum
inneren Leitbild der eigenen Existenz.

Freiheit und Verbindlichkeit

Ethische Fragen sind immer Fragen der eigenen Existenz. Sie betreffen nicht alle und jeden im Generellen, sondern ganz persönlich denjenigen, der sie stellt. Die Frage »Was ist gut?« ist nur eine andere Formulierung für »Wie soll ich leben?« oder »Wie muß ich mein Leben ändern?«. Das Nachdenken über diese Fragen und die Antworten kann man niemand anderem, keiner noch so vollmächtigen Autorität überlassen. Man muß sich der moralischen Aufgabe des eigenen Lebens selbst stellen. Worin besteht sie? Nun, die moralische Aufgabe eines jeden Menschen besteht, ganz allgemein gesprochen, darin, autonom zu leben. Autonomie bedeutet Selbstgesetzgebung, also das Gegenteil von Beliebigkeit. Ein autonomer Mensch läßt keinen Fremden über sich bestimmen, wohl aber bestimmt er über sich, indem er ein Gesetz, das für alle gelten können muß, sich selbst gibt und sich auch daran hält. Autonomie meint also die Verknüpfung von Freiheit und Verbindlichkeit. Sie stellt die rechte Mitte zwischen Relativismus und Fundamentalismus dar, den beiden Hauptversuchungen der Gegenwart.

Sein Gesetz muß jeder selbst finden. Die Kirchen können ihm dabei entscheidende Hinweise geben. Voraussetzung dafür ist, daß sie die moderne Emanzipationsgeschichte anerkennen, das Recht des Individuums auf Selbstbestimmung nicht nur hinnehmen, sondern selbst bejahen. Der katholischen Kirche ist dies nur bedingt möglich. Nach ihrer Lehre gibt es ein universales göttliches Recht, über das sie das vollständige, offenbarte Wissen besitzt. Ihr Oberhaupt ist der verbindliche Ausleger dieses Rechtswissens. Problematisch ist nicht nur der Anspruch auf exklusiven Besitz der moralischen Wahrheit, sondern beinahe noch mehr die juristische Form, mit der dieser Besitz verwaltet wird. Er wird in Kirchengesetze gegossen und damit Teil eines institutionellen Systems. Dies aber kann das moralische Leben des einzelnen einschnüren.

Man kann dies an einem Beispiel aus der alltäglichen Seelsorge verdeutlichen. Ein Paar bittet einen Priester um einen Traugottesdienst. Doch einer der beiden war schon einmal verheiratet. Für das Scheitern dieser ersten Ehe mag es gute oder schlechte Gründe gegeben haben. Vielleicht jedoch entzieht es sich überhaupt einer eindeutigen moralischen Beurteilung. So kann es geschehen, daß der Priester gern und mit guten Gründen der Bitte des Paares entsprechen würde. Aber er darf es nicht, weil es dem Kirchenrecht widerspricht. Also weist er das Paar ab. Das ist nicht nur für das Paar, sondern auch für den Priester hart. »*Roma locuta, causa finita*« – Rom hat gesprochen, der Fall ist erledigt. Mit dieser Maxime gibt der Priester die Verantwortung für sein Handeln ab. Er ist unfrei, aber nicht nur das. Da er seine eigene, begründete Überzeugung verrät, handelt er auf gesetzestreue Weise beliebig.

Wenn also dieser Weg nicht zu einem wahrhaft autonomen Leben führt, welcher dann? Wie gelangt man zu einer Verbindlichkeit, in welcher die eigene Freiheit ihre Erfüllung findet? Wohl nur dadurch, daß man sich an etwas Gültigem ausrichtet. Was aber wäre das? Für gewöhnlich wird auf diese Frage geantwortet: die Werte! Eine breite Allianz von Meinungsmachern verbreitet Sprüche wie »Werte haben Konjunktur«, »Werte liegen im Trend«, »Werte haben Vorfahrt«. Wer es sich leicht machen will, redet über Werte. Das verschafft den Anschein von Ernsthaftigkeit, verpflichtet aber zu nichts. So beliebt der Wertbegriff ist, so leer ist er auch. Mit gutem Grund ist er kein klassisch christlicher Terminus. Vielmehr entstammt er der Ökonomie. Die Wirtschaft dreht sich um Werte, die man herstellt und eintauscht, die schwanken. Werte sind Handelsgegenstände, also das Gegenteil von Prinzipien. Prinzipien sind keine Werte, sondern Grundsätze, die für sich stehen und gelten. Werden sie im praktischen Wollen, Denken und Handeln angewandt und umgesetzt, kommt es zu vielerlei Vermittlungen, Brechungen und Kompromissen. Aber als erste Sätze sind sie im Unterschied zu Werten nicht verhandelbar. Für die Bewältigung der moralischen Lebensaufgabe braucht man also keine Werte. Besser ist es, man verfügt über wenige ausgewählte Prinzipien, die umlagert sind von einer Unzahl offener Fragen.

Eine Frage lautet: Was trägt der christliche Glaube zu einem guten Leben bei? Hierauf kann man eine doppelte Antwort geben. Zunächst besteht seine Bedeutung darin, daß er überhaupt das Bewußtsein für Geltung schärft. Er richtet sich auf einen Gott aus, welcher der Inbegriff des Guten ist. Das Gute, das Gott selbst ist, gilt absolut. Damit beantwortet der christliche Glaube nicht alle moralischen Fragen. Aber er vertieft die Einsicht, daß es solche Fragen gibt und daß man ihnen nicht ausweichen darf. Er ist das Gegenteil einer Gleichgültigkeit, für die letztlich nichts mehr verbindlich ist.

Doch der christliche Glaube ist kein abstraktes Geltungsbewußtsein. Denn – und das wäre der zweite Teil der Antwort – er legt denen, die ihm anhängen, ein besonderes inhaltliches Prinzip ans Herz. Der Inbegriff des Guten ist die Liebe, wie sie Jesus Christus verkündet hat und wie sie im christlichen Gottesbegriff ihren letzten Grund besitzt. Die Liebe ist kein »Wert«, sondern eine Flamme des Herrn, wie das Hohelied singt. Sie ist Gott selbst, und Gott ist die Liebe, wie Johannes lehrt. Sie ist das Prinzip des Glaubens. Sie scheint überall dort auf, wo es gelingt, Mitmenschen mit den Augen Gottes anzuschauen und sie als seine Ebenbilder zu achten, für ihr Elend Mitleid zu empfinden und ihre Not zu wenden, ihnen ihre Schuld zu verzeihen und sich über ihr Glück mitzufreuen.

Die Kirchen sind keine Bundesagenturen für irgendwelche Werte. Ihre Aufgabe besteht darin, die unbedingte Geltung der Liebe zu verkünden. Darin können sie für jeden, der ihnen zuhört und zugehört, ein unverzichtbarer Faktor zur Bildung, Schärfung und Prüfung des eigenen Gewissens sein. Um die Liebe zu predigen, müssen die Kirchen sich auf deren eigene Kraft verlassen. Sie tun sich keinen Gefallen, wenn sie meinen, ihre Botschaft mit Hilfe institutioneller Macht durchsetzen zu wollen. Nicht gesellschaftspolitische Verfügungsgewalt oder amtliches Besserwissen, sondern allein die persönliche Überzeugungskraft gibt ihnen die notwendige Autorität. So konnte Johannes Paul II. und so kann gegenwärtig Benedikt XVI. viele Menschen überzeugen – der eine, weil er ein beeindruckender Mensch war, der andere, weil er zu argumentieren versteht. Aber ihre Ausstrahlung verdankt sich nicht der zweifelhaften Annahme, daß sie von Amts wegen unfehlbar wären.

Persönlich wirken kann man aber im eigentlichen Sinne nur in einem überschaubaren Nahbereich. Derjenige, der andere die Liebe lehren will, muß zeigen, wie er diesem Prinzip selbst nachfolgt. Das Kind muß seinen Eltern, der Schüler seinem Lehrer, die Gemeinde ihrem Pastor dabei zusehen können, wie er sich der unendlichen Aufgabe stellt. Es ist wie bei der Erziehung überhaupt. Sie gelingt dort, wo es zu einem wechselseitigen Aufeinandereinwirken kommt. Eltern können ihre Kinder nur erziehen, wenn sie sich umgekehrt von ihren Kindern erziehen lassen. Diese Rückwirkung kann sich nur im direkten Zusammenleben entfalten. Mediale Moralverkünder – ob Päpste, Kirchentagsredner, Ratgeberautoren oder Nachrichtensprecher – aber bleiben fern. Sie mögen anregende Gedanken liefern, zur moralischen Aufklärung und persönlichen Gewissensbildung tragen sie weniger bei, als sie selbst meinen. Denn es gibt für die Zuhörer kein gemeinsames Leben mit ihnen.

Nebenbei bemerkt genügt es natürlich nicht, wenn die Kirchen die Liebe nur verkünden. Sie müssen sie auch selbst üben. Dies tun sie beispielhaft in ihren vielen diakonischen Einrichtungen: den Krankenhäusern, Altenheimen, Kindergärten, Beratungsstellen und Hilfsprojekten. Viele dieser Einrichtungen sind zu Großbetrieben geworden, professionell geführt, mit staatlichen Mitteln finanziert und darum bemüht, sich auf dem harten Sozial- und Gesundheitsmarkt zu behaupten. Sie orientieren sich also nie allein am christlichen Liebesgedanken, sondern müssen immer auch der jeweiligen Eigenlogik ihrer Organisationsform und Branche folgen. Sie müssen eben auch funktionieren. Aber nur wenn sie darüber hinaus einen »Mehrwert« an liebevoller Zuwendung zu den Kranken, Schwachen und Ausgegrenzten erzielen, leisten sie einen christlichen Dienst. Indem sie dies jedoch tun, zeigen sie, daß Liebe mehr ist als nur ein Wort.

Soll nun das moralisch Gute etwas anderes sein als der Inhalt einer massenmedialen Sprechblase, muß die Liebe zum Gesetz des eigenen Lebens werden. Erst in der Autonomie der Liebe sind Freiheit und Verbindlichkeit miteinander verschmolzen. Das Gebot zu lieben sprengt die alten Gebotsordnungen. Liebe ist frei, oder sie ist es nicht. Frei ist sie aber zu einem bestimmten Zweck, nämlich um sich an andere zu binden. Sie ist ja die Erlösung von Einsamkeit und Egozentrik. Liebe ist also die christliche Übersetzung von Autonomie. Gut im christlichen Sinne ist nicht, wer irgendwelche schriftlich fixierten, religiösen Gebote erfüllt, sondern wer in der Liebe lebt. Die Radikalität dieser Auffassung hat Martin Luther am Beispiel der Zehn Gebote vorgestellt. Natürlich hatte er diese uralte Aufstellung religiöser und moralischer Gebote in Ehren gehalten. Wegen ihres pädagogischen Wertes hatte er sie zu einer Säule seines Katechismus gemacht. Aber der Inbegriff des – im christlichen Sinne – Guten waren für ihn die Zehn Gebote noch nicht automatisch. Jeder Christ, so Luther, könne sich einen neuen Dekalog machen. Ja, jeder Christ müsse dies sogar tun. Denn er dürfe nicht hoffen, Gott zu gefallen und vor sich selbst zu bestehen, wenn er lediglich fremdgesetzten Geboten hinterherlebe. Vielmehr werde sein Leben nur gelingen, wenn er sich aus eigenen Stücken zur Liebe verpflichte.

Die Autonomie der Liebe formuliert einen außerordentlich hohen Anspruch an jeden einzelnen. In der Tat, das Christentum ist eine anstrengende Religion. Wer es ernst nimmt, sieht sich auf ein ewiges Ziel ausgerichtet, das zu erreichen er selbst wollen muß. Er kann diese Entscheidung nicht an andere delegieren. Er muß seinen eigenen Dekalog schreiben und sich daran halten. Das verlangt ein hohes Maß an Gewissenhaftigkeit und Nachdenklichkeit, Selbstdisziplin und Selbstkritik. Nicht wenige würden sich dem gern entziehen. Aber ohne diese Anstrengung ist ein bewußtes und gutes Leben nicht zu haben.

Das christliche Liebesgebot ist grenzenlos. Es sprengt die engen Kreise der eigenen Familie, der Sippe, der Jüngergruppe, des eigenen Volkes. Prinzipiell jeder soll dieser Liebe wert sein. Zugleich aber war dieses Liebesgebot ursprünglich begrenzt. Jesus bezog es auf den Nächsten, das heißt denjenigen, der ihm konkret nahekam. Das konnten alle möglichen Menschen sein, die nach herkömmlicher Meinung keineswegs liebenswert waren: Sünder, Kranke, Fremde. Diejenigen, die es zu lieben galt, standen einem von Natur aus fern, doch sie kamen aus der galiläischen Nachbarschaft. Zweitausend Jahre später kann niemand mehr seine moralische Perspektive auf den eigenen Lebensumkreis beschränken. Denn die politische, wirtschaftliche, technische und mediale Globalisierung nötigt dazu, eine moralische Globalisierung zu vollziehen und eine Fernethik zu entwerfen. Doch eine Fernethik der Liebe scheint ein Widerspruch in sich zu sein. Denn Liebe lebt von Nähe. Der Gedanke einer weltumspannenden Fernethik droht den Begriff der Liebe hoffnungslos zu überdehnen. Es mag darum hilfreich sein, ihm einen anderen, kühleren Begriff an die Seite zu stellen: die Würde.

Würde ist das Gegenteil von Wert. Ein Wert ist immer relativ, bezogen auf andere Werte, an denen er gemessen und gegen die er eingetauscht wird. Die Würde dagegen stellt einen unbedingten, unendlichen Wert dar. Sie ist unabhängig von Tageskonjunkturen und gilt für sich, absolut. Indem der Mensch bestimmte Eigenschaften besitzt und Leistungen erbringt, hat er einen Wert. Als Schüler wird er auf Notenwerte hin geprüft, als Berufstätiger wird sein Arbeitswert in Geld entlohnt, als Arbeitsloser wird er für wertlos erachtet. Betrachtet man den Menschen aber an sich, soll er keinen Wert, sondern eine Würde haben. Als Glied der Gattung soll ihm Achtung entgegengebracht werden. Das heißt, er darf nicht allein als Mittel für bestimmte Zwecke, sondern muß immer auch als Selbstzweck betrachtet werden. Man darf ihn nicht verwerten.

Diese Würde soll allen Menschen zukommen und von allen anerkannt werden. Die Geltung der Menschenwürde darf deshalb nicht abhängig sein von einzelnen philosophischen oder religiösen Begründungen. Sie soll Anhänger aller Religionen und Weltanschauungen in ihren Bann schlagen. Die Weite dieses Prinzips zeigt sich darin, daß es offen für unterschiedliche Begründungen ist. Es kann sich aus verschiedenen Quellen speisen. Schon zu seiner Entstehung haben sehr unterschiedliche Geistestraditionen beigetragen: die Philosophie des antiken Griechenlands, das emanzipatorische Denken des neuzeitlichen Westeuropas, die christliche Aufklärung und die bürgerlichen Freiheitsbewegungen. Nachdem es sich durchgesetzt hatte, konnten sich ihm auch diejenigen Weltanschauungsmächte annähern, die ihm ursprünglich feindlich gegenübergestanden hatten. Auch in den konservativen Teilen des Protestantismus ist das Prinzip der Menschenwürde längst Gemeingut geworden. Und die katholische Kirche, die sich noch Ende des 19. Jahrhunderts vehement gegen diesen Zentralbegriff des Liberalismus gewandt hatte, hat inzwischen in den eigenen Traditionsbeständen Begründungen für dieses Prinzip gefunden und es sich mit gutem theologischem Gewissen angeeignet. Der Begriff der Menschenwürde ist also nicht einfach ein neuzeitlicher Ersatz für die klassischen Grundprinzipien christlicher Ethik. Er läßt sich auch als moderne Übersetzung und Fortschreibung des christlichen Liebesgedankens verstehen.

Das Prinzip der Menschenwürde hat zwei Seiten. Erstere ist zumeist leichter zu beschreiben. Nach ihr steht das Prinzip der Menschenwürde gegen alle Versuche, den einzelnen Menschen in der elementaren Entfaltung seines Selbstseins zu beeinträchtigen. In diesem Sinne ist die Menschenwürde ein modernes Tabu. Sie erklärt jeden Menschen zu etwas, das nicht angetastet werden darf, weil es heilig ist. Sie will die Gewähr dafür geben, daß er der bleiben kann, der er ist, daß er – schlicht gesagt – in Ruhe gelassen wird oder – vornehmer ausgedrückt – mit Toleranz rechnen kann.

Toleranz ist zunächst eine negative, das heißt abgrenzende Bestimmung. Man läßt den anderen so, wie er ist, anders als man selbst. Daß er eine andere Weltanschauung und einen anderen Lebensstil pflegt, wird geduldet. Man könnte in größerer Nähe zum ursprünglichen Wortsinn von Toleranz auch sagen: Er wird ertragen. Denn Toleranz zu üben, ist alles andere als eine Selbstverständlichkeit, sondern oft genug eine herbe Herausforderung. Sie bewährt sich erst dort, wo man einen tiefen Unwillen, manchmal sogar Abscheu und Ekel vor dem Anderssein des anderen überwinden muß.

Zugleich aber enthält die Toleranz einen positiven Aspekt. Sonst wäre sie nur eine höhere Form des Desinteresses. Der andere soll nicht nur so gelassen werden, wie er eben ist. Dann wäre er einem gleichgültig. Insofern man ihm aber Würde zuschreibt, muß man an ihm höchstes Interesse haben. Wenn die Begriffe der Toleranz und der Menschenwürde den Geist der Liebe in sich fassen sollen, dann müssen sie auf ein positives Ziel hin ausgerichtet sein, nämlich ein gemeinsames Leben. Dieses gemeinsame Leben kann nur gelingen, wenn die Unterschiede in einem gemeinsam verabredeten Rahmen, einer Gesellschaftsordnung, ihren Platz finden und wenn diese Unterschiede nicht nur geduldet, sondern fruchtbar gemacht werden. Wer liebt, erfreut sich nicht nur an den Gemeinsamkeiten mit dem Geliebten, sondern auch an den Differenzen. Er genießt die Ergänzung und Erweiterung seines eigenen Lebens durch ein anderes. Zugleich aber will er sich nicht im anderen verlieren. Die Liebe lebt also von einer unaufhebbaren Spannung zwischen Eigenem und Fremdem, Gleichheit und Verschiedenheit, Nähe und Distanz. Toleranz in diesem Sinne ist etwas deutlich anderes als desinteressierte Höflichkeit. Sie ist vielmehr eine Auseinandersetzung vitalster Art. Sie ist nicht dort zu finden, wo Unterschiede abgeschliffen werden, auch nicht dort, wo niemand eine eigene Position besitzt. Wenn der andere nicht mehr anders wäre, bedürfte es der Liebe nicht. Sie wäre dann nur eine Variante der Selbstliebe. Die wahre Liebe erreicht aber erst ihr Ziel, wo der Liebende die Grenzen der Selbstliebe durchbricht, aus sich selbst heraustritt und sich an einen anderen bindet – radikal christlich gedacht: in der Feindesliebe.

Die Offenheit der Liebe

Die christlichen Prinzipien des Guten klingen groß und stark. Liebe und Menschenwürde, das wirkt eindringlich, erhebend und eindeutig. Nur, wie übersetzt man dies in die bescheidenen Einzelteile des eigenen Lebens? Wie vermittelt man es in die konkreten Willensentschlüsse und Handlungen der alltäglichen Existenz? Das geht offenkundig nicht ohne Kompromisse, Brüche und Ambivalenzen ab. Das moralische Ziel ist unendlich, aber das irdische Leben ist zeitlich begrenzt und vielfach gehemmt. Seine Mittel sind beschränkt. Die überweltliche Idee des Guten läßt sich darum nur in Annäherungen verwirklichen.

Aber es gibt noch einen anderen Grund, der moralische Eindeutigkeiten unmöglich macht. Er liegt nicht in den Umständen des irdischen Lebens und der Natur des Menschen, sondern im Wesen der christlichen Ethik selbst verborgen: Das Christentum ist eine komplexe Religion. Es birgt in sich polare Spannungen, die sich nicht einfach auflösen lassen. Zum einen trägt das Christentum ausgesprochen konservative Züge. Vor dem ewigen Gott erkennt der Mensch, wie begrenzt sein endliches Leben und wie klein seine Macht ist. Eine christliche Haupttugend ist darum die Demut: der Verzicht auf Selbstdurchsetzung und Selbstentfaltung, das Sich-Fügen in eine höhere Ordnung, das Sich-Bescheiden mit dem

Leben, das einem beschieden ist. Für den einzelnen bedeutet das, daß er sich bemühen soll, ein stilles und einfaches Leben zu führen, und daß er sich mit dem begnügen sollte, was er empfangen hat. Hinzu kommt das, was man das priesterliche Moment am Christentum nennen kann: die Treue zur gottesdienstlichen Ordnung, die Liebe zu traditionellen Formen, die Achtung vor allem Institutionellen.

Zugleich aber besitzt das Christentum entschieden progressive Eigenschaften. Vor dem Gott, der die Liebe selbst ist, erkennt der Mensch, daß menschliche Autoritäten und irdische Notwendigkeiten ihn nicht fesseln können. Eine christliche Haupttugend ist darum der Mut: die Lust, alle Götzen vom Thron zu stürzen, die Kraft, gegen alle Sachzwänge zu protestieren, die Sehnsucht nach einem freien und gerechten Leben. Für den einzelnen bedeutet das, daß er sich bemühen soll, gegen alles zu kämpfen, was ihn selbst und seine Nächsten knechtet und entmündigt, daß er sich nicht damit zufriedengeben darf, wie diese Welt geordnet und beherrscht wird. Hier zeigt sich das, was man das prophetische Moment am Christentum nennen kann: der Freiheitsdurst, der Hunger nach Gerechtigkeit und der Widerstand gegen alle irdischen Mächte.

Wegen dieser inneren Komplexität läßt sich aus dem christlichen Glauben keine Moral ableiten, die bruchlos in das eine oder andere Lager paßte. Die christliche Ethik läßt sich nicht zur Betriebsideologie dieser oder jener Partei machen. Man kann sie nicht zur Rechtfertigung des einen oder anderen Gesellschaftsprogramms herbeizitieren. Überhaupt formuliert das Christentum kein Gesellschaftsprogramm im engeren Sinn. Es verkündet die Heiligkeit Gottes und leitet aus ihr die Heiligkeit des Lebens und der Liebe ab. Für jede Gestalt menschlichen Lebens fordert es unbedingte Achtung.

Es gibt in christlicher Perspektive kein unwertes Leben. Alles menschliche Leben, auch das der Kranken, Behinderten oder der ungeborenen Kinder, hat Ehrfurcht verdient. Es gibt nicht mehr oder weniger wertvolles Leben. Jedes menschliche Leben ist zu fördern. Als Religion der Liebe und des Mitleids gibt sich das Christentum mit der Not dieser Welt nicht zufrieden, sondern nötigt dazu, Krankheiten zu heilen, Armut zu mindern, Ungerechtigkeiten zu beseitigen und Machtmißbrauch zu bekämpfen.

Einen besonderen Akzent setzt der christliche Kreuzesglaube. Aus ihm folgt, daß man nicht nur Ehrfurcht vor dem Leben überhaupt, sondern auch Ehrfurcht vor dem Leiden empfinden sollte. Auch das Leben der Behinderten und Todkranken ist heilig. Dem ureigenen menschlichen Impuls, Leiden zu vermeiden, widerspricht das Christentum dort, wo man versucht, das Leiden selbst aus der Welt zu schaffen. Wer dies tut, schafft das Leben selbst ab. Leben heißt immer auch Leiden, Schmerzen ertragen, krank sein und sterben. Leiden ist ein integraler Bestandteil des Lebens, aber nicht nur das. Für den christlichen Kreuzesglauben kann es auch zur Quelle einer ganz anderen Glückseligkeit sein.

Diese Zusammenstellung von Maximen zeigt deutlich, daß die christliche Ethik keine fertigen Lösungen für die vielfältigen Probleme dieser Welt bietet. Sie entstammt einer Überwelt. Sie stellt eine Gegenwelt vor. Wie sie in diese Welt hineinwirken und sie verändern kann, läßt sich nicht ein für allemal sagen. Wie die Liebe gelebt wird, muß letzten Endes offen bleiben. Christen sind keine Menschen, die alles besser wissen. Wohl aber sollten sie Menschen sein, die ein höheres Problembewußtsein haben, die über die Entheiligung des Lebens und die Entwürdigung ihrer Mitmenschen nicht so leicht hinwegkommen, die sich an letzten Fragen abarbeiten, die andere sich in dieser Dringlichkeit vielleicht so gar nicht stellen.

Ein unauflösbares Problem der christlichen Ethik besteht also darin, daß sie objektive Eindeutigkeiten nicht produzieren kann. Ein zweites Problem betrifft die Sichtbarkeit des Guten. Grundsätzlich ist zu sagen, daß das moralische ebenso wie das religiöse Leben im letzten unsichtbar ist. Denn gut im strengen Sinne ist allein ein guter Wille. Alle äußeren, sichtbaren Handlungen sind, was ihre moralische Qualität angeht, zweideutig. Ihre Folgen mögen so wohltuend sein, wie sie mögen. Ob sie auch moralisch gut gemeint sind, läßt sich an ihnen nicht ablesen. Äußerlich gute Handlungen können auf bösen Motiven beruhen. Und gut gedachte Handlungen können böse Folgen zeitigen. Der Prüfstein des Guten kann deshalb nicht die manifeste Handlung, sondern nur der gute Wille sein, der hinter ihr steht. Aber ihn kann man nicht sehen, erfassen und bemessen. Ob ein Mensch Liebe empfindet und aus ihr heraus handelt, weiß nur Gott, der allein das menschliche Herz durchschauen kann.

Mit dieser Unsichtbarkeit des Guten konnten sich Christen von Anfang an nur schwer abfinden. Darum haben sie schon früh begonnen, Lebensformen zu entwickeln, in denen das Evangelium der Liebe sichtbare Gestalt annehmen konnte. Das antike und mittelalterliche Christentum erfand zu diesem Zweck das Mönchstum. Es gründet auf drei Säulen: dem Gelübde der Armut, der Keuschheit und des Gehorsams. Ihr Sinn bestand darin, daß sie den Gläubigen aus dem Bannkreis der Selbstsucht und Lebensgier lösen und auf Gott ausrichten sollten. Wer diese Gelübde hielt, sollte damit für sich eine feste Form gefunden haben, in der er ein dauerhaft gutes Leben führen und auf andere als Beispiel ausstrahlen konnte.

Doch diese Lebensform besitzt ihre eigenen Tücken und

Abgründe. Als eindeutig sichtbares Zeichen des Guten kann sie nicht gelten. Denn der Gedanke des Verzichts, welcher der christlichen Ethik wesentlich ist, wird hier zur Askese gesteigert und droht zum Lebensverlust zu führen. Die drei Gelübde schneiden auch gute Lebenschancen ab. Besitz ist nie nur eine Last, sondern immer auch die Voraussetzung dafür, daß man ein eigenes, privates Leben entfalten kann. Der Gehorsam meint mehr als das sinnvolle Zurückstellen eigener Interessen, nämlich die Unterdrückung des eigenen Denkens und Wollens. Ebenso zielt die Keuschheit im letzten darauf, eine Grundkraft der menschlichen Natur, das sexuelle Begehren, auszuschalten.

Das reformatorische Christentum löste darum den Mönchsstand auf und setzte eine andere Lebensform an seine Stelle: das Leben in Familie und Beruf. Das bürgerliche Leben, das – anders als das Mönchsleben – allen offenstand, sollte die feste und sichtbare Gestalt des christlich Guten sein. Als Ehemann und Ehefrau ist man unablässig gefordert, konkreten Mitmenschen zu dienen. Und durch die Wahrnehmung seiner Berufspflichten hat man tagtäglich die Gelegenheit, der Gesellschaft von Nutzen zu sein. Das christliche Liebesgebot soll demnach also nicht in eine mönchische Sonderexistenz führen. Vielmehr sollte der Christ leben wie jedermann sonst auch, wenn auch mit einer besonderen Bewußtheit und Verantwortung.

Fünfhundert Jahre nach der Reformation aber stellt sich immer dringlicher die Frage, inwieweit die beiden Institutionen Familie und Beruf noch geeignet sind, dem christlichen Prinzip des Guten soziale Sichtbarkeit zu verschaffen. Die Familienformen haben sich verändert. Sie sind flexibler und brüchiger geworden. Das gleiche gilt für die Berufsarbeit. Im Spätkapitalismus läßt sie sich kaum noch an Begriffen wie

Verantwortung und Gemeinwohl ausrichten. Beim Wort »Beruf« dürften die wenigsten Zeitgenossen die alte Wortwurzel »Berufung« assoziieren. Vielmehr werden sie an »Job«, Gewinn und Karriere denken.

Es scheint, daß sowohl die katholisch-mönchische wie die protestantisch-bürgerliche Lebensform kaum noch in der Lage sind, dem guten Willen einen sichtbaren, sozialen Körper zu geben. Was aber könnte an ihre Stelle treten? Die Zukunft des Christentums wird nicht zuletzt davon abhängen, ob es Menschen geben wird, die ihr Leben so führen, daß es für sie selbst und für andere zu einem deutlichen Hinweis auf das Gebot der Liebe wird. Sonst bliebe die Gegenwelt des Guten und Göttlichen eine ferne Utopie, die keine Kraft hat, die eigene Welt zu durchdringen und zu durchsäuern. Eine Rückkehr zum mönchischen Modell wird es sicherlich nicht geben, auch wenn sich zur Zeit Filme und Medienberichte über Klöster großer Beliebtheit erfreuen. Darin äußert sich wohl eher eine nostalgisch-exotistische Fluchtphantasie. Ernsthaft denken nur sehr wenige daran, in ein Kloster einzutreten.

Es bleibt wohl nichts anderes übrig, als weiterhin ein normales Leben zu führen, dies aber mit dem Bestreben, daß in ihm etwas von der göttlichen Gegenwelt wirklich wird. Mit dem Eingehen einer bürgerlichen Ehe und dem Eintritt in einen bürgerlichen Beruf ist es sicherlich nicht getan. Wohl aber wird es auch weiterhin darauf ankommen, daß man in verläßlichen, verbindlichen Partnerschaften lebt, der Arbeit nicht nur als Broterwerb nachgeht, sondern sie um eines Gemeinwohls willen tut, und daß man sich engagiert, allein oder in Vereinen und Gemeindeinitiativen. Wer dies tut, unterscheidet sich äußerlich nicht von seinen Mitmenschen. Wie diese wird auch ein Christ heiraten, Kinder großziehen, während der Woche arbeiten und am Wochenende die Beine hochlegen, Sport treiben und den Müll trennen. Er wird sein wie alle anderen auch, keine besonderen Kleider oder Kopfbedeckungen tragen, nicht in ummauerten Klöstern, sondern mitten in der Welt leben. Er wird ohne sichtbare Sonderzeichen und ohne das Korsett kirchlicher Gebote und Verbote auskommen. Es muß offenbleiben, wie er das Liebesgebot für sich auslegt und auslebt. Diese Offenheit ist jedoch nicht einfach eine Schwäche oder Unbestimmtheit. Sie ist die Voraussetzung dafür, daß sich die Liebe frei entfalten kann. Denn im Grund kennt die christliche Ethik nur ein einziges Gebot: »Liebe, und dann tu, was du willst!« (Augustinus).

KAPITEL 8

Kinderglaube
Über die Religion von Eltern

EINE ENTSCHEIDUNG IST FÄLLIG. Soll das Kind getauft werden? Ja oder nein? Jetzt, bald oder später? Zunächst ist nur eine einzelne Entscheidung zu treffen, und gleich schließt sich eine Reihe von Folgefragen an. Wo sollte es geschehen, in welcher Kirche, mit welcher Pastorin oder welchem Priester? Wer könnte Patentante oder Patenonkel werden? Wer von den Freunden stünde einem so nahe und wäre so kinderlieb und zugleich ernsthaft genug, daß ihm dieses Amt zuzumuten wäre? Ach ja, und welcher der Freunde ist eigentlich noch in der Kirche? Was würde die Taufe überhaupt für das Kind bedeuten? Und welche Konsequenzen hätte sie für einen selbst? Zu was würde sie einen verpflichten? Etwa dazu, für eine christliche Erziehung zu sorgen? Aber wie müßte die aussehen? Wie sollte man sie leisten können – bei all der Glaubensschwäche, die man mit sich herumschleppt? Gibt es jemanden, der einem dabei helfen könnte?

So viele Fragen, jede von ihnen viel zu groß und viel zu schwer, als daß man sich eine schnelle, klare Antwort zutrauen würde. Unter normalen Umständen hätte man sich diesem Streß dadurch entzogen, daß man die Enscheidung auf den Sankt Nimmerleinstag verschoben hätte. Aber von normalen Umständen ist man jetzt weit entfernt. Man ist doch gerade zum ersten Mal Vater geworden.

Es drängt. Nicht, daß objektiv Zeitnot herrschte. Das Kind ist erst ein paar Wochen auf der Welt. Es ist noch ganz frisch und neu. Viele andere Dinge sind vorher zu beschicken. Dennoch läßt einem

240

diese Frage keine Ruhe. Auch die Großmütter haben sie schon mehrfach – mit schlecht getarnter Beiläufigkeit – vorgebracht. Normalerweise hätte man sich diese Einmischung verbeten. Aber merkwürdig, jetzt ist dies nicht mehr so leicht möglich. Irgendwie muß man
diesen Anwältinnen der Tradition recht geben, wenn sie mit selbst-
gewisser Naivität erklären, daß das Kind getauft werden muß, weil
das einfach dazugehört, weil es schön ist und weil alle in der Familie
getauft sind, man selbst ja übrigens auch. Die eigene Fähigkeit, alles
und jedes in Frage zu stellen, dieses kritische Bewußtsein, auf das
man lange so stolz war, verliert an Durchsetzungskraft. Statt dessen
spürt man, welche Macht die Tradition über einen gewinnt. Und sie
ist nicht einfach eine fremde Macht. Sie entspricht einem eigenen
Bedürfnis, von dem man zuvor kaum etwas gespürt hat, das aber
jetzt seine Stärke offenbart – jetzt, da nichts mehr normal ist.

Alles ist neu und anders. Dieses Kind hat die Welt auf den Kopf
gestellt. Alles dreht sich um den kleinen Wurm, dreht sich so schnell,
daß einem schwindelig wird. Das Leben hat seine alte Form verloren,
ist in Fluß geraten, in einen Strom, einen Strudel. Noch nie ist man
innerlich und äußerlich so in Bewegung gewesen. Es ist lange her,
daß man so deutlich gespürt hat, am Leben zu sein. Unendlich vieles
schießt einem durch Kopf und Herz. Man weiß gar nicht, was man
denken und empfinden soll. Das ist anstrengend und herrlich, schön
und beängstigend.

Nicht daß man diesen Trubel, diesen Jubel abstellen und gleich
wieder für Ordnung sorgen wollte. Aber über einige Grundpfeiler
hätte man gern Klarheit gewonnen. Wie zum Beispiel über die religiöse Zugehörigkeit oder Nicht-Zugehörigkeit des Neugeborenen.
Man will es für sich selbst geklärt wissen, aber natürlich nicht im
Sinn einer einsamen Entscheidung, sondern gemeinsam mit der
Frau, die es zur Welt gebracht hat. Es ist schon überraschend, wie
sehr es einen umtreibt. Es ist verblüffend, wie man mit der Frau, die
man doch seit langem kennt und liebt, plötzlich über religiöse Dinge

spricht. Daß sie so viel Glauben in sich trägt, hätte man sich nicht träumen lassen. Aber man hätte ja auch nicht gedacht, daß man selbst von solch einer Sehnsucht nach Gott gepackt werden könnte. Sie muß irgendwo in einem Versteck geschlummert haben. Aber das Kind hat sie geweckt, aus ihrem dunklen Winkel aufgescheucht, und nun läßt sie einen nicht mehr los.

Das Leben zu dritt ist eine neue Welt, brüchig und aufregend, mit vielen Unsicherheiten und voller Entdeckungen. Unabsehbar, was noch alles kommen würde. Man wünscht sich so sehr, daß alles gut geht. Daß das Kind gesund und fröhlich aufwächst. Daß die Ehe hält. Daß man selbst auch in Zukunft Arbeit hat. Daß der Wiedereinstieg der Frau in den Beruf gelingt. Ach ja, und was das wohl für die eigenen Karrierewünsche bedeuten wird? Einfach so weitermachen wie bisher wird wohl nicht möglich sein. Darüber wird man also noch reden und sich verständigen müssen. Sorgen und Angstphantasien blitzen herab. Zugleich leuchten Bilder von heilem Kinderglück und heller Familienharmonie auf. Dazwischen schwankt man hin und her, mal glücklich und lachend, mal übermüdet und gereizt. Wehrlos ist man dieser unendlichen Sorge und dieser unendlichen Dankbarkeit ausgeliefert. Verständlich, daß man empfänglich wird für die uralten Symbole des Trostes und Vertrauens. Man sehnt sich nach einer hütenden Hand, einem bergenden Mantel, nach schützenden Fittichen. Man ist schlicht überfordert, weiß zu genau, wie unsicher diese Welt und wie begrenzt die eigene Kraft ist. Was dieses Kind, diese Familie dringend braucht, ist ein Segen. Ihn verspricht, soweit man weiß, die Taufe. Sie verheißt doch, daß Gott dieses Kind auch als sein eigenes annehmen und die Lasten der Eltern teilen wird.

Aber die Taufe bietet nicht nur Entlastung an. Sie ist mehr als eine religiöse Dienstleistung, in der Segensversprechungen ausgeschüttet und Wohlgefühle verbreitet werden. Sie fügt das Kind auch in eine große Gemeinschaft ein. Sie stellt es in einen Zusammenhang, der weit größer ist als die eigene Kleinfamilie. Und dieser Zusammenhang ist unendlich gehaltvoll. Er richtet alle, die er umfaßt, auf die Hoffnung, den Glauben und die Liebe aus und eröffnet dem Kleinkind die Aussicht auf wahrhaftigen Lebenssinn. Und genau dies ist es, was man seinem Kind im letzten mitgeben will.

Aber es ist nicht nur so, daß man etwas will: Schutz, Halt und Orientierung. Es geht nicht nur um das Bitten. Mindestens ebenso groß ist das Bedürfnis zu danken. Da ist diese ungeheure Freude. Man hat das größte aller Geschenke empfangen, das Geschenk des Lebens. Ein neuer Mensch lebt. Eine unverwechselbar neue Geschichte hat begonnen, und man selbst nimmt an ihr teil, ja, sie ist aus der eigenen Liebe erwachsen. Sie ist der Gipfel der Liebe, ihre schönste Frucht. Die Freude darüber möchte sich Luft machen. Aber es würde nicht reichen, nur der Hebamme einen Blumenstrauß oder der Frau eine Perlenkette zu schenken. Man will Dank sagen, überschwenglichen Dank. Und wem sollte man ihn sagen, wenn nicht Gott, dem Schöpfer allen Lebens? Und in welcher Form könnte das geschehen, wenn nicht in einem Gottesdienst? Eines steht fest, ein selbstgebasteltes Neugeborenenbegrüßungsfest im eigenen Wohnzimmer wäre kein Ersatz. Man hat auch schon ein inneres Bild von dieser Taufe: In der Form sollte sie würdig und feierlich sein, im Ablauf traditionell und vertraut, in der Atmosphäre frei und freundlich. Auf modernistischen Schnickschnack und religionspädagogische Anbiederungen würde man lieber verzichten. Es dürfte gern klassisch zugehen, aber bitte nicht allzu streng oder düster. Am schönsten wäre es, die Taufe würde in einer schönen, alten Kirche von einem ebenso würdigen wie freundlichen Pastor gefeiert, so daß man für diese Stunde in eine Gegenwelt der freundlichen Art eintauchen könnte.

Im Grunde also hat man sich schon entschieden. Das Kind soll getauft werden. Vor ein paar Jahren war es unter jungen Eltern ja noch Mode gewesen zu sagen, die Kinder sollten das später einmal selbst entscheiden. Eingeleuchtet hat einem dieser Spruch nie. Es klang immer wie eine billige Ausrede, mit der sich Eltern aus ihrer Verantwortung stehlen wollten. Wenn man wartet, bis die Kinder sich selbst entscheiden, hat man doch schon eine Entscheidung getroffen – und zwar eine negative. Denn Kinder können nur über dasjenige eine sinnvolle Wahl treffen, was sie über ihre Eltern kennengelernt haben. Man wartet schließlich auch nicht darauf, bis das Kind selbst erklärt, welche Sprache es sprechen will, sondern man spricht von Beginn an in der eigenen Muttersprache mit ihm. Ebenso ist es mit dem Glauben. Irgendwie erscheint es als falsch verstandene Toleranz, dem Kind den Glauben bis zu dessen Religionsmündigkeit vom Leibe und von der Seele zu halten. Vielmehr müßte es doch Teil der elterlichen Verantwortung sein, ihn dem Kind von Beginn an zu zeigen. Später kann es sich immer noch von ihm abwenden.

Also, eigentlich ist alles geklärt. Das Kind wird getauft. Aber ganz so leicht läßt sich das nicht in die Tat umsetzen. Man ist schon so lange nicht mehr in einer Kirche gewesen. Mit einem Geistlichen hat man seit Ewigkeiten nicht mehr gesprochen. Da gibt es eine Scheu, die nur schwer abzulegen ist. Und überhaupt, in welche Kirche soll man gehen? Man gehört ja nicht der gleichen Konfession an wie die Frau. Das war bisher nie ein Problem, nicht einmal ein Thema gewesen. Aber jetzt stellt es einen vor eine fast unlösbare Frage: In welcher Kirche wollen wir unser Kind taufen lassen, in deiner oder in meiner? Das läßt sich nicht eben einmal am Küchentisch klären. Denn plötzlich meldet die Frau tiefe Prägungen und feste Bindungen an, ebenso wie man selbst. Auf einmal beteuert sie, daß sie sich eine »richtige« Taufe nur in einer katholischen Kirche vorstellen könne. Und man selbst kontert, daß man schon immer einen tiefen Widerwillen gegen alles Katholische empfunden habe und im Herzen stets ein Protestant geblieben sei. Wer also setzt sich durch? Ein kaum zu schlichtender Streit. All die Debatten um die Hochzeit waren nichts dagegen. Mein Gott, wie anstrengend das ist. Doch vielleicht ist es ja nicht der geringste Segen dieser Geburt, daß sie es einem unmöglich macht, sich den religiösen Fragen wie bisher zu entziehen.

Die Wiederentdeckung der Tradition

Die meisten Menschen brauchen einen Anlaß, um sich mit ihrer Religion zu beschäftigen, sie kommen nicht aus reiner Nachdenklichkeit darauf. Etwas muß ihnen zustoßen, das sie über den Rand ihrer diesseitigen Alltäglichkeit hinaustreibt. Die Geburt ist so ein Ereignis, denn das Schönste und Erschütterndste, was einem erwachsenen Menschen widerfahren kann, ist ein Kind zu bekommen.

Es ist eine Grunderfahrung in der Religionsgeschichte, daß Gott sich nicht an und für sich zeigt. Sein absolutes Sein könnte – rein und unvermittelt vorgestellt – von niemandem erfaßt werden. Deshalb vollziehen sich alle Gottesoffenbarungen über Medien. In den frühen Naturreligionen waren dies auffällige Naturerscheinungen, zum Beispiel Vulkanausbrüche, Erdbeben oder Gewitter. In den späteren, stärker vergeistigten Religionen übernahmen besondere Menschen diese Rolle. Gott weihte Priester, die seine Gegenwart im Kult feierten, und er berief Propheten, die seinen Willen dem Volk verkündeten. Schließlich sandte er sogar seinen eigenen Sohn in die Welt. Dieser war der wahre Mensch, der Gottes Herrlichkeit für alle, die ihm begegneten, sichtbar machte.

Die Zeit der großen Priester, Propheten und Religionsstifter ist vorüber. Ihre Botschaft wirkt immer noch fort und besitzt für die Gläubigen ungebrochene Gültigkeit. Aber ihnen selbst kann man nicht mehr gegenüberstehen, sie nicht mehr sehen, anfassen oder mit ihnen sprechen. Dennoch, der alte Grundsatz gilt immer noch: Gott offenbart sich nicht an und für sich, sondern er kommt im Menschen zum Menschen. In den alten Texten ist es nachzulesen, und in den heutigen Gottesdiensten wird es weiterhin verkündigt: Gott ist mächtig und voller Liebe, seine Kraft ist groß und seine Güte alle Tage neu. Doch anschaulich, sichtbar und lebendig werden diese Sätze erst dort, wo sie in der Begegnung mit einem konkreten Menschen zur wirklichen Erfahrung gelangen. Und keine andere Begegnung ist so erschütternd und ergreifend, begeisternd und beglückend wie diejenige mit einem neugeborenen Kind.

Darum ist es keine Blasphemie zu sagen, daß die Geburt eines Kindes ein kleines, auf normalmenschliches Maß gebrachtes Offenbarungserlebnis sein kann. Sie durchbricht den alltäglichen Lauf der Dinge und führt zurück an die Quelle des Lebens. Sie vollzieht eine plötzliche Umwertung aller bisherigen Werte und schenkt das, was man so lange vermißt hat: die Ahnung eines unbedingten Lebenssinnes. Bei jedem, der religiös auch nur geringfügig musikalisch ist, bringt sie große Glaubensgefühle zum Klingen. Mit einem Kind auf dem Arm ist man auf eine ganz neue Weise sensibel, verletzlich und glücksfähig. Ganz direkt erfährt man – manchmal ist es befreiend, manchmal schmerzlich – das Ende des souveränen, aber auch eindimensionalen Auf-sich-selbst-bezogen-Seins. Von nun an ist man aufeinander geworfen: die Eltern auf das Kind und das Kind auf die Eltern, die Frau auf den Mann und der Mann auf die Frau. Man wird voneinander nie mehr loskommen. Als Vater oder Mutter ist man nicht mehr der einzige Autor des eigenen Lebens. Das ist schön und schwer zugleich. Man hat die Rüstung der Selbstbestimmung abgelegt und sich vorbehaltlos einem anderen Wesen geöffnet, dem Ehepartner, dem eigenen Kind und natürlich auch dem Schöpfer und Bewahrer aller Menschenwesen. Plötzlich ist man wieder nackt und bloß, darauf angewiesen, daß eine höhere Macht einen behütet und stärkt.

Dieser Zustand der Liebensoffenheit und Hilfsbedürftigkeit ist nach dem Kindbett noch lange nicht vorbei. Er dauert das ganze Elternleben lang. Auch wenn sich nach der ersten Euphorie und Überforderung hoffentlich bald ein Rhythmus und eine gewisse Sicherheit einstellen, bleibt das Leben doch störanfällig. Das beginnt mit den ungezählten Kinderkrankheiten, den durchwachten Nächten und sorgenschweren Arztgängen. Das setzt sich fort mit den grausamen Brüllanfällen, später dann mit den für alle Beteiligten zermürbenden Willenskämpfen. Es führt über Schulprobleme, Pubertätschaos und Liebesleiden der lieben Nicht-mehr-so-Kleinen. Und es hört mit ihrem Auszug aus der elterlichen Wohnung noch lange nicht auf. Aufgestört wird man aber nicht nur durch Kinderkatastrophen, sondern mindestens ebenso durch die großen Genußmomente: die Freude über die ersten aufrechten Schritte, die Fassungslosigkeit über die ersten Wörter, die Rührungstränen bei der Einschulung, die Zufriedenheit über die wachsende Selbständigkeit des Kindes und später dann der Stolz über seine Anfängererfolge im Beruf. Wo das Leben des Kindes zu gelingen scheint, wirkt auch die eigene Existenz sinnvoll und gerechtfertigt. Und man empfindet große, übergroße Dankbarkeit.

Wer Kinder bekommt und großzieht, kommt eigentlich nicht darum herum, das Leben als ganzes in den Blick zu nehmen. Dies ist, wie bewußt oder halbbewußt es auch geschieht, immer ein religiöser Akt, und zwar ein solcher, in dem das Persönliche und das Allgemeine miteinander verschmelzen. Die Religion ist Privatsache, eine so ureigene Angelegenheit wie der intime Umgang mit dem eigenen Kind. Zugleich aber ist die Religion eine soziale und kulturelle Kraft. Dieser zweite, über-private Aspekt der Religion kann Eltern dort besonders aufgehen, wo die Geburt ihres Kindes ihnen ein ganz neues Zeitgefühl schenkt.

Denn ein Kind verlängert den Blick seiner Eltern über die Spanne ihres eigenen Lebens hinaus in eine viel weitere Zukunft. Das Kind soll ja – und wird hoffentlich – länger leben als man selbst. Es wird Jahrzehnten angehören, die man selbst nicht mehr erleben wird. Durch das Kind erweitert sich der Blick der Eltern aber nicht nur nach vorn, sondern auch nach hinten. So frisch und neu ist das Kind, daß man gar nicht anders kann, als sich selbst erwachsen zu fühlen. Das ist keineswegs nur ein unangenehmes Gefühl. Das junge Leben des Kindes befreit einen vom Zwang, sich selbst für jugendlich zu halten. Im Gegenüber zu ihm kann man endlich sein, was man ist: eine erwachsene Frau, ein erwachsener Mann, mit einem älteren Körper, mit gewichtiger Verantwortung, mit einer längeren Lebensgeschichte und mehr Erfahrung. Durch die Elternschaft verschiebt sich der eigene geschichtliche Standort. Man ist nicht mehr »der oder die Jüngste« im Wortsinne, man gehört zu den Älteren. Besser gesagt, man wird zum Bindeglied zwischen den Jungen und den Alten. Da man nun selbst ein Vorfahr für Nachfahren geworden ist, gewinnen die eigenen Vorfahren neue Bedeutung. Gerade weil das eigene Kind einer fernen Zukunft entgegengeht, die man selbst weder übersehen kann noch kennenlernen wird, fragt man sich unwillkürlich, was man ihm aus der eigenen Geschichte mitgeben kann. Man ist zum Mittelglied in einer langen Kette geworden. Was soll diese Kette transportieren? Was soll bleiben? Welche Weisheiten müßte man dem Nachwuchs ins Seelengepäck stecken?

Es gibt einen natürlichen Konservatismus der Elternschaft, den man nicht mit Verspießerung verwechseln sollte. Er besteht nicht nur einfach darin, daß man von nun an ein geregelteres und ordentlicheres Leben führt. Wache Eltern wissen viel zu genau, daß das Leben mit Kindern alles ins Fließen bringt und im Fluß hält. Gerade deshalb aber fragen sie danach, was einen geraden Blick vermitteln und ein festes Herz schenken könnte. Und das müßte, auch wenn es die Jüngsten leiten soll, selbst keineswegs brandneu sein. Es könnte auch alt, sehr alt sein.

Aber auch für einen selbst gewinnt Uraltes eine neue Gegenwärtigkeit. Man kann es kaum vermeiden, daß mit der Elternschaft bewußt oder halbbewußt archaische Bilder in einem aufsteigen: Bilder der Mütterlichkeit, Bilder der Väterlichkeit. Natürlich lassen sie sich mit dem eigenen Selbstbild nicht einfach zur Deckung bringen. Auch wenn man als junge Mutter das eigene Kind innig in den Armen hält oder in großer Vertrautheit stillt, wird man dadurch nicht zu einer vormodernen, hingebungsvoll-demütigen Madonna, sondern bleibt eine zeitgemäße Frau, mit Selbstbewußtsein, Freiheitsdrang und Berufswünschen. Auch wenn man als junger Vater spürt, wie in einem Beschützerinstinkte wach werden, bleibt man ein zeitgemäßer Mann, der eben keineswegs mehr die autoritäre Machtfülle besitzt, die den Altvorderen zu eigen gewesen sein muß. Man würde das ja auch gar nicht wollen. Dennoch, diese Bilder archaischer Mütterlichkeit und Väterlichkeit lassen sich nicht einfach abstellen. Sie sind wie ein heimlicher Sog.

Der elterliche Konservatismus äußert sich aber auch schon in Kleinigkeiten. Der Umgang mit den eigenen Kindern befördert die Erinnerungen an die eigene Kindheit zurück an die Bewußtseinsoberfläche. Längst abgelegte Eßgewohnheiten und Abendrituale fallen einem ein und werden wieder eingeführt. Man bekommt wieder Appetit auf die Rezepte der Mutter und Großmutter. Zum ersten Mal seit langen Zeiten macht man sich Gedanken darüber, wie die Wohnung zu den hohen Festtagen geschmückt werden soll. Wo steckt eigentlich die alte Krippe, mit der man selbst früher gespielt hatte? Im Keller oder auf dem Dachboden? Man holt auch die alten Kinderbücher wieder aus den verstaubten Kisten. Den eigenen Kindern dürfen auf keinen Fall Pippi Langstrumpf und Michel aus Lönneberga, die kleine Hexe und der kleine Wassermann, Joseph und seine Brüder, David und Goliath, Aschenputtel und Dornröschen vorenthalten bleiben. Ja, man singt sogar wieder: Volkslieder, Gutenachtlieder, Weihnachtslieder. Auch wenn man ihre Texte nur mit Hilfe von Büchern zusammenbekommt, sind sie einem immer noch nah.

Kleines und Großes holt man vom Dachboden und aus dem Keller der Erinnerung. Indem man so halbvergessene Traditionsgüter wiederbelebt und weitergibt, kann einem aufgehen, in welch großem sozialen und kulturellen Rahmen die eigene Elternschaft steht. Es ist eben kein Privatvergnügen, Vater und Mutter zu sein. Zum Vergnügen und zur Verantwortung, ein Kind aufzuziehen, gehört ganz notwendig dieser Rahmen. Man kann sich selbst für so individuell halten, wie man mag, doch was einen im letzten in der Erziehung leitet, ist Teil eines kollektiven Bewußtseins. Es ist etwas über-individuell Vorgegebenes. Man kann nicht alles neu erfinden. Man muß es aber auch nicht. Vieles liegt schon vor, geschaffen und geformt von den Vorfahren, aufbewahrt in vergessenen Kisten und abgelegenen Kammern – und wartet nur darauf, neu entdeckt zu werden. Zu diesen Traditionsgütern gehört selbstverständlich auch der christliche Glaube, seine Prinzipien und Sitten, seine Geschichte und Geschichten.

Religion für das eigene Kind

Wenn nicht alles täuscht, wächst heute unter den jungen Eltern das Bewußtsein dafür, daß ihren Kindern die Güter des christlichen Glaubens unbedingt angeboten werden sollten. Es genügt nicht, wenn sie nur in ihrer Wohnung, ihrer Kleinfamilie und ihrem Stadtteil beheimatet sind. Sie sollen sich darüber hinaus in einen viel weiteren Bedeutungshorizont eingepflanzt finden. Mehr junge Eltern als früher verspüren das drängende Bedürfnis, daß ihre Kinder den christlichen Glauben kennenlernen sollen, und zwar besser und intensiver, als sie ihn selbst kennen. Dieses Kennenlernen umfaßt verschiedene Aspekte.

Zum einen geht es um ein kulturelles Wissen. Dazu gehören die wichtigsten biblischen Erzählungen, die Wendepunkte der Christentumsgeschichte, die großen kirchlichen Feste sowie die zentralen Begriffe und Ausdrucksformen der Frömmigkeit. Es wäre einem ja peinlich, wenn das Kind nicht wüßte, was an Weihnachten und Ostern gefeiert wird und wie man sich in einer Kirche verhält. Es würde einem wehtun, wenn es das Vaterunser nicht kennte.

Neben diesen Kulturkenntnissen soll den Kindern die ethische Bedeutung des Glaubens deutlich werden. Wenn Eltern sich eine christliche Erziehung ihrer Kinder wünschen, dann immer auch darum, weil diese in besonderer Weise die Kostbarkeit des Lebens, die Würde des Menschen, die Kraft der Liebe und die Notwendigkeit der Barmherzigkeit vermittelt. Kinder brauchen Orientierungsfiguren, Rollenmodelle und Vorbilder. Die wilden Fußballkerle und Prinzessin Lillifee genügen da nicht. Die Kinder sollten deshalb die Zehn Gebote kennen und ein Bild von Jesus Christus gewonnen haben.

Aber Bildung und Moral sind längst nicht alles. Es gibt noch einen dritten, mindestens ebenso wichtigen Aspekt. Es läßt sich beobachten, daß Eltern sich darüber hinaus wünschen, daß ihren Kindern Religiosität im engeren Sinne vermittelt wird. Es wäre doch schön, wenn die Töchter und Söhne diesen Glauben an eine höhere Macht in sich trügen, der sie bedingungslos vertrauen könnten. Es könnte sie trösten und stärken, wenn sie wüßten, wie man betet und dieser Macht all das anvertraut, was sie niemandem sonst – selbst den Eltern nicht – sagen würden. Es wäre gut für die Kinder, wenn sie sich in der Gegenwelt des Glaubens geborgen fühlten. Und dies wäre auch für die Eltern entlastend.

Doch die meisten jungen Eltern, die ihren Kindern religiöse Bildung, christliche Moralität und persönliche Frömmigkeit wünschen, müßten ehrlicherweise zugeben, daß sie diese drei Güter nicht weitergeben können, weil sie selbst sie gar nicht oder nur bruchstückhaft besitzen. Die Sehnsucht nach einer christlichen Erziehung der eigenen Kinder ist oft genug nur die Kehrseite der religiösen Ungewißheit der Eltern. Diese wünschen sich für ihren Nachwuchs eine Klarheit und Unbedingtheit, die ihnen selbst abgeht. Anders noch als Elterngenerationen in den siebziger und achtziger Jahren halten sie es für durchaus sinnvoll, wenn ihre Kinder Zugang zum christlichen Glauben finden. Sie sehen sich aber selbst außerstande, ihnen dies zu eröffnen. Zu unsicher fühlen sie sich auf dem religiösen Terrain, zu fremd ist ihnen dieses Traditionsgut geworden.

So lassen sich zwei Trends beobachten, die einander offenkundig widersprechen und dennoch in einem Zusammenhang stehen. Da ist zum einen das gestiegene Interesse von Eltern an einer religiösen Erziehung ihrer Kinder, und da ist zum anderen die Auswanderung der Frömmigkeit aus der Familie. In früheren Zeiten war nicht die Schule und auch nicht die Kirchengemeinde die eigentliche Pflanzstätte des Glaubens, sondern die Familie. Zu Hause wurde miteinander gebetet, wurden geistliche Lieder gesungen, biblische Geschichten erzählt und die großen Jahresfeste in christlichem Sinne gefeiert. Das findet offenkundig nicht mehr statt. Aber anders noch als in den Jahren des Kulturprotests wird dies nicht mehr als Befreiung empfunden. Die alten Sitten und Formen sind abgeschafft, doch ist wenig Adäquates an ihre Stelle getreten. Man hat alle alten Zöpfe abgeschnitten. Doch man hat nicht mehr das Empfinden, dadurch eine Last losgeworden zu sein. Man faßt sich an den Kopf und registriert eine betrübliche Kahlheit. Da ist nichts mehr, was Geist und Seele wärmen, schützen und schmücken könnte. Leider lassen sich abgeschnittene Zöpfe nicht wieder ankleben. Man müßte schon die Geduld und den Willen aufbringen, sie langsam neu wachsen zu lassen. Doch manche Haarwurzel ist inzwischen abgestorben. Aus eigener Kraft findet man nicht zurück zur alten Pracht.

Deshalb halten die meisten jungen Eltern nach fremder Hilfe Ausschau. Natürlich wendet sich ihr Blick zuerst an die Schulen. Der Religionsunterricht wäre eine Chance, die es zu nutzen gelte. Hier könnten die Kinder lernen, welche Religionen es gibt und welche Lebenshilfen sie bereithalten. In der Tat erfährt der Religionsunterricht gegenwärtig einen Aufschwung. Man erwartet wieder etwas von ihm. Viele Politiker haben diesen Stimmungswechsel registriert und betonen deshalb die große Bedeutung dieses Faches. Seine Abschaffung, beziehungsweise seine Umformung in eine allgemeinhumanitäre Moralschulung, ist kein Thema mehr, zumindest nicht in Westdeutschland. Daß es sich in einigen ostdeutschen Bundesländern sowie in Berlin anders verhält, offenbart nur die kulturelle Rückständigkeit einiger Teile der dort agierenden SPD sowie der PDS, die immer noch vom aggressiven Staatsatheismus des DDR-Regimes geprägt ist.

Doch sollte man vorsichtig sein. Der bloße Umstand, daß gegenwärtig viele Politiker und Meinungsführer den Religionsunterricht stark reden, bedeutet nicht, daß er tatsächlich stark ist. Denn zum einen leidet er unter seiner langen Vernachlässigung. Dies kann man an der inneren Unsicherheit ablesen, unter der nicht wenige Religionslehrer offenkundig leiden. Zum anderen ist der Religionsunterricht wie alle »weichen« Fächer von einem anderen Trend bedroht, nämlich der zunehmenden Dominanz eines ökonomischen Leistungsdenkens. Die Aufgabe der Schule wird verstärkt in der Ausbildung technischer und wirtschaftlicher Kompetenzen gesehen. Der Bildungsgedanke, der die Voraussetzung des schulischen Religionsunterrichts ist, gerät demgegenüber stark in den Hintergrund. Man darf also in Sachen Religion auch weiterhin nicht zu viel von der Schule erwarten.

Junge Eltern lassen deshalb ihren Blick weiterwandern und schauen auf die Kirche. Die Zeiten, da sie vor allem darum bemüht waren, ihre Kinder vor religiöser Indoktrination zu schützen und von den kirchlichen Klauen fernzuhalten, sind eindeutig vorüber. Missionierung gegen den Willen der Kinder muß nicht mehr die Hauptsorge der heutigen Eltern sein. Religionsfreiheit ist inzwischen ein gesichertes Gut. Individuelle Freiheit gibt es mehr als genug. Wenn man eine Sorge haben müßte, dann wäre es diejenige, daß es für die eigenen Kinder zu viel Freiraum und zu wenig Orientierung gibt.

Darum erfreut sich die kirchliche Kinder- und Jugendarbeit großer Nachfrage. An erster Stelle sind die 20 000 kirchlichen Kindertagesstätten zu nennen, die 1,2 Millionen Kinder betreuen und begleiten. Sodann genießen die kirchlichen Schulen einen erheblichen Aufschwung. Die katholische Kirche hatte hier schon immer einen großen Schwerpunkt. Nun schicken sich die evangelischen Kirchen an aufzuholen. Eine ganze Reihe von Schulgründungen zeugt davon. Sie sind übrigens keine Initiativen, die allein von den Kirchenleitungen verantwortet werden, sondern leben ganz wesentlich vom Engagement interessierter Eltern. Schließlich erfahren auch Kommunion und Konfirmation einen ungebrochen starken Zuspruch. Das läßt sich nicht nur an den nackten Zahlen ablesen, sondern auch an den gestiegenen Erwartungen. Man kann ein stärkeres inhaltliches Interesse registrieren. Eltern – aber nicht selten auch die Jugendlichen selbst – äußern verstärkt den Wunsch, daß im Konfirmandenunterricht etwas gelernt und Frömmigkeitsformen eingeübt werden sollen.

Es läßt sich also ein erstaunliches Zutrauen zur Institution Kirche beobachten. Dies ist um so bemerkenswerter, als ansonsten die gesellschaftliche Entwicklung massive Individualisierungsschübe aufweist und zu Lasten der großen Institutionen verläuft. Parteien, Gewerkschaften, Vereine, Verbände und natürlich auch die Kirchen verlieren seit Jahrzehnten an Mitgliedern und öffentlichem Zuspruch. Doch wo es um die Erziehung der nächsten Generation geht, scheint die sonst so virulente Institutionenskepsis auszusetzen. Das hat seinen guten Grund. Denn die Geburt eines Kindes setzt dem Individualismus seiner Eltern eine selbstverständliche Grenze. Sie leben nun nicht mehr für sich allein, die eigene Entfaltung und Beglückung, sondern auch für ihr Kind. Und dies bringt große Fragen und Sorgen mit sich. Immer wieder muß ihnen bewußt werden, wie unendlich ihre Verantwortung und wie beschränkt ihr individuelles Vermögen ist. Sie fühlen sich überfordert und suchen folglich nach einer Entlastung, wie sie nur eine große Institution bieten kann.

Die Erwartungen an die Kirchen sind groß. Sie sollen erziehen und orientieren. Sie sollen der nachwachsenden Generation eine ideelle Heimat schaffen und ihr den Weg in eine gute Zukunft weisen. Diese Erwartungen steigern sich nicht selten zu einer ausgewachsenen, aber meist unausgesprochenen Sehnsucht. Kirchliche Einrichtungen sollen eine Gegenwelt darbieten, in der es anders zugeht als in der Wirklichkeit: weniger kalt und berechnend, ohne Hektik und Streß, ohne Leistungszwang und Daseinskampf. In kirchlichen Kindergärten und Schulen, im Konfirmandenunterricht und in der Jugendgruppe soll ein anderer Geist wehen. Wirtschaftliche Notwendigkeiten, technische Sachzwänge, bürokratische Rücksichten und tarifliche Abmachungen sollen hier nicht das Gesetz des Handelns bestimmen. Dieses Gesetz soll etwas ganz anderes sein, nämlich das Prinzip der Liebe. Eltern, die ihre Kinder in kirchliche Einrichtungen geben, wünschen ebenso wie diejenigen, die ihre Angehörigen der Obhut von kirchlichen Krankenhäusern, Altenheimen oder Behinderteneinrichtungen anvertrauen, daß es hier anders zugeht als in anderen – staatlichen oder privatwirtschaftlichen – Institutionen.

Diese Sehnsucht nimmt die Kirchen beim Wort. Und die Kirchen tun gut daran, ihr zu entsprechen. Es ist schlicht eine Frage der Glaubwürdigkeit, daß sie das Prinzip der Liebe nicht bloß verbal verkündigen, sondern auch praktisch umsetzen. Zugleich aber werden die Kirchen diese Sehnsucht nie vollständig erfüllen, das ist auch durch den indirekten Charakter dieser Sehnsucht bedingt. Die Eltern wollen zwar dringend mehr Religion, aber nicht eigentlich für sich selbst, sondern zunächst und vor allem für jemand anders, nämlich für ihr Kind. Sie schicken ihr Kind in eine kirchliche Einrichtung, bleiben selbst aber außen vor. Manche zahlen nicht einmal die Kirchensteuer, die diese Dienstleistung überhaupt ermöglicht. So ergibt sich eine seltsame Mischung aus Engagement und Distanziertheit. Für die Kirchen ist es sehr schwierig, darauf angemessen zu reagieren. Einerseits können sie sich darüber freuen, daß eines ihrer Kernangebote wieder geschätzt und genutzt wird. Andererseits hat diese Wertschätzung einen spürbaren Pferdefuß. Selbst die beste kirchliche Arbeit für Kinder kann nicht das ersetzen, was die Familie an ethischer und religiöser Orientierung nicht mehr leistet. Die Kirchen müßten voraussetzen, daß die Familien ihnen vorarbeiten und mit ihnen zusammenarbeiten. Das aber ist nicht immer der Fall. Folglich fühlen sich die Kirchen angesichts des neuen Interesses, das junge Eltern an ihren Bildungsangeboten zeigen, ebenso bestätigt und geschmeichelt wie überfordert und allein gelassen.

Religion für Eltern

Groß wird man nicht von allein. Ein Kind braucht viel Hilfe, äußerlich und innerlich. Es braucht eine Familie, vor allem Eltern und Großeltern, Tanten und Paten, später Kindergärtnerinnen und Lehrer – viele Erwachsene, die es lieben, beschützen, anregen und ihm den Weg ins Leben ebnen. Und es braucht jenseits dieser Menschen einen überweltlichen Behüter und Begleiter, dem es unbedingt vertrauen und durch den es seine Lebensbestimmung entdecken kann. Der Glaube an Gott eröffnet ihm einen Überschuß an Sinn, ein Mehr an existentiellen Möglichkeiten, eine andere Weite der Weltanschauung, eine reichere Freude am Leben. Er verhindert, daß es im Alltag aufgeht, sich im Diesseits verliert und in der Gesellschaft entfremdet. Er führt es in eine ganz andere Welt der Liebe und Freiheit. In ihr muß es sein Dasein nicht durch Leistungen erarbeiten und durch Erfolge rechtfertigen, sondern hier ist es immer schon als geliebtes Gotteskind herzlich willkommen. Wer möchte nicht, daß dieser Glaube in seinem Kind Raum gewinnt?

Es ist nun aber nicht so, daß dieser Glaube Kindern lediglich vermittelt und anerzogen werden muß. Denn sie haben ihre eigenen Zugänge zu ihm. Man würde sie sehr unterschätzen, wenn man sie für bloße Objekte religionspädagogischer Maßnahmen hielte. Kinder brauchen nicht nur den Glauben. Sie haben ihn auch, oft genug aus eigenen Quellen, die den Erwachsenen verschlossen sind. Sie sind immer auch selbst religiöse Akteure. Zu beobachten, wie das eigene Kind anscheinend spontan Gedanken über Gott entwickelt und religiöse Handlungen wagt, gehört zu den merkwürdig schönsten Erlebnissen, die man als Mutter und Vater machen kann.

Bei diesen Gelegenheiten, an denen Eltern bei ihrem Kind Religiosität bemerken, kommt es nicht selten dazu, daß in ihnen selbst ein Frömmigkeitsfunken aufgeht. Für sich allein würden die meisten von ihnen kein Glaubensinteresse geltend machen. Nennenswerte religiöse Erfahrungen würden sie sich nicht gestatten. Aber indem sie Religion für ihr Kind wollen, melden sie ein mittelbares und dennoch starkes Bedürfnis nach Transzendenz an. Indem sie dies für ihre Kinder wollen, wollen sie es irgendwie auch für sich selbst. Hier kommt es zu einer Delegation sehr eigener Art. Das Kind wird zum Stellvertreter seiner Eltern. An ihrer Statt äußert es religiöse Bedürfnisse, vollzieht kultische Handlungen und genießt Glaubenserfahrungen. Die Eltern betrachten es dabei. Sie selbst sind nicht direkt beteiligt. Aber indem sie höchst interessiert zuschauen, erfüllen sie dann doch eigene religiöse Bedürfnisse, von denen sie gar nicht gewußt hatten, daß sie sie haben.

Diese Art der Stellvertretung und Delegation kann man bei jedem gelungenen Familiengottesdienst beobachten. Die Kindergartengruppe hat gemeinsam mit der Pastorin vielerlei vorbereitet: eine kleine Spielszene, ein Lied, ein Gebet. Viele Kinder haben eine ehrenvolle Aufgabe und einen eigenen Auftritt. Eines trägt beim Einzug die Bibel herein, ein anderes die große Kerze. Vier spielen eine biblische Geschichte nach, zwei sprechen ein Gebet. Gemeinsam singt die gesamte Gruppe ein frommes Kinderlied vor und tanzt dazu. Alle Eltern recken die Hälse und Ohren, nichts soll ihnen entgehen. Sie sind ganz bei der Sache. Was hier geschieht, ist durchaus mehr als der bekannte Rührungseffekt, der mit Garantie eintritt, wenn man die Kleinen etwas aufführen läßt. Natürlich genießen die Eltern auch in diesem Gottesdienst das stolze Gefühl, daß ihr Kind eine gute Figur abgibt und überhaupt besonders reizend aussieht. Es ist jedoch noch etwas anderes dabei. Indem die Eltern zuschauen, wie ihr Kind den Glauben feiert, feiern sie ihn indirekt auch. Sie genießen diesen Gottesdienst, den sie vordergründig nur wegen ihres Kindes besuchen. Es ist, als ob der Kindergottesdienst ihnen endlich den Rahmen bereitstellt, innerhalb dessen sie selbst Glaubensgefühle empfinden können und ohne Scham ausleben dürfen. Ohne ihr Kind hätten sie die Kirche wahrscheinlich nicht betreten und diesen Gottesdienst sicherlich ein wenig infantil gefunden. Aber mit ihrem Kind feiern sie tatsächlich Gottesdienst. Denn mehr noch als die Pastorin ist ihr Kind ihnen zum Priester und Türöffner zum Heiligen geworden.

Es gibt also Formen der Stellvertretung, durch die man der Sache mit Gott sehr nahe kommt. Es gibt Arten der Delegation, die zu einer intensiven Teilnahme führen. Doch haben auch sie etwas Unbefriedigendes. Gerade bei der religiösen Erziehung des eigenen Kindes müßte den Eltern aufgehen, daß Delegation allein nicht genügt und daß man der eigenen Verantwortung sowie den eigenen Bedürfnissen nur gerecht wird, wenn man sie bewußt wahrnimmt. Es kann nicht ausreichen, das eigene Kind in die Kirche oder in den Religionsunterricht zu schicken und ihm gelegentlich beim Frommsein zuzuschauen. Das Letzte und Entscheidende kann man nicht delegieren. Man muß es selbst wollen und leben. Kein anderer, kein noch so ausgewiesener Fachmann für religiöse Erziehung wird einem diese Aufgabe abnehmen können. Denn der eigentliche Fachmann für das eigene Kind kann niemand anders sein als man selbst. Das liegt schon daran, daß niemand sonst sich so sehr für das eigene Kind interessieren, es so lieben und sich so um es sorgen wird.

Erziehung ist ein Geschäft auf Gegenseitigkeit. Man kann sein Kind nur gut erziehen, wenn man sich auch von ihm erziehen läßt. Kinder fordern ihre Eltern heraus, auch in Glaubensdingen. Wer diese Herausforderung nicht annimmt, sondern meint, sie an die dafür vorgesehenen Institutionen – die Kirche, die Schule – abgeben zu können, wird weder seinen Kindern noch sich selbst gerecht. Man kann seinem Kind nur das vermitteln, mit dem man sich auch selbst konfrontieren läßt. Und Kinder konfrontieren einen wunderbar direkt mit der Religion.

Das beginnt mit den vielen, großen Fragen, die sie stellen. Lebst du gern? Wozu ist die Welt da? Warum macht Gott nicht alle bösen Menschen weg? Gibt es im Himmel auch Nutella? Wo ist Omama jetzt? Kommt unsere Katze auch in den Himmel? Auf solche und tausend andere Fragen muß man eine Antwort geben. Sie muß nicht vollständig und absolut gewiß sein. Aber eine klare, einfache und ehrliche Auskunft sollte es schon sein. Und um sie geben zu können, muß man sich seinen eigenen Reim auf die Religion gemacht haben.

Aber Kinder fordern einen nicht nur mit ihren Fragen heraus, sondern auch mit ihren eigenen Überzeugungen. Nicht selten kommen sie von selbst auf den lieben Gott, die Schöpfung und den Himmel zu sprechen. Wenn man ihnen aus der Kinderbibel vorliest, sind sie ganz dabei und von der Wirklichkeit dieser Geschichten durchdrungen. Das Wunderbare ist ihnen Realität. Und daß nicht wenige dieser Geschichten auch eine schreckliche Seite haben – man denke nur an die Sintflut oder das Leiden Jesu –, stößt sie nicht ab. Diese Hingabe muß für die weniger vorbehaltlosen Eltern etwas Verunsicherndes haben. Zumindest aber sollte sie eine Gelegenheit sein, sich aus der billigen Sicherheit eines lässigen Agnostizismus herauslocken zu lassen.

Das schönste Lockmittel ist die eigene Frömmigkeit der Kinder selbst. Es ist rührend, irritierend und beglückend zugleich, wenn man bemerkt, wie das Kind unbeobachtet vor sich hin spielt und dabei fromme Lieder singt, die es im Kindergarten gelernt hat. Oder wenn es ganz in seiner Spielwelt versunken, die Kuscheltiere zur Nacht bettet und mit jedem ein Gebet spricht. Oder wenn es die Beerdigung der Großmutter nachspielt, aus Holzklötzen ein Grab baut, eine weibliche Playmobilfigur hineinlegt, ein kleines Tuch darüber legt, einen Playmobilstrauß daneben stellt und einen Segen spricht. Wenn man solche Szenen heimlich beobachtet, könnte man fast neidisch werden.

So kann in einem die Lust wachsen, selbst an diesem frommen Spiel teilzunehmen. Die natürlichste Form, dies zu tun, sind die regelmäßigen Familienrituale. Es hat sich inzwischen herumgesprochen, daß Rituale nicht lästige Reste aus

vormodernen Zeiten, sondern der hilfreiche Rahmen eines
gelingenden Familienlebens sind. Es ist für Kinder beruhi-
gend und für Eltern entlastend, wenn die Tage und Nächte
einem verläßlichen Rhythmus aus immer wiederkehrenden
Tätigkeiten und Gewohnheiten folgen. Dies gibt dem gemeinsamen Leben eine erkennbare Form. Man muß nicht
über jeden einzelnen Handgriff von neuem streiten und entscheiden. Es ist nicht notwendig, darüber Grundsatzdebatten
zu führen, was es morgens oder abends zu essen gibt, wann
man sich anzieht oder die Zähne putzt. Denn all diese Alltags-
fragen, die bekanntlich einen großen Teil des Eltern- und
Kinderlebens ausfüllen, sind geklärt und werden immer wieder auf die gleiche Weise beantwortet. Das schenkt ein Mindestmaß an Sicherheit und Familienfrieden. Besonders wichtig sind Rituale natürlich bei den Übergängen. Schwellen
machen Angst, besonders die Schwelle zwischen Wachsein
und Schlafen. Zur Ruhe der Nacht findet man am besten,
wenn man stets denselben Weg geht und ihn für alle gleichermaßen schön gestaltet, also die Anstrengungen des Aufräu-
mens, Umkleidens und Waschens belohnt durch Vorlesen,
Vorsingen, Zärtlichkeiten und vertraute Gespräche. Aber nicht
alles, was sich wiederholt, ist auch ein Ritual. Wenn die Kinder beim Abendbrot immer eine Zeichentrickserie anschauen
oder stets zu den billigen Klängen einer Benjamin-Blüm-
chen-Kassette einschlafen, ist dies kein Ritual, sondern nur
eine schlechte Angewohnheit.

Damit eine Gewohnheit ein Ritual wird, muß noch etwas
anderes hinzukommen: ein tieferer Sinn, ein gewichtiger Inhalt, die Ahnung einer anderen Welt. All das, was vom Tage
übrigbleibt, wird noch einmal betrachtet und vor einen ganz
anderen Horizont gestellt. Für das Schöne wird gedankt, über
das Schwere geklagt, für alle Fehler um Vergebung gebeten

und für all das, was einem besonders lieb ist oder Sorgen bereitet, eine Bitte ausgesprochen. Diese lebenswichtigen Seelenäußerungen finden in keinem anderen Ritual einen so schönen und angemessenen Ausdruck wie im Gutenachtgebet, mit dem sich Eltern und Kinder gemeinsam in Gottes Hand geben.

Dieses Gebet kann die unterschiedlichsten Formen haben. Es kann frei formuliert sein oder sich alter Reime bedienen. Man kann es singen. Man kann es mit einer Geste verbinden, indem man sich zum Beispiel gegenseitig mit dem Finger ein Kreuz auf die Stirn zeichnet. Hilfsmittel wie eine Kerze, ein Buch oder ein Würfel mit Gebeten können genutzt werden. Aber das Gebet kann natürlich auch ohne alles und ganz still gesprochen werden. Die Formen können wechseln. Manchmal müssen sie es sogar, wenn das Kind sagt, es wolle nicht mehr. Auf diesen Überdruß sollte man aber nicht dadurch reagieren, daß man das Ritual einstellt, sondern indem man es umstellt und gemeinsam mit dem Kind nach einer neuen Form sucht.

Manchmal kann es aber auch sinnvoll sein, einen leiseren Protest zu überhören und das Ritual einfach zu vollziehen. Man muß ja auch selbst häufig gegen eigene Müdigkeit und Lustlosigkeit angehen. Wenn man dies aber tut, kann man erfahren, daß ein gut gewähltes Ritual seine Kraft auch dann erweist, wenn es gar nicht besonders innig und intensiv begangen wird. Man muß nicht immer unglaublich ergriffen sein, um ein Gutenachtgebet zu sprechen. Dies wäre ja auch eine heillose Überforderung. Oft genug ist man selbst abgelenkt und nervenmürbe. Gerade dann aber zeigt sich, wie hilfreich ein festes Ritual ist, weil es die eigenen Gedanken und Gefühle fast automatisch von den Lasten des Tages löst und für den Frieden der Nacht öffnet.

Wer mit seinen Kindern solche Rituale sucht, findet und einübt, kann einen eigenen Zugang zum Glauben finden. Ihm wird die Chance auf eine zweite Naivität geboten. Man ist erwachsen und bleibt es auch, beladen mit Pflichten und Sorgen, gehemmt durch Unsicherheiten und Zweifel. Zugleich aber wird man für einen Moment wieder zum Kind, befreit zur Sorglosigkeit und offen für ein großes Vertrauen. Diese Chance verpaßt derjenige, der sich nicht selbst mit seinen Kindern auf den Weg zu Gott macht. Wer dies aber tut, wird schon bald nicht mehr zu sagen wissen, wer hier wen erzieht und beglückt. Wohl dem, der Kinder hat.

KAPITEL 9

Glaubensglück

Über den Nutzen der Religion für das eigene Leben

ANFANGS WAR ES NUR ein leichter Stich, kaum ein Schmerz, eher ein schleichendes Unbehagen, ein wandernder Punkt des Unwohlseins. Er war nicht zu fassen, nicht genau zu verorten. Irgendwo in der Körpermitte irrte er umher und hinterließ dabei eine leise Spur von Schwindel und Übelkeit. Schwer zu beschreiben, deshalb redete man sich zunächst ein: »Es ist nichts.« Häufig genug tauchte der Quälgeist ja auch wieder ab und meldete sich über mehre Tage nicht. Dann war fast alles wie immer. Aber ein Rest von Sorge blieb. Zu Recht, denn gerade wenn man diese Sache zu vergessen begann, kehrte sie mit einem festen, scharfen Ziehen zurück. Es ist nichts? Da war doch etwas: Dieses Gefühl, das sich nicht leugnen ließ, das in alles hineinredete, das einen störte zu leben. Es verhinderte, daß man sich im eigenen Körper zu Hause fühlte, und ließ einem keine Ruhe.

Also ging man doch zum Arzt und stotterte ihm etwas vor von Schmerz und Schwindel und Druckgefühlen, irgendwo. Der schaute ernst, fühlte hier und dort, fand aber nichts. Also veranlaßte er allerlei Untersuchungen. Betriebsamkeit kam auf. Weiße Helferinnen führten einen von Raum zu Raum, von Gerät zu Gerät. Schließlich wurde Blut abgenommen, Wartezimmer, Zeitschriften blättern, zurück zum Arzt. Der schaute wieder ernst, aber einem nicht ins Gesicht, sondern auf die Aufnahmen. Was sah er dort? Direkt sagte er es nicht. Dass da etwas wäre, deutete er an, ein Schatten in der Körpermitte. Das müsse noch nichts bedeuten. Kein Grund, sich zu beunruhigen. Sicherheitshalber sollte aber das Blut untersucht werden. Ob die Werte stimmen, ob Tumormarker nachzuweisen sind et cetera. Wie gesagt, noch kein Grund zur Unruhe. Was redete der? Es war nicht leicht, ihm zuzuhören. Er sprach mehr zu den Aufnahmen als zu einem selbst. Und bevor man etwas fragen konnte, war man schon entlassen und vertröstet auf einen Termin in der folgenden Woche. Dann würde man mehr wissen, weitersehen, weiter untersuchen und eventuell weiteres veranlassen.

Das wurde eine lange Woche. Viel Grübeln am Tage. In der Nacht wenig Schlaf, dann aber mit dichten schwarzen Träumen. Angst kam auf und verhärtete sich. Irgend etwas schien grundsätzlich nicht in Ordnung zu sein. Das K-Wort schwirrte im Kopf herum. Aber man hätte es nicht laut aussprechen können. Der abstraktere Begriff »Tumormarker« langte schon. Aber was ist das für ein Schatten, und wer hat ihn geworfen? Alles war so unklar und verwirrend. Täuschte man sich, oder hatte der Schmerz etwa zugenommen? Er fühlte sich jetzt irgendwie tiefer und härter an. Oder lag dies nur daran, daß man ihn seit dem Arztbesuch mehr beachtete? Immer noch hätte man sich gern eingeredet: »Es ist nichts.« Aber es wollte nicht mehr gelingen. Wenn man nur etwas mehr wüßte. Man sehnte den Termin herbei – so intensiv, wie man ihn fürchtete.

Schließlich ist der Tag da. Das Warten hat ein Ende. Bald würde man endlich mehr wissen, vielleicht sogar Erleichterung und Entspannung finden. Wie schön das wäre. Doch gerade als man aus der Tür gehen will, greift noch einmal die Angst kalt zu. Sie schlägt zu, wie eine Faust im Nacken. Man muß sich am Türrahmen festhalten, um nicht zu taumeln. Wie soll man nur diesen Tag überstehen, den Weg zum Arzt schaffen und die Nachricht ertragen? Die Beine zittern, und die Finger sind plötzlich sehr kalt. Noch einmal schnell zurück in die Wohnung, durchatmen, Hände waschen, im Wohnzimmer nachsehen, ob die Fenster geschlossen sind, dann dieses merkwürdige Bedürfnis, sich noch einmal umzuschauen, so als würde man nicht zurückkommen. Und plötzlich, ohne daß man es bewußt gewollt hätte, ein schnelles Öffnen der Kommode, ein Griff, und man hat den kleinen Bronzeengel in der Hand. Vor einiger Zeit hatte man ihn von einer frommen Tante geschenkt bekommen und gleich weggelegt – nicht weggeschmissen, das tut man nicht mit Engeln, selbst wenn man sie nicht schön findet und auch sonst keinen Bedarf an Spiritualitätsutensilien hat. Aber jetzt liegt er in der rechten Hand. Man schließt die Finger fest um ihn, schaut auf die Uhr und eilt hinaus.

Es ist kalt draußen. Die Hände suchen in den Jackentaschen nach Wärme. Drei Stationen mit der Straßenbahn, dann ein längerer Fußmarsch durch die menschenvolle Innenstadt. Alles schiebt und drängt. Alles ist so aufreizend hell und warm beleuchtet, duftet penetrant, bimmelt und klingelt, die schreckliche Vorweihnachtszeit. Das alles geht einen nichts an. Zu sehr ist man mit der eigenen Angst befaßt. Wie schnell man ein Fremder werden kann in der eigenen Stadt. Als wäre man herausgefallen aus der Welt der Selbstverständlichkeiten. Bisher hatte man doch dazugehört, sich gefreut wie die anderen, gejammert, wenn die anderen auch jammerten. Jetzt kann man nur noch seine eigenen Gedanken denken. Und das, was einen bedrückt, kann man niemandem sagen.

Und wenn sich herausstellen sollte, daß es das jetzt war? Das ist doch eine reale Möglichkeit. Es hat schon ganz andere getroffen, auch jüngere. Plötzlich waren sie weg und nicht mehr da. Wenn man nun selbst an der Reihe wäre und es einen bald nicht mehr geben sollte? Wer würde einen vermissen? Und aus welchem Grund? Erinnerungen an Beerdigungsfeiern kommen auf und lassen sich nicht in Schranken weisen. Vor zwei Monaten hat man erst das letzte Mal in einer klammen Friedhofskapelle gesessen. Am Eingang hatten routiniert servile Angestellte der Bestattungsfirma gestanden. Von der Empore war trübe Streichmusik gekommen. Und vorn tat einer der sogenannten freien Redner seine Arbeit, die darin zu bestehen schien, irgendwie die Form zu wahren. Nicht, daß er seine Sache schlecht gemacht hätte. Die Umrisse des abgerissenen Lebens brachte er zusammenhängend und freundlich abgemildert zu Gehör. Mancher Pastor hätte sich von ihm etwas abschauen können. Aber im letzten hinterließ dieser Redner einen niederschmetternden Eindruck. Einfach deshalb, weil er nichts zu sagen hatte, was über den traurigen Vorfall hinausführte. Kein Hauch von Transzendenz. Keine Idee von Ewigkeit. Keine Ahnung von Sinn und Verstehen. Nur Erinnerungsbruchstücke an ein ganz normales Leben, höchst banale Diesseitigkeiten, lediglich garniert mit einigen matten Trostklischees. Nichts, was nicht alle anderen auch hätten sagen können. Seelenklamm war man nach einer halben Stunde auseinandergegangen. Wie würde es bei einem selbst sein?

Es kostet einige Kraft, diese Gedanken beiseitezuschieben. Aber es gelingt. Dafür kommen andere Gefühle auf. Der Druck einer schweren Leere. Der Schmerz einer allmächtigen Einsamkeit. Eine solche Verlassenheit. So als hätte man nie im Leben eine Mutter gehabt. Wenn man nur jemandem etwas sagen könnte, wenn jemand einen doch hören könnte, wenn man nur beten könnte. Vielleicht würde das die zugeschnürte Kehle lösen und die enge Brust weiten. Vielleicht würde das die Not wenden und ein Wunder anbahnen. Man hätte es so dringend nötig. Man wäre so bereit dafür.

Ankunft vor dem Ärztehaus. Die Gedanken stehen still. Das Herz pocht hart. Tief durchatmen. Die Hände aus der Tasche. Die rechte Faust öffnet sich. Der Engel fällt in die Tasche zurück. Die Hände reiben. Sie sind ganz verschwitzt. Aber was ist das? Die rechte Handfläche ist ganz braun. Wer hätte geahnt, daß der Bronzeengel so abfärben würde?

Todsünden und Lebenstugenden

Das Sterben ist der Bewährungsfall des Lebens. Indem es dem Leben ein Ende setzt, stellt es alle Lebensfragen neu. Es ist nicht so, daß es einfach bloß eine endgültig negative Antwort gibt, das existentielle Nachdenken abbricht, die Bücher schließt. Vielmehr ist das Sterben selbst eine eigene Lebenszeit, die dazu nötigt, nach dem Leben im ganzen zu fragen. Und dieses Sterben beginnt, recht betrachtet, nicht erst dann, wenn man eine fatale Diagnose mitgeteilt bekommt, sondern schon dann, wenn man nur über die Möglichkeit des eigenen Lebensendes nachdenkt. Das Leben ist von seinem Beginn an immer auch ein Gang auf das Ende zu. Natürlich ist das Leben noch viel mehr, zum Beispiel Wachsen, Reifen und Ernten. Aber es ist immer auch Sterben. Und in den Momenten, in denen dies bewußt wird, wird das Leben überhaupt zu einer großen Frage.

Die Frage, die das Sterben stellt, richtet sich deshalb nicht ausschließlich oder in erster Linie auf das Jenseits, also darauf, ob diesem Leben ein anderes folgen wird oder nicht. Vielmehr richtet sie sich zunächst auf das Diesseits, also auf dieses irdische Leben selbst. Wer an das eigene Lebensende denken muß, lenkt seinen Blick nicht unwillkürlich und sofort in den Himmel, sondern zunächst einmal auf die Erde. Damit ist nicht gesagt, daß die alten Bilder von Jenseits und ewigem Leben, von Hölle und Paradies keine Rolle spielten. Im Gegenteil, sie können in diesem Zusammenhang eine besondere Wucht entwickeln. Aber zunächst einmal ist das diesseitige Leben selbst das existentielle Hauptthema. Deshalb begnügt sich der christliche Glaube auch nicht damit, die vom Tode bedrohten Menschen auf ein göttliches »Jenseits« zu vertrösten, das es irgendwo »nach« und »hinter« dieser Welt gibt. Vielmehr will es zunächst dieses endliche und bedrohte Menschenleben durchleuchten und prüfen, bestärken und kräftigen.

Die Frage des Sterbens ist die Frage nach dem Leben. Zumeist lebt man nur und fragt nicht viel. Aber wenn man das Ende des Lebens vor Augen hat, muß man fragen. Wie ist das eigene Leben eigentlich zu verstehen, und wie läßt es sich beurteilen? Das Leben scheint, während man es lebt, aus mehr oder weniger sinnvollen Bruchstücken zu bestehen. Man erlebt es als eine Ansammlung von schönen, häßlichen oder unscheinbaren Zufällen, als ein Knäuel unterschiedlichster, kürzerer und längerer Fäden. Wenn man nun auf sein Ende blickt, wird das Bedürfnis groß, dieses Knäuel aufzulösen, den Zusammenhang der Einzelteile zu verstehen und ein Gefühl dafür zu gewinnen, daß sie ein Ganzes bilden. Ist dieses Leben mit einem Weg zu vergleichen, der einen Anfang und ein Ziel hat? Hat es eine in sich geschlossene Entwicklung durchlaufen? Und welche Qualität hat das besessen, was zwischen Ursprung und Ende lag? Wofür bin ich einmal angetreten? Und was ist daraus geworden? Habe ich so gelebt, wie ich es gewollt habe? Und welchen Charakter hatte mein Wollen? War es an irgendeinem Punkt etwas unverwechselbar Eigenes? Hat es bewirkt, daß in meinem Leben irgend etwas Höheres und Besseres sichtbar und wirksam werden konnte? Oder ist es im ewigen Einheitstrott gefangengeblieben?

Wer so über das Sterben nachdenkt, sieht sich vor die Alternative von Gut und Böse gestellt. Er muß erkennen, daß das Hauptproblem des Lebens noch nicht seine zeitliche Begrenztheit ist. Was schmerzt und quält, ist nicht allein die brutale Tatsache, daß alles enden wird. Es gibt noch einen ganz anderen, tiefer sitzenden Stachel, nämlich die Verzweiflung darüber, daß dieses Leben selbst nicht heil ist. Es hat nicht nur eine enggesetzte, äußere Grenze, sondern es krankt auch daran, daß es innerlich gehemmt und gestört ist, und zwar von Beginn an. In der Bibel findet sich der seltsam anmutende Satz, daß der Tod der Lohn für die Sünde sei. Das läßt sich leicht mißverstehen, so als hätte Gott den Tod erfunden, um die Menschen für ihre Sünden zu bestrafen. Das aber ergäbe ein verqueres Verständnis von Gott. Ein ehrliches Menschenbild jedoch eröffnet die Einsicht, daß die menschliche Tendenz zum Bösen in einer inneren Verbindung mit dem Tod steht. Indem der Mensch Böses fühlt, denkt und tut, schädigt und vergiftet er das Leben, sein eigenes und das der anderen. Der körperliche Tod und das Absterben der Seele bilden einen verborgenen Zusammenhang. Man muß das Sterben in dieser biblischen Radikalität betrachten, um zu verstehen, inwiefern die Frage des Sterbens zugleich die Frage nach dem Leben ist. Wer mit dem Sterben zu Rande kommen will, muß vorher mit seinem Leben ins reine kommen. Man wird die Begrenztheit des eigenen Lebens nur akzeptieren, wenn man das zu bejahen vermag, was innerhalb dieser Grenzen stattfindet. Wie will man denn mit Würde und im Frieden abtreten, wenn man nicht einmal zu sagen weiß, wofür der eigene Auftritt gut war?

Diese radikale Frage, die das Sterben an das Leben stellt, kann einen erschlagen, so vernichtend anspruchsvoll klingt sie. Doch es gehört zu den Grundüberzeugungen des christlichen Glaubens, daß in dieser harten Frage ein eigentümlicher Trost verborgen liegt, weil sie das Tor zu einem neuen, guten Leben ist. Um diesem Trost auf die Spur zu kommen, ist es ratsam, die große Frage nach Tod und Leben, Gut und Böse in kleinere Portionen aufzuteilen und in eine gewisse Ordnung zu bringen. Dafür gibt es zum Glück ein altbewährtes Hilfsmittel.

»Die sieben Todsünden« heißt ein kleiner traditioneller Katalog des Bösen und Lebensschädlichen. Diese fromme Checkliste eröffnet eine vertiefte Selbsteinsicht, aber sie muß nicht mit bitterem Buß- und Bierernst gelesen werden. Gerade weil sie die Variationen menschlicher Bösartigkeit so erfreulich drastisch und so schön unhöflich vorstellt, steckt in ihr ein gar nicht so heimlicher Humor.

Die Grundsünde ist der Hochmut. Zwar ist ein starkes Selbstgefühl in gemäßigter Dosierung ein unverzichtbares Lebensmittel. Denn wer nichts von sich selbst hält und sich nicht durchsetzen will, ist seinen Mitmenschen und dem Schicksal ausgeliefert. Doch im Übermaß genossen, verkommt der Mut zum Hochmut. Der Hochmütige richtet für sich eine Ordnung auf, in der er ganz allein die Spitze bildet. Er duldet nichts und niemanden über oder neben sich. Allem, was nicht er selbst ist, also Gott und der Welt, verweigert er den gebührenden Respekt. In solch einer Ordnung kann kein Leben gedeihen. Im Gegenteil, in diesem Kältesystem muß alles Leben zugrunde gehen. Der Snob also ist in diesem Sinne ein Sünder. Aber er ist auch töricht und beschränkt, hat er doch das Allerwichtigste nie gelernt: Er kann nicht lieben. So bleibt er in sich selbst gefangen, blockiert im engen Bannkreis seiner Arroganz, verdammt zu kühler Einsamkeit.

Der Hochmut hat viele ungedeihliche Sprößlinge. Besonders unansehnlich ist der Geiz. Auch hier ist zuzugeben, daß ein gewisses Maß davon durchaus vonnöten ist. Diese Welt ist schließlich kein Schlaraffenland. Hier sind die Güter begrenzt, die man braucht, um die eigenen Bedürfnisse zu befriedigen. Also kommt man gar nicht darum herum, für sich und die Seinen das Lebensnotwendige zu horten und zu hamstern. Doch dieser Sammel- und Spartrieb kippt leicht in einen Geiz um, der in allem nur seinen eigenen Vorteil sucht.

Für alle anderen, die ebenfalls bedürftig sind, hat er keinen Blick mehr. Sollen sie doch verhungern und verdursten. Der Raffgierige ist also ein Sünder. Er ist aber auch arm dran, fehlt ihm doch eine Grundvoraussetzung zum Glücklichsein: Er kann nicht teilen, schenken, verschwenden und mit anderen ungehemmt genießen.

Die Kehrseite des Geizes ist der Neid, die dritte Todsünde. Der Geizige will behalten, was er errungen hat. Der Neidische jedoch ist in der bedauerlichen Lage, nichts errungen zu haben. Um so mißgünstiger blickt er auf die Besitzenden und schielt darauf, was er für sich behalten könnte, wenn er es nur hätte. Der Neid ist also der Geiz der Verlierer. Natürlich, eine Prise davon ist ein wichtiges Stimulans. Ohne die Lust am Wettbewerb, den Kitzel der Konkurrenz würde kaum jemand Anstrengungen auf sich nehmen und Leistungen erbringen. Doch zum Wettbewerb gehört eben auch die Fähigkeit, in Würde zu verlieren. Weil er das nicht kann, haßt der Mißgünstige die Glücklicheren und Erfolgreicheren um sich herum und versucht ihnen – zum Beispiel durch üble Nachrede – zu schaden. Er ist also ein Sünder, weil er anderen nichts Gutes gönnt. Aber es bekommt ihm selbst nicht wohl, daß er sich stets mit augenscheinlich Bessergestellten vergleicht. Denn auf diese Weise kann er nie zu einer souveränen Selbsteinschätzung gelangen, sondern bleibt ein gebückter, gelblicher Jämmerling.

Im Unterschied zum Neid stellt sich die vierte Todsünde, der Zorn, nicht als gehemmte Verklemmtheit, sondern als ungehemmter Ausbruch dar. Wieder ist zu betonen, daß ein wenig davon und zur rechten Zeit durchaus hilfreich sein kann. Wer seine negativen Empfindungen in der Mördergrube seines Herzens festhält, verhindert die offene Aussprache mit anderen und belastet auf Dauer die eigene Seele. Auch ist es die Aufgabe eines jeden, sich gegen selbst erlittenes Unrecht laut und deutlich zu wehren. Aber der Zorn ist zugleich eine gefährliche Macht. Einmal entfesselt, schlägt er wildwütend und taubblind um sich. Der Wutentbrannte ist ein Sünder, weil er aus dem tatsächlichen oder nur gefühlten Umstand, daß ihm Unrecht getan wurde, für sich das Recht ableitet, anderen Unrecht zuzufügen zu dürfen. Aber er ist auch ein unfreies Wesen, weil er sich selbst nicht im Griff hat. Er ist nicht Herr im eigenen Gefühlshaushalt, sondern ein Sklave seiner Aggressionen.

Ähnlich ungestüm wie der Zorn ist die Wollust, die fünfte Todsünde. Selbstverständlich, ohne Wollust gäbe es kein Leben. Es ist die sexuelle Lust, die Mann und Frau unwiderstehlich zusammenfügt und die gattungsnotwendige Fortpflanzung zur hellen Freude macht. Aber auch in der Lust steckt ein Element von Gewalt. Der geile Lüstling nimmt auf seiner wilden Jagd nach eigenem Genuß auf niemanden Rücksicht. Wer ihm in die Quere kommt, den zwingt er unter sein sexuelles Joch, tatsächlich oder zumindest in Gedanken. Er ist ein Sünder, weil er die Liebe zum Mittel der Selbstbefriedigung verkürzt und so sich und andere befleckt. Er ist aber auch ein armseliger Mensch, weil er die Liebe nicht mit einer Geliebten als gemeinsames Suchen, zärtliches Spielen und schönstes Feiern genießen kann, sondern auch in den intimsten Momenten des Lebens, ganz für sich allein, ein erotischer Autist bleibt.

Die kulinarische Variante zur Wollust ist die Völlerei, die sechste Todsünde. Sie hätte in Zeiten der Eßstörungen und des Schlankheitsfundamentalismus eine besondere Ehrenrettung verdient. Gut und schön und teuer und viel zu essen, das ist ein Grundbedürfnis, das die Menschheit seit ihrer Vertreibung aus dem Paradies nur noch selten befriedigen kann.

Es ist ein Menschenrecht, das weltweit durchgesetzt werden müßte. Doch die Wohlstandsmenschen, die es sich leisten könnten, verbieten es sich, aus Sorge um die eigene Figur. Wer aber eine Lust nicht direkt befriedigt, bei dem sucht sie sich andere Ventile. Es gibt eben viele Formen der Völlerei. Wer die Kalorienzufuhr drosselt, kompensiert dies zum Beispiel durch einen Kauf- oder Geschwindigkeitsrausch. Der Freßsack – dieser oder jener Façon – ist ein Sünder, weil er alles zerstört, was er in sich hineinwürgt. Er ist aber auch ein geschmackloser Mensch. Denn es braucht Zeit, Maß und Muße, damit ein echtes Schmecken sich entfaltet. Wer schlingt, wird dies nie erfahren.

Jeder übermäßige Lustgenuß endet in erschöpfter Erschlaffung. Das führt zur siebten und letzten Todsünde, der Trägheit. Einen Zipfel von ihr möchte man in der hochbeschleunigten Gegenwart wohl dem einen oder anderen überaktiven Mitmenschen an die Hand geben. Aber Trägheit ist noch mehr und etwas anderes als nur das berechtige Abschlaffen nach einer großen Anspannung. Sie ist ein seelischer Mangel, nämlich eine tiefe innere Mattigkeit. Der müden, lahmen, verzagten und gelangweilten Seele fehlt die Wachheit, die Not des Nächsten zu bemerken, und der Antrieb, ihr abzuhelfen. Die Trägheit ist eine Schwäche. Aber auch eine Schwäche kann zur Sünde werden. Der Schlaffsack ist ein Sünder, weil er seine Augen vor seiner Mitwelt verschließt, jedes Engagement vermeidet und sich so der unterlassenen Hilfeleistung schuldig macht. Er ist aber auch ein unglückseliger Mensch, weil er zu abgestumpft ist, um sich an dieser Welt zu freuen und für das Geschenk des Lebens dankbar zu sein.

Die genannten sieben Sünden – und alle anderen, die in diesen Katalog nicht aufgenommen worden sind, natürlich auch – sind Manifestationen des Bösen, weil sie das Leben zerstören und dem Nichts zuarbeiten. In diesem Sinne heißen sie zu Recht Todsünden. Sie sind aber nicht nur böse, sondern sie stellen sich auch für denjenigen, der sie sich zuschulden kommen läßt, Erscheinungsweisen des Unglücks dar. Man muß sich den Todsünder als einen wahrhaft unglücklichen Menschen vorstellen, denn das Grundmotiv aller Sünden ist die Einsamkeit. Der Sünder ist eingekreist in sich selbst. Er kommt nicht von sich los, sondern verliert sich in sich. Leben aber heißt, sich austauschen. Wen die eigene Sünde an einer guten Kommunikation mit anderen Lebewesen hindert, wer also in diesem Sinne kommunikationsgestört ist, dem bleiben die wichtigsten Vitalitätsquellen verschlossen. Seine Egozentrik ist darum eine Vorhut seines Sterbens. Er verkümmert, je mehr er sich in sich selbst verkrümmt.

Es müßte darum sein eigenes Interesse sein, sich von der Todesmacht der Sünde zu lösen. Nur wie soll das gelingen? Wer die elementare Kraft der Sünde ehrlich wahrnimmt, wird nicht dem Aberglauben verfallen, daß man sie ganz und gar ausrotten könne. Wer zudem eingesehen hat, daß alle Todsünden ihrem Wesen nach Übertreibungen sind, dem wird es auch nicht als sinnvoll erscheinen, sie mit Stumpf und Stiel auszureißen. Eine Prise Stolz, ein Mindestmaß an Lustbegehren, eine Portion an Durchsetzungsfreude, ein Moment von Konkurrenz wird jeder Mensch zum Leben brauchen. Aber er braucht dies alles im rechten Maß. Nur, wie gewinnt man die verlorene Balance zurück? Der beste Weg scheint der zu sein, heilsame Gegengewichte in die Waagschale zu werfen. Wenn man also die Sünden, die in kleinerer Dosierung immer auch Lebensenergien sind, nicht einfach abschaffen soll und kann, dann müßte man statt dessen Tugenden gegen sie ins Spiel bringen.

Der Begriff »Tugend« ist ebenso mißverständlich wie das

Wort »Sünde«, und er hat einen vergleichbar unangenehmen Beigeschmack. Um ihn zu verstehen, muß man sich jedoch von allen Assoziationen von Tugendbolzerei und Gouvernantenhaftigkeit freimachen und sich daran erinnern, was dieser Begriff in der antiken Philosophie, der er entstammt, ursprünglich gemeint hat. Dort wird Tugend nicht als Gütesiegel für eine übermenschliche und im letzten sterile Bravheit verstanden, sondern als eine »Vorzüglichkeit«, das heißt als eine Erscheinungsweise gelingenden Lebens. Der Begriff »Tugend« zielt nicht auf einen moralistischen Perfektionismus, sondern auf Fähigkeiten, die man braucht, damit das eigene Leben sich entfalten und seiner Bestimmung gerecht werden kann. In diesem Sinne ist »Tugend« ein anderes Wort für »Glück«.

Mit so verstandenen Lebenstugenden müßte man die Todsünden begrenzen und überwinden. Auf die Liste der unheiligen Sieben angewandt, hieße dies: Der Hochmut müßte durch Demut, der Geiz durch Freigebigkeit, der Neid durch Gelassenheit, der Zorn durch Sanftmut, die Wollust durch Zärtlichkeit, die Völlerei durch Bescheidenheit und die Trägheit durch Barmherzigkeit bekämpft und aufgewogen werden. Wie aber kann das gelingen? Es bedarf wohl einer ganzen Reihe von Faktoren: einer guten Erziehung, eigener Charakterstärke, förderlicher Freundschaften, gedanklicher Einsichten und vertiefender Lebenserfahrungen. Der Glaube kann ein weiterer Faktor sein, eine Hilfe, um solche Lebenstugenden auszubilden. Denn wenn die Egozentrik das Grundmerkmal der Sünde ist, dann ist das Hauptcharakteristikum des Glaubens die Exzentrik. Während die Sünde im eigenen Ich das Zentrum der Welt erblickt, lebt der Glaube aus einer Mitte, die jenseits seiner selbst liegt. Der Glaube ist die wohl radikalste Form, nicht aus und für sich zu leben. Wer wirklich an Gott glaubt, dem müßte es unmöglich sein, den eigenen Nabel als Mittelpunkt der Erde zu verstehen. Denn er müßte sich in einen ganz anderen Horizont, in die Weite der Ewigkeit eingestellt sehen. Von hier aus müßte er sich selbst radikal relativieren können. Sein Leben müßte er dann nicht als eigene Leistung und Besitz, sondern als Geschenk betrachten, das er nur mit Dankbarkeit annehmen kann. Dem Leben der anderen müßte er mit unbedingter Ehrfurcht begegnen. Wenn der Glaube diese Grundeinstellung und das Wachsen von Tugenden befördert, ist er eine große lebensdienliche Kraft und damit nicht nur das Tor in ein lebensfernes Jenseits, sondern die Kraft des Diesseits. Erst wenn er diese Kraft entfaltet und das diesseitige Leben über sich hinaustreibt, eröffnet sich eine Perspektive, welche die Grenzen des Todes durchbricht.

Aber wie kommt man dahin, daß der Glaube die eigene Selbstbezüglichkeit überwindet und die Todsünden in Lebenstugenden verwandelt? Um dies zu vollbringen, müßte der Glaube sehr groß und stark werden. Er müßte zum inneren Bestandteil des eigenen Lebens werden. Er dürfte keine angelernte oder angelesene Meinung bleiben, sondern müßte sich zur eigenen, besseren Natur entfalten. Doch jeder, der wirklich einmal etwas vom Glauben geschmeckt hat, weiß, daß dieser nicht das Ergebnis eigener Anstrengungen ist, daß er keine Leistung darstellt, die man sich nach dieser oder jener Methode planmäßig erarbeiten könnte. Er ist, wenn er sich denn einstellt, ein Geschenk. Doch auch wenn man Geschenke nicht einfordern oder selbst erarbeiten kann, gibt es Formen, die einem dabei helfen, sich empfangsbereit zu machen. Diejenige Lebenstugend, mit der man sich für das Geschenk des Glaubens zumindest öffnen kann, heißt »Frömmigkeit«.

Vom Nutzen der Frömmigkeit

Einige Beobachter, denen das gegenwärtige Stimmungshoch der Religion ein Dorn im atheistischen Auge ist, kritisieren, daß es all denen, die sich da dem Christentum neu zuwenden, doch nur um schöne Stimmungswerte ginge. Diese Menschenmengen, die sich zu Weltjugend- oder anderen Kirchentagen versammeln, wollten bloß das eine: den Glauben als Glücksverstärker nutzen. Sie kämen im Namen eines ausschließlich lieben und deshalb harmlosen Gottes zusammen – mit dem einzigen Ziel, durch wohligen Massentrubel und öligen Seelenbalsam aufgemuntert und erheitert zu werden. All das, was am christlichen Glauben sperrig, schwierig und düster sei, würden sie einfach ausblenden. Die dunkle Seite des Christentums, das Wort vom Kreuz, das Bild eines mitunter auch zornigen Gottes oder das Gebot, das bisherige Leben aufzugeben, würde bei den großen Auftritten der Kirchen nicht zur Sprache gebracht. Es hätte auch keine Chance, Gehör zu finden. Denn all jenen, die heute zum Christentum zurückkehrten, ginge es doch nur um den sentimentalen Nutzen, den sie aus dem Glauben ziehen können.

Darauf muß man erst einmal kommen. Abgesehen davon, daß es doch eigentlich eine Unart vornehmlich von Pfaffen ist, die inneren Motive und Glaubenszustände fremder Menschen beurteilen zu wollen, leuchtet an dieser Kritik nicht ein, daß sie die Frage nach dem Nutzen der Religion, also danach, inwiefern der Glaube das menschliche Glückserleben befördert, sofort unter Verdacht stellt. Man muß wohl ein abgefallener Puritaner sein, um von der Vorstellung beseelt zu sein, der Glaube dürfe nichts nützen, sondern sei nur dann wahr und echt, wenn er den Gläubigen zur völligen Aufgabe seines Willens und Verlangens zwinge. Hinter dieser Kritik steck auch eine alte Deutschtümelei. In der schlechten alten Zeit hatte man in Deutschland gemeint, behaupten zu dürfen, andere Völker, vor allem die vermeintlich flachsinnigen Angelsachsen, seien dem Utilitarismus verfallen, das heißt, sie fragten – im Sinne der moralischen Irrlehre von John Stuart Mill – nur nach dem größten Nutzen für die größte Zahl, dem Höchstmaß an Glück für möglichst viele. Die Deutschen dagegen seien Idealisten, das heißt, sie wollten dem Prinzip des Guten rein und für sich, ohne alle Eigeninteressen Gehorsam leisten. Deutsch sein bedeute eben, eine Sache um ihrer selbst willen zu tun. Dies ist ein fatales Klischee, das zudem sehr wenig mit der eigenen Logik des Glaubens zu tun hat. Der Glaube ist keine abstrakte, unmenschliche Sphäre. Er ist keine Wüste, in der die menschliche Natur verenden müßte, kein Höhengipfel, der alles menschliche Sehnen und Suchen, Gewinnen und Genießen weit unter sich ließe, kein Meeresabgrund, der das Streben nach Glück und Freude einfach verschluckte. So menschenfeindlich ist der christliche Glaube nicht.

Und so uneigennützig und selbstvergessen müssen auch die Gläubigen nicht sein. Ganz selbstverständlich und völlig zu Recht fragen sie danach, was der Glaube ihnen schenkt. Sie sind immer noch Menschen, also glücksbedürftig und genußfähig. Deshalb prüfen sie, ob der Glaube sich lohnt, ob er ein besonderes Versprechen bereithält und auch erfüllt. Und sie tun dies nicht erst seit gestern, sondern taten dies immer schon. Martin Luther etwa konnte ganz unbefangen davon sprechen, daß der Glaube erst dort wirklich in einem Menschen wirksam geworden sei, wenn dieser ein fröhliches, friedliches, festes und freies Herz gewonnen habe. Darin zeige sich der Nutzen des Glaubens, ja überhaupt die Nützlichkeit Gottes. Auch Luthers großes Vorbild, der Kirchenvater Augustinus, konnte erstaunlich unverstellt eine ganze Schrift »Über die Nützlichkeit des Glaubens« verfassen.

Aber natürlich ist dies ein Nutzen der besonderen Art. Er folgt nicht der Logik von Mittel und Zweck, Aufwand und Ertrag, Investition und Gewinn. Er stellt sich nicht auf direktem Wege ein. Man kann nicht wie ein Techniker, Bürokrat oder Geschäftsmann schnurstracks auf ihn zusteuern, ihn planen, erarbeiten und dann einfordern. Gott läßt sich nicht instrumentalisieren, er ist nicht »zu gebrauchen«. Der Glaube offenbart seinen Nutzen auf paradoxe Weise, nämlich dadurch, daß er das natürliche Nützlichkeitsdenken des Menschen zunächst durchbricht. Oder, wie Jesus gesagt hat: Wer sein Leben finden will, muß es verlieren. Aber der Verlust des alten Lebens, die Aufgabe des Willens, die Durchkreuzung des Glücksstrebens sind kein Selbstzweck. Sie sollen nur den Raum eröffnen, in dem ein neues Leben geboren werden kann und ein anderes Glück, eben das Glück des Glaubens, aufscheint.

Die sehr besondere Nützlichkeit des Glaubens steckt übrigens schon in dem Wort »Frömmigkeit« selbst. Dieses leitet sich von dem althochdeutschen »fruma« ab, das übersetzt »Nutzen« oder »Vorteil« heißt. Wenn man früher von einem »frommen Knecht« oder einem »frommen Ochsen« sprach, dann wollte man nicht die besondere Kirchentreue dieses Mitarbeiters oder jenes Arbeitstiers loben, sondern deutlich machen, daß beide gut arbeiteten und sich als nützlich erwiesen. Oder wenn in alten Kirchenliedern der »fromme Gott« besungen wurde, dann sollte damit nicht die Gläubigkeit Gottes – was sollte das auch sein – herausgestellt werden, sondern seine Freundlichkeit gefeiert werden, weil er den Gläubigen von Nutzen sein wollte. Frömmigkeit ist also ein anderes Wort für die besondere Nützlichkeit und Lebensdienlichkeit des Glaubens.

Damit der Glaube aber dem Gläubigen frommt, also seine lebensförderliche und lebenssteigernde Wirkung entfaltet, muß er ihm ganz nah gekommen sein. Er muß im Wortsinn angeeignet, also zum eigensten Eigentum geworden sein. Diese Aneignung muß aber, um die Sache noch zu erschweren, spontan und unangestrengt geschehen. Denn der Glaube ist eben kein eigenes Werk, nicht das Produkt eigener Anstrengungen, sondern eben ein Glück, ein freies Geschenk. Geschenke kann man sich nicht selbst erarbeiten und bescheren. Aber man muß in der Lage sein, sie anzunehmen, wenn sie einem entgegengebracht werden. Man braucht die Fähigkeit, sich beschenken zu lassen. Und das ist schwerer, als man meinen möchte. Frömmigkeit ist also keine religiöse Leistung, keine angestrengte und anstrengende Vorbildlichkeit, wohl aber eine höchst aktive Passivität, nämlich eine heitere Empfangsbereitschaft, ein gespanntes Ausschauhalten, ein gelöstes Ausstrecken der Hände, ein waches Warten.

Der Fromme wartet auf den Augenblick, an dem Gott in sein Leben tritt und es dadurch zur Entfaltung bringt, daß er es überwindet. Der wahrhaft Fromme ist zugleich der wirklich freie Mensch, weil er radikal von sich selbst absehen, sich selbst vergessen, sich aus dem Krampf der Selbstbehauptung lösen kann, weil er die Welt und das eigene Leben von einer unendlich hohen Warte aus betrachtet. Von diesem anderen Standpunkt erscheint ihm vieles von dem, das ihn bisher beschäftigt und gefangen hat, als im tieferen Sinne unnütz. Da er sich bereit gefunden hat, sich mit den Augen Gottes anzuschauen, haben sich ihm die Maßstäbe verschoben. Das alltägliche Ringen um Vorteile, der ganze Überlebenskampf verliert seine vordergründige Dringlichkeit. Vor die Ewigkeit Gottes gestellt, muß er einsehen, wie unendlich begrenzt er ist. Er fühlt sich wie eine Blume, die morgens blüht und die schon abends niemand mehr beachtet. Doch diese Resignation, diese Einsicht in die eigene Begrenztheit, ist für ihn nichts Deprimierendes. Weil er sich Gott anvertraut wie einem guten Vater, ist die Ewigkeit für ihn keine gähnende Absolutheit, sondern sein eigener Lebensgrund und letztes Lebensziel. Wer in dieser Weise fromm ist, wird ebenso demütig wie souverän. Denn er sieht sein Glück nicht länger in unbegrenzter Selbststeigerung und rücksichtsloser Selbstdurchsetzung, sondern er findet seine Bestimmung und entfaltet sich frei und froh, indem er sich beugt und einfügt, allerdings nicht in eine irdische – auch nicht in eine kirchliche – Ordnung, sondern in die Ewigkeit eines überaus frommen Gottes.

Nun ist es jedoch nicht so, daß sich solch eine beglückende Frömmigkeit problemlos einstellte. Es gibt ja in der Tat gute Gründe, die gegen sie sprechen. Vieles hindert einen bewußten Zeitgenossen, diese Glaubens- und Lebenstugend in sich groß werden zu lassen. Der eigene Verstand liefert ihm wie auf Knopfdruck Gegenargumente. Es gibt so viele Anfragen, so viele Einwände, so viele Zweifel. Wie kann man fromm sein, wenn man so stark zweifeln muß? Jedoch wer ein unverstelltes Bild der Frömmigkeit gewonnen hat, weiß auch, daß genau diese Einwände Bestandteil einer lebendigen Frömmigkeit sein können. Denn diese ist kein geschützter Raum für alle, die Angst vor der modernen Religions- und Kirchenkritik haben, kein *panic-room* für jene, die sich den Anfechtungen des Denkens und Zweifelns entziehen wollen. Eine erwachsene Frömmigkeit ist gerade eine Art, all die schweren, großen Fragen – ob es Gott gibt, ob er gerecht und einem wohlgesonnen ist – radikal zur Sprache zu bringen und auszufechten. Und dies nicht erst seit Feuerbach, Marx, Freud und Co., sondern immer schon. Man muß nur das

Grunddokument der Frömmigkeit, die Psalmen, studieren. Niemand hat so wie die Beter des Alten Testaments Gott aus tiefer Not, heißer Angst und bitterer Verzweiflung angerufen, ihn so furios angeschrien, endlich aufzuwachen, so mit ihm gekämpft und ihm gedroht, daß er endlich hervorkomme aus seinen Himmelskammern und sich ihnen zeige, damit sie ihn endlich loben und ihm danken könnten. Wahre Frömmigkeit muß also stets und von jeher mit ihrem Gegenteil ringen. Die Tatsache, daß man zweifelt, muß einen also nicht von der Frömmigkeit abhalten, sondern könnte im Gegenteil ein Anlaß sein, es mit ihr zu versuchen.

Doch so leicht ist es nicht. Die Frömmigkeit ist eine innere Ausrichtung, eine unsichtbare Tugend, die im verborgenen wächst und reift. Damit sie dies aber tun kann, bedarf sie äußerer Hilfen und Stützen. Sie braucht sichtbare Zeichen, feste Orte und regelmäßige Zeiten, um eingeübt und herangebildet zu werden. Früher gab es dafür die anerkannten Institutionen der Frömmigkeit, als da wären: die sonntäglichen Gottesdienste, die großen Glaubensfeste im Jahres- und Lebenskreislauf sowie die Andachtsübungen im eigenen Haus. Die festen Formen der Frömmigkeit waren natürlich nicht selbst schon Frömmigkeit. Schnell konnten sie, wenn der rechte Geist aus ihnen entwichen war, zur öden und (im tieferen Sinne) nutzlosen Routine erstarren. Aber immerhin boten sie jedem die Chance, durch äußere Begehungen und rituelle Handlungen eine innere Haltung auszuprobieren und einzugewöhnen. Gegenwärtig jedoch drohen diese äußeren Formen der Frömmigkeit zu verschwinden. Es fehlt an weithin sichtbaren und gemeinsam begangenen Riten, welche die Übergänge des Lebens markieren, den Umgang mit der Begrenztheit des Lebens einüben und dazu verhelfen, diese Grenzen mutig und mit Gottvertrauen zu überschreiten. Dadurch läuft die Frömmigkeit Gefahr, selbst in eine Sphäre der Unsichtbarkeit und Unbewußtheit, der Sprach- und Gestaltlosigkeit abzuleiten. Damit aber droht der höhere Nutzen, den sie zu schenken verspricht, verlorenzugehen.

Kleine Handreichung über das Beten

Wer einen Weg aus der gegenwärtigen Krise der Frömmigkeit finden möchte, sollte nicht allzuviel Zeit mit kulturpessimistischen Klagegesängen vergeuden. Das bloße Lamentieren darüber, daß »die Leute« heute nicht mehr in die Kirche kommen, nicht mehr täglich in der Bibel lesen oder kein Tischgebet mehr sprechen, hilft wenig. Besser wäre es, einige einfache Schritte aufzuzeigen, die jeder gehen kann, dem es ernst mit der Einsicht wird, daß er vom Christentum nicht loskommt. Einen eigenen Zugang zum Christentum gewinnt nur derjenige, der es nicht dabei beläßt, anderen – den Priestern, Pastoren oder Religionsprominenten – beim Gläubigsein zuzuschauen, sondern der selbst tätig wird und sich auf den Weg macht. Dieser Weg ist das Gebet.

Aber wie geht »beten«? Wie macht man das? Diese Frage kann man nicht damit erledigen, daß man mit einer schnellen Handbewegung auf die alten Frömmigkeitsformen verweist. Sie haben ihre frühere Selbstverständlichkeit und ihren festen sozialen Ort verloren. Man kommt nicht einfach ins Gebet, indem man sich in eine kirchliche Versammlung einreiht. Zunächst einmal sollte man für sich eine eigene Form suchen und ausprobieren. Das aber heißt nicht, daß man alles neu erfinden müßte. Das wäre nicht nur eine heillose Überforderung, das ist auch gar nicht notwendig. Das Ritual des persönlichen Gebets liegt vor. Viele, viele Generationen haben es geformt und reich ausgestaltet. Aus diesem Erfahrungsschatz kann sich jede neue Generation frei bedienen.

Doch einen Lehrplan über das richtige Beten gibt es nicht. Man kann das Beten nicht lernen. Man muß es tun. Besser gesagt, man kann es nur lernen, indem man es einfach tut. Aber was heißt das? Es gibt ja sehr viele Hürden aus Scheu, Unsicherheit und Peinlichkeit, die es vorher zu überwinden gilt. Manche dieser Hürden jedoch sollte man schlicht aus dem Weg räumen. Das gilt vor allem für die Hürde der Selbstbeurteilung und Selbstkontrolle. Sehr leicht steht man sich beim Anmarsch zum Gebet selbst im Weg. Man fragt sich, ob man in der rechten Stimmung ist, ob man die volle Überzeugtheit mitbringt, ob man richtig glaubt. Aber was bedeutet hier schon »richtig«? Es wäre doch unsinnig zu meinen, ein voll ausgereifter Glaube wäre die Voraussetzung des Betens, und ohne ihn dürfte man es nicht wagen. Wenn dies so wäre, dann hätte noch nie ein Mensch mit dem Beten begonnen, selbst in weniger säkularisierten Zeiten nicht. Denn der gewisse Glaube ist nicht die Voraussetzung des Gebets, sondern dessen Frucht.

Also sollte man sich von falschen Leistungserwartungen lösen, es einfach wagen und unbefangen in den Raum des Betens hineingehen. Dieser Raum kann überall sein: in einer Kirche, unter freiem Himmel, im Wald oder zu Hause in einem stillen Kämmerlein. Geübte, virtuose Beter vermögen selbst in stimmungsfeindlichen Umgebungen zu beten: in der U-Bahn, im Auto oder an der Supermarktkasse. Doch für die meisten anderen sind dies keine guten Orte. Es ist dort zu laut und zu unruhig. Zum Beten aber braucht es Stille und Ruhe, damit man überhaupt die nötige innere Haltung gewinnt, sich besinnt und zur Besinnung kommt. Das bedeutet auch das schöne alte Wort: »Einkehr«. Wer betet, löst sich vom äußeren Drumherum und kehrt in sich selbst zurück, indem er sich Gott zuwendet. Dabei hilft ein ruhiger, vertrauter Ort, ein Zuhause.

Dort kann man für sich sein, sich hinsetzen oder auch hinknien, selbst wenn das manchem zunächst exaltiert vorkommen mag. Es ist eine sinnvolle Sitte, die Hände zu falten oder auf den Beinen abzulegen. Ein Zeichen dafür, daß der Körper nun eine Pause einlegt. Es ist auch gut, für Momente die Augen zu schließen. Ein Zeichen dafür, daß nun der Geist tätig wird. Man kann auch ein Kreuz schlagen. Ein Zeichen dafür, daß nun etwas ganz anderes beginnt. Wenn man so seinen Ort und seine Körperhaltung gefunden hat, dann tut man … zunächst einmal gar nichts. Man ist nur da und wartet. Das ist schwer genug. Denn in diesen kostbaren Sekunden sucht man den Übergang in die stille Wirklichkeit Gottes. Dazu bedarf es eigentlich keiner besonderen spirituellen Tricks oder meditativer Verrenkungen. Aber einige schlichte Hilfsmittel gibt es doch, die das Warten ausrichten und verkürzen. Zum Beispiel der eigene Atem. Auf ihn zu achten, ist eine ganz natürliche Übung, mit der man wieder zu sich selbst kommt. Oder zum Beispiel das Lesen eines kurzen biblischen Textes. Das ist ein uraltes Hausmittel, um eine Ahnung von Gott zu gewinnen. Oft erweist es sich als sinnvoll, immer wieder dieselben Verse zu nutzen. Etwa diese Worte aus dem 139. Psalm: »Herr, du erforschst mich und kennst mich. Ich sitze oder stehe auf, so weißt du es. Ich gehe oder liege, so bist du um mich.« Solche Verse kann man sich wieder und wieder laut oder leise vorlesen und sie dabei langsam durchkauen wie eine Scheibe Schwarzbrot. Zunächst verlangen sie einem manches an Kaubemühung ab, dann aber entwickeln sie eine überraschende Süße. Andere, deren Denken und Empfinden weniger von Worten als von Bildern gelenkt wird, können es damit versuchen, daß sie eine Kerze vor sich anzünden oder ein Bild oder Kreuz betrachten, als äußeren Fokus ihrer inneren Aufmerksamkeit.

Und dann, wenn man das Gefühl hat, aufmerksam geworden zu sein, kann man sprechen. Das erste wäre, Gott anzurufen, ihn beim Namen zu rufen. Dafür gibt es keine feste Formel. Man kann es mit der alten schönen Kirchensprache halten und sagen: »Ewiger und barmherziger Gott«. Oder: »Vater im Himmel«. Oder schlicht: »Lieber Gott«. Oder etwas nachdenklicher: »Gott, der du die Liebe bist«. Wenn man das Passende gefunden hat, dann kann man das aussprechen, was einem auf dem Herzen liegt, in wenigen, ehrlichen Worten. Man kann bitten, man kann klagen, man sollte nur das Danken nicht ganz vergessen dabei. Und dann sollte man auch wieder aufhören zu reden und statt dessen lauschen – auf den Nachhall der eigenen Worte, darauf, ob aus der Stille Gottes ein Echo, eine Antwort kommt. Und dann wieder die eigene Stimme erheben, so daß sich ein Wechsel von Sprechen und Hören einstellt. Wenn es dann genug ist, verabschiedet man sich. Man öffnet die Augen, schaut sich um, richtet sich auf und geht wieder an seine Arbeit.

All das muß gar nicht lange dauern, vielleicht zehn Minuten. Doch sollte man es regelmäßig wiederholen. Erst wenn es zu einer eingeübten Gewohnheit geworden ist, entfaltet es seine Wirkung. Insofern kommt das Beten doch nicht ganz ohne Leistungsanforderungen aus. Es muß wie alle anderen höheren Tätigkeiten eingeübt werden. Wenn man schon einen anspruchsvollen Sport nicht aus dem Stand heraus beherrscht oder ein Musikinstrument nicht gleich mit dem ersten Zugriff zum Klingen bringt, sollte man auch nicht erwarten, daß das Beten ohne wiederkehrendes Training gelingt. Auch das schlechthin Außeralltägliche, das Gespräch mit

Gott, benötigt einen festen Platz im Alltag. Darum ist es gut, sich für jeden Tag einen Ort und eine Zeit für das Beten zu reservieren, am Morgen etwa oder vor dem Schlafengehen.

Besonders wichtig ist es, daß man es nicht nur dann tut, wenn man sich in gehobener oder gesammelter Stimmung weiß, sondern sich gerade dann ans Beten macht, wenn man abgelenkt, müde, zornig oder enerviert ist. Wenn man meint, nicht beten zu können, hat man es besonders nötig. Der Nutzen eines Gebets hängt nicht an der theologischen Korrektheit oder der spirituellen Intensität des Betenden, sondern allein daran, daß er sich auf Gott hin ausrichtet, so wie er eben gerade ist und mit dem, was er im Moment seelisch zur Verfügung hat. Und das ist zumeist nicht sonderlich viel. Die meisten Menschen, die heute zu beten versuchen, werden in sich eine schwebende Ungewißheit oder suchende Halbgewißheit spüren. Doch dies ist kein persönliches Versagen, sondern in einem aufgeklärten Zeitalter schlicht das Normale. Man sollte sich von dem Klischee lösen, die felsenfeste Glaubensgewißheit sei der selbstverständliche Regelfall, und jeder, der sie nicht vorweisen könne, leide an einem Defekt. Es nützt nichts, sich an solch starren Normvorstellungen zu messen. Besser wäre es, man konzentrierte sich auf das, was man hat und an seelischer Möglichkeit in sich findet. Selbst wenn es wenig ist. Denn erstaunlicherweise genügt dies schon. Das ist die vielleicht schönste Erfahrung des Betens: Es reicht schon. Niemand muß sich selbst unter Druck setzen. Es genügt, wenn man sich auf Gott ausrichtet und ihn alles weitere richten läßt.

An diesem Punkt kann einem übrigens noch etwas anderes aufgehen, nämlich die Bedeutung des gemeinsamen Betens und der gegenseitigen Stärkung der Gläubigen. Das kann auf doppelte Weise geschehen. Zum einen natürlich dadurch, daß man regelmäßig in einer Gemeinde mitbetet und sich von den Gebeten anderer bereichern und bestärken läßt. Zum anderen aber dadurch, daß man sich überhaupt bewußt macht, wie viele Menschen überall auf der Welt zeitgleich mit einem beten. Man ist eben nie allein im Gebet, auch wenn man nur für sich betet.

Selbst der Apostel Paulus konnte schreiben: »Wir wissen nicht, was wir beten sollen, wie es richtig ist. Aber der Geist selbst vertritt uns mit unaussprechlichem Seufzen.« Manchmal erfüllt sich ein Beten schon in einem Seufzer. Noch besser aber ist es, es nicht bei vorsprachlichen Lauten zu belassen, sondern sich an geisterfüllte Worte zu halten. Das christliche Grund- und Hauptgebet, das zeigt, was man beten sollte, ist das Gebet Jesu, das Vaterunser. Es enthält alle wesentlichen Lebens- und Glaubensaspekte. Hier fehlt nichts. Man kann es wieder und wieder beten, weil es sich nicht erschöpft und weil man es nie ausschöpfen wird.

Vater unser im Himmel.

> Gott ist für uns wie ein guter Vater, dem sich ein Kind mit Freude und Vertrauen zuwendet. Aber Gott ist der Vater nicht nur eines, sondern aller Menschen. Er blickt auf Gute und Böse, so wie der Himmel sich über die ganze Erde wölbt.

Geheiligt werde dein Name.

> Gott schenke uns das Gefühl von Ehrfurcht, damit die Achtung und die Freude über die Weite seiner Ewigkeit in uns groß und er selbst uns heilig werde.

Dein Reich komme.

> Gott lasse die Sehnsucht in uns mächtig werden, daß er selbst uns nahe komme, daß er Gerechtigkeit schaffe und uns einlade zu seinem Gastmahl hier auf Erden.

Dein Wille geschehe wie im Himmel so auf Erden.

> Gott lasse uns nicht allein mit unserem Wollen, sondern verwandle uns, damit wir wollen, was er will, und unsere Seelen Frieden finden.

Unser tägliches Brot gib uns heute.

> Gott schenke uns alles, was wir zu einem guten Leben brauchen: das Brot, das den Hunger stillt, und das Wasser, das den Durst löscht.

Und vergib uns unsere Schuld.

> Gott führe uns aus dem Schatten, in dem wir stehen und den wir doch selbst geworfen haben, und zeige uns einen Weg ins Licht.

Wie auch wir vergeben unseren Schuldigern.

> Gott lasse uns souverän werden, damit wir anderen verzeihen, uns lösen aus den Fesseln der Vergangenheit und bereit werden für eine gemeinsame Zukunft.

Und führe uns nicht in Versuchung.

> Gott setze uns nur den Lebensprüfungen aus, die wir auch bestehen können.

Sondern erlöse uns von dem Bösen.

> Gott befreie uns von allem Bösen, das wir in uns und um uns erkennen: Teufel, Tod und Sünde.

Denn dein ist das Reich und die Kraft und die Herrlichkeit in Ewigkeit.

> Gott ist groß und schön. Er segne uns und behüte uns. Er lasse sein Angesicht leuchten über uns und sei uns gnädig. Er erhebe sein Angesicht über uns und gebe uns Frieden.

Dazu kann man »amen« sagen, das heißt übersetzt: »So soll es sein.«

Zurück zum Christentum

Über eine seiner Romanfiguren hat Fjodor Dostojewski geschrieben: »Wenn er glaubt, glaubt er nicht, daß er glaubt; und wenn er nicht glaubt, glaubt er nicht, daß er nicht glaubt.« Dasselbe ließe sich heute über viele Zeitgenossen sagen. Sie pendeln zwischen Glauben und Nichtglauben. Sie kommen vom Christentum nicht los, aber sie kommen irgendwie auch nicht zu ihm hin. Häufig genug wissen sie nicht genau zu sagen, wo sie eigentlich stehen und wohin sie gehen wollen. In religiösen Fragen trauen sie sich selbst nicht über den Weg. Deshalb halten nicht wenige von ihnen Ausschau nach jemandem, der ihnen Orientierung geben und ihnen helfen könnte, sich selbst durchsichtig zu werden. Zwar kehren sie nicht massenhaft in die Kirchen, diese alten Gefäße des christlichen Glaubens, zurück. Aber immerhin, sie drehen sich wieder nach ihnen um. Sie kommen eben vom Christentum nicht los.

Das geht ihnen bei vielerlei Gelegenheiten auf: Wenn sie eine offene Kirche betreten. Wenn sie im Fernsehen den Papst sehen. Wenn sie frommen Einwanderern begegnen. Wenn sie über den eigenen Kirchenaustritt nachdenken. Wenn sie von der Schließung einer Kirche erfahren. Wenn sie in eine kirchliche Großveranstaltung geraten. Wenn sie darüber diskutieren, was ein gutes Leben ausmacht. Wenn sie die Erziehung ihrer Kinder bedenken. Wenn sie das Bedürfnis verspüren, beten zu können.

Die neue Hinwendung zur Religion hat – so unsicher und ungelenk sie sich auch gibt – eine erstaunlich präzise Ausrichtung. Sie zielt nicht auf eine schwammige Spiritualität, eine Religiosität des Irgendwie, sondern auf die bekannte Religion des eigenen Kulturkreises, das Christentum, und auf die großen Kirchen, die es sichtbar repräsentieren. Jedoch tritt sie in sehr unterschiedlichen Härtegraden auf. Zumeist ist sie flüssig. Manchmal verflüchtigt sie sich sogar ins Nebulöse, aber in einigen Augenblicken gewinnt sie doch eine gewisse Dichte. Bei den Menschen, die sich dem Christentum erneut zuwenden, lassen sich darum drei Grundtypen unterscheiden: der Neugierige, der Sehnsüchtige und der Interessierte.

Der Neugierige hat in der theologischen Tradition keinen guten Ruf. Denn er ist gierig. Er sucht nur einen Lustreiz, den Reiz des Neuen, Exotischen und Fremden. Hat er ihn ausgekostet, ist ihm das Neue vertraut geworden, wendet er sich der nächsten Neuigkeit zu. Aber vielleicht sollte man den Neugierigen nicht zu streng beurteilen. Denn immerhin beweist er Spürsinn. Er hat vor allen anderen bemerkt, daß das alte und ehemals altbekannte Christentum inzwischen so fremd geworden ist, daß es wieder die Neugier weckt. Die von früheren Generationen ausgetretenen Wege der Religion sind so lange nicht mehr benutzt worden, daß sie wieder zugewachsen sind. Der Neugierige ist der erste, der das Christentum als Neuland versteht und nach eigenen Zugängen sucht.

Aus solch einem Neugierigen kann ein Sehnsüchtiger werden. Auch der Sehnsüchtige erhält in der klassischen Theologie schlechte Noten. Denn er ist nicht der Fels, auf dem man eine Kirche bauen könnte. Allzuoft ist der Sehnsüchtige nur ein müder, matter Melancholiker. Irgendwie ist er mit dieser Welt nicht zufrieden und erwartet etwas ganz anderes. Er seufzt nach Transzendenz. Aber er seufzt nur, er rafft sich nicht auf. Denn heimlich genießt er seine Melancholie. Sie umhüllt ihn wattig-weich. Sie ist wie ein lauwarmes Seelenbad, wie ein Gedicht von Rilke. Aber irgendwann kommt hoffentlich der Zeitpunkt, da der Sehnsüchtige das eigene Seufzen satt hat. Dann steht er auf und streckt sich dem entgegen, was seine Sehnsucht wirklich und endlich stillen könnte. Und er ist es, der mehr als alle anderen ein Gespür dafür besitzt, daß nichts Irdisches, sondern nur Gott allein die menschliche Seele je zufriedenstellen könnte.

Aus solch einem Sehnsüchtigen kann ein Interessierter werden. Auch er wird von der herkömmlichen Theologie mißtrauisch beäugt. Denn der Interessierte ist im Wortsinne nur »dazwischen«, gehört also nicht dem Kern der Gemeinde an. Er ist ein Gelegenheitsgast, ein Wechselwähler aus Prinzip. Mal schaut er vorbei, mal sucht er das Weite. Auch ist er anstrengend anspruchsvoll. Denn er kommt nicht einfach so, sondern will durch attraktive Programme angezogen werden. Er hat hohe Erwartungen an diejenigen, die den religiösen Betrieb für ihn am Laufen halten. An sie delegiert er seine metaphysischen Bedürfnisse, bis er sich irgendwann einmal entschließt, selbst aktiv zu werden. Wenn er dies aber tut, dann gewinnt sein Interesse eine neue Qualität und wird zur bewußten Anteilnahme. Dann ist er nicht nur dazwischen, sondern ganz dabei und kann den eigentlichen Nutzen des christlichen Glaubens erfahren: Er gewinnt innere Freiheit.

Darauf also wird es ankommen, daß diejenigen, die sich von neuem dem alten Christentum zuwenden, über die Neugier und über die Sehnsucht zu einem ernsthaften Interesse vorstoßen. Als Jesus von Nazareth sich anschickte, seine Botschaft dem Volk zu verkünden, sammelte er nicht nur Jünger um sich, sondern er zog auch Interessierte an. Davon erzählt eine Geschichte aus dem Evangelium des Johannes. Sie ist auf

eine so hintergründige Weise seltsam, daß man sie meist über-
liest. Sie schildert den ersten Auftritt Jesu:

Am Jordan geht wie so oft Johannes der Täufer seiner
Arbeit nach. Er ruft die Menschen zur Buße und tauft sie.
Da geht ein Fremder vorbei. Johannes hält inne. Mit ausge-
strecktem Arm zeigt er auf den Passanten: »Dieser dort ist das
Lamm Gottes!« Aber Jesus geht einfach weiter. Am folgenden
Tag geschieht dasselbe. Johannes steht wieder mit seinen Jün-
gern am Jordan, predigt und tauft. Wieder kommt Jesus vorbei. Und wieder weist Johannes seine Jünger auf den Vorüber-
gehenden hin: »Siehe, der dort ist das Lamm Gottes!« Damit
hat er das Interesse seiner Jünger geweckt. Zwei von ihnen
gehen dem Fremden nach. Als dieser nun bemerkt, daß zwei
junge Männer ihm folgen, wendet er sich um. Und er stellt
ihnen eine Frage: »Was sucht ihr?«

Was ist das für eine Frage? Jesus müßte doch wissen, was
sie suchen. Nämlich ihn selbst. Nein, mehr noch, er müßte
doch wissen, daß sie gar nicht mehr suchen, sondern schon
gefunden haben. Nämlich ihn, das Lamm Gottes. Aber Jesus
will nicht einfach gefunden werden, schon gar nicht auf den
bloßen Fingerzeig eines anderen Meisters hin. Er will, daß die
Johannesjünger Suchende sind, daß sie ein ernsthaftes, eigenes Interesse zeigen. »Was sucht ihr?«

Die Johannesjünger öffnen den Mund und fragen ihn:
»Wo ist deine Herberge?« Jesus antwortet mit einer schlichten
Einladung: »Kommt und seht!« Er befiehlt nichts und verspricht nichts. Er eröffnet nur eine Möglichkeit. »Kommt und
seht!«

So hat Jesus von Nazareth Menschen nicht nur in die
Nachfolge gerufen, sondern auch in die Nachfrage. Er wollte
Jünger um sich haben, die mit Gewißheit glauben und fest
zum Bekenntnis stehen. Er wollte aber auch die anderen um

sich sehen: die neugierig Fragenden, die sehnsüchtig Suchenden, vor allem aber die ernsthaft Interessierten.

Selig sind die, die den Ruf Jesu hören und ihm folgen. Selig sind aber auch die, die sich von Jesus in Frage stellen lassen und die selbst eine Frage an ihn haben.

Weiterführende Literatur

KAPITEL 1

Grundlegend zum Thema »sichtbare und unsichtbare Religion« ist die Arbeit von Thomas Luckmann, »Die unsichtbare Religion« (Frankfurt am Main ³1991). Eine weiterführende, theologische und religionssoziologische Deutung der Säkularisierung bietet Ulrich Barths Aufsatzband »Religion in der Moderne« (Tübingen 2003). Weiterführend ist auch Dirk Kurbjuweits Buch »Unser effizientes Leben« (Rowohlt 2003) sowie Leon Wieseltiers »Kaddisch« (München 2000), eines der bemerkenswertesten religiösen Bücher der Gegenwart.

KAPITEL 2

Zur grundsätzlichen Orientierung vgl. die Studien »Sinn fürs Unendliche. Religion in der Mediengesellschaft« von Wilhelm Gräb (Gütersloh 2002) sowie »Religion durch Medien – Kirche in den Medien und die ›Medienreligion‹. Eine problemorientierte Analyse und Leitlinien einer theologischen Hermeneutik« von Thomas H. Böhm (Stuttgart 2005).

KAPITEL 3

Wer profunde und anschauliche Informationen über religiöse Entwicklungen in der südlichen Erdhalbkugel und deren Einfluß auf Westeuropa sucht, dem sei ein Abonnement von »der überblick. Zeitschrift für ökumenische Begegnung und internationale Zusammenarbeit« sehr empfohlen. Eine erhellende Betrachtung über die Modernität des Islamismus hat Olivier Roy mit seinem Buch »Der islamische Weg nach Westen. Globalisierung, Entwurzelung und Radikalisierung« (München 2006) vorgelegt. Endlich gibt es auch eine umfassende historische Darstellung der christlichen Aufklärung, nämlich Albrecht Beutels »Aufklärung in Deutschland« (Göttingen 2006).

KAPITEL 4

Die historische Entwicklung der Kirchenaustritte samt ihrer soziologischen Hintergründe hat Rüdiger Schloz in seinem Aufsatz »Aufbruch aus der Verengung. Wie die Kirche vor Ort zur Sache kommt« aufgearbeitet (idea-Dokumentation 5/2005). Die inzwischen dritte Untersuchung der Evangelischen Kirche in Deutschland über die Kirchenmitgliedschaft ist ausführlich ausgewertet worden in dem von Joachim Matthes herausgegebenen Sammelband »Fremde Heimat Kirche. Erkundungsgänge« (Gütersloh 2000).

KAPITEL 5

Über die neuere theologische Diskussion über »heilige Räume« informiert Tobias Woydacks Studie »Der räumliche Gott. Was sind Kirchenräume theologisch?« (Hamburg 2006). Die Strukturen kirchlicher Gemeindearbeit diskutiert Utta Pohl-Patalong in ihrem Buch »Von der Ortskirche zu kirchlichen Orten. Ein Zukunftsmodell« (Göttingen 2005).

KAPITEL 6

Die Passage aus dem psychologischen Roman »Anton Reiser« von Karl Philipp Moritz wurde der Ausgabe der »Bibliothek des 18. Jahrhunderts«, herausgegeben von Ernst-Peter Wieckenberg (München 1987), entnommen (S. 57ff).

KAPITEL 7

Grundlegend für jede moderne Ethik ist Immanuel Kants »Kritik der praktischen Vernunft«. Über Leben und Lehre Martin Luthers informiert ausgesprochen präzise Reinhard Schwarz in seiner Biographie des Reformators (Göttingen 1986).

KAPITEL 8

Sehr anregend für Eltern sind die beiden Bücher »Kinder nicht um Gott betrügen. Anstiftungen für Mütter und Väter« von Albert Biesinger (Freiburg [13]2005) und »Das Recht des Kindes auf Religion. Ermutigungen für Eltern und Erzieher« von Friedrich Schweitzer (Gütersloh [2]2000). Eine kindgemäße Einführung in die Welt der Religionen bietet das Buch »Frag doch mal die Maus – Fragen zu Gott, der Welt und den großen Religionen« (Köln 2006). Ein Versuch, Jugendlichen das Wesen des Christentums darzustellen, ist das Jugendbuch »Moritz und der liebe Gott« von Johann Hinrich Claussen (München [4]2006).

KAPITEL 9

Wer die eigene religiöse Bildung heben und persönliche Andacht pflegen möchte, der schaffe sich das »Evangelische Gesangbuch« an. Es enthält die großen Dokumente evangelischer Frömmigkeit: klassische Choräle, moderne Lieder, eine Auswahl der Psalmen, Gebete für jeden Anlaß sowie wesentliche Erklärungen des christlichen Glaubens, wie zum Beispiel Martin Luthers »Kleinen Katechismus« (vgl. seine kurze Auslegung des Vaterunsers). Zur Frage nach dem Verhältnis von Religion und Glück vgl. die Studie von Johann Hinrich Claussen »Glück und Gegenglück. Variationen über einen alltäglichen Begriff« (Tübingen 2005).

Dank

Für wertvolle Hinweise und Anregungen danke ich Erneli Martens, Ulrike Murmann, Susanne Raubold, Barbara Wenner, Ferdinand Ahuis, Ulrich Barth, Daniel Blum, Hans-Jürgen Buhl, Lothar Gorris, Thies Gundlach, Thomas Hirsch-Hüffell, Matthias Lobe, Karl-Günther Petters, Michael Stahl, Peter Schulze und Arnulf von Scheliha.

Antje Vollmer
im Gespräch mit Hans Werner Kilz
Eingewandert ins eigene Land
Was von Rot-Grün bleibt

ISBN 3-570-55015-X, 288 Seiten, € 12,95 [D]

Antje Vollmer, eine der prominentesten und erfolgreichsten Frauen in der deutschen Politik, blickt zurück. Im Gespräch mit SZ-Chefredakteur Hans Werner Kilz lässt sie ihr bewegtes politisches Leben Revue passieren, denkt über das Scheitern linker Utopien nach, spricht über den Führungsstil Joschka Fischers und bezieht Stellung zu aktuellen Fragen.

www.pantheon-verlag.de